D1284832

Los grandes misterios de la historia

Massimo Polidoro

Los grandes misterios de la historia

Traducción de Mario Lamberti

GRANDES ENIGMAS

hermética

Título original: *Grandi misteri della Storia.*

© 2002, Massimo Polidoro.
  First published by Edizioni Piemme.

© 2003, Ediciones Robinbook, s. l., Barcelona.
Diseño cubierta: Regina Richling.
Compaginación: MC producció editorial.

Licencia Editorial para Bookspan por
Cortesía de Ediciones Robinbook, s.1.

Bookspan
1271 Avenue of the Americas
New York, N.Y. 10020

ISBN: 84-7927-636-3.

Impreso en U.S.A. *Printed in U.S.A.*

*Este libro está dedicado
a una auténtica leyenda viviente,
una persona cuyo nombre es verdaderamente
sinónimo de misterio, un gran artista al que tengo
la fortuna de poder llamar amigo: Silvan.*

Agradecimientos

Como siempre, son muchas las personas que me han ayudado en mi trabajo de investigación. James Randi me ha ayudado fundamentalmente con el material más raro y con su magnífica experiencia, que ha puesto a mi disposición, en particular, para los capítulos dedicados a Houdini y Nostradamus. Mi querido compañero de aventuras Luigi Garlaschelli me ha sido valiosísimo con las informaciones necesarias para llevar a cabo el capítulo referente a la Síndone.

Muy válida ha sido también la asesoría de Andrea Albini sobre algunos aspectos de física e ingeniería. Paolo Cortesi, en algunas traducciones de Nostradamus. Sergio Facchini, con sus trabajos descritos en el capítulo sobre las pirámides. Joe Nickell que me proporcionó información sobre la cripta de Barbados, y me entretuvo son sus gratas anécdotas, siempre sorprendentes.

También quiero dar las gracias a Sandro Boeri y a todos los amigos del mensual «Focus», que me ha ofrecido tantas veces su colaboración, realizando juntos interesantes experimentos y verificaciones sobre fenómenos que parecían misteriosos y que después...

Gracias a Stefano Tettamanti, a Laura Grandi y Monica Canclini, de la Grandi & Associati, tan válidos como siempre. Gracias a mi editor de la Piemme, Carlo Musso, que simpre me acompaña en mi trabajo con entusiasmo; y gracias a Valeria Caprioglio y a Giovanna Vergani, que se prodigan con pasión en la promoción de mis libros.

Un infinito agradecimiento a mi madre y a mi hermana, que siempre se encuentran cercanas en todas las nuevas «empresas» a las que me lanzo; y unas gracias especiales a Elena por la dulzura y la felicidad que me regala todos los días.

Agradecimientos

En busca de los misterios

«Un hombre se valora por sus preguntas, no por sus respuestas.»

VOLTAIRE

Albert Einstein dijo un día que la más hermosa de las experiencias que se podía vivir, era el misterio. Y es verdad: gran parte de lo que resulta intrigante y maravilloso de la vida se halla envuelto por un halo de misterio: el amor, el nacimiento de un niño, el comportamiento de los animales, la creación artística... Resulta inevitable sentirse fascinado por lo que no conocemos y, como bien sabía Einstein, la necesidad de saber más, de comprender cómo funciona el mundo, se halla en la base misma de la investigación científica.

Ciertamente, la ciencia no puede ofrecer todas las respuestas que quisiéramos; no puede decirnos por qué nos encontramos aquí, de dónde venimos ni a dónde vamos. A estas preguntas tratan de dar respuesta, más o menos reconfortantemente y más o menos racionalmente, la filosofía y la religión. Pero, por otro lado, la ciencia es el único instrumento del conocimiento inventado por el hombre que, a lo largo de los siglos, se muestra capaz de proporcionar resultados prácticos y válidos. Gracias a la ciencia se han podido descubrir las causas de muchas enfermedades, lográndose también que la expectativa de vida se haya podido duplicar en el último siglo. Y siempre gracias a la ciencia, hemos llegado a saber qué cosa está sucediendo en la otra parte del mundo, podemos hablar con quien se encuentra al otro lado del océano, o viajar en el espacio.

El hecho es que la Naturaleza nos ofrece cada día, cada instante, una enorme cantidad de cosas misteriosas que siguen esperando una respuesta; una respuesta que en algunos casos, probablemente, nunca llegaremos a obtener. No se sabe, por ejemplo, por qué los gatos poseen una percepción especial; ni se puede explicar el carácter alegre y la inteligencia de los delfines; ni se sabe con certeza si hay vida en el cosmos más allá de la Tierra, ni en dónde puede encontrarse aquella; no se conocen todavía todas las especies de insectos existentes en el planeta... y podríamos seguir poniendo ejemplos hasta el infinito. Existe todavía por explorar una cantidad inagotable de misterios. Pero a pesar de la existencia de tantas cosas extraordinarias de la vida de todos los días, para muchas personas, sin embargo, los «verdaderos» misterios son algo muy distinto. Por ejemplo, se hacen preguntas de este tipo: ¿Qué fuerza misteriosa atrae hacia el fondo del mar a los barcos y aviones que atraviesan el triángulo de las Bermudas? ¿Dónde se esconde el abominable hombre de las nieves? ¿Cuáles son los mensajes que se encuentran en los dibujos existentes en el suelo de ciertos campos? ¿Dónde se encontraba la Atlántida? Y muchos otros interrogantes de esta índole.

Se trata de preguntas sugestivas, muy adecuadas para pasar unas cuantas horas en compañía de los amigos. Tal vez en una tarde de invierno cerca de un buen fuego en la chimenea, o en una noche estrellada de verano, sentados al borde del mar y frente a una hermosa hoguera. Tal vez sean interrogantes que pueden servir para proporcionar consuelo (si el espiritismo es cierto, ello significaría que nuestros queridos muertos no han desaparecido para siempre), seguridad (si existen entidades superiores extraterrestres que nos gobiernan y nos guían, entonces todo cuanto sucede en el mundo está, en cierto modo, bajo control), delegación de la propia responsabilidad (si la astrología es verdad, el hecho de que me porte mal no es culpa mía, puesto que mi conducta está determinada por los astros), para dar tranquilidad (si los curanderos tienen realmente poderes extraordinarios, entonces pueden curar incluso aquellas enfermedades que los médicos han considerado incurables). Realmente, este tipo de misterios resulta más interesante para llevar a cabo una investigación y una exploración.

Pero si el objetivo que nos proponemos no es el de buscar un cierto consuelo o una seguridad ilusoria, y todavía menos el pasarnos simplemente un rato divertido, ¿estamos seguros de que estas preguntas son verdaderamente justas? Si así fuera, ¿deseamos comprender, sobre todo, cómo son en realidad las cosas? Si deseamos descubrir la posibilidad de que exista una solución para estos misterios, o si ellos superan nuestras posibilidades de comprensión, ¿estamos seguros de que esas preguntas tienen sentido?

El cociente de curiosidad y la misteriosa desaparición del Sandra

Tratemos de descubrirlo con un pequeño experimento. Lea atentamente el siguiente fragmento:

El *Sandra* era un barco carguero de vapor de forma cuadrada, con un casco de 107 metros de largo, ya cubierto por abundantes manchones de herrumbre. Provisto de radio y con un cargamento de 300 toneladas de insecticida, recorría tranquilamente su ruta hacia el sur, navegando por los transitadísimos itinerarios costeros de Florida, allá por el mes de junio de 1950.

La tripulación, de regreso del comedor, se había reunido en el puente de popa para fumar, contemplar la puesta de sol y hacer alguna que otra reflexión sobre lo que podría traer el día de mañana. En el crepúsculo tropical que envolvía la tranquila costa de la Florida, los hombres contemplaban la imagen amistosa del faro de St. Agustine. A la mañana siguiente no había quedado nada. Nadie volvió a ver nunca más el buque ni a su tripulación. Habían desaparecido silenciosamente en la noche, bajo el cielo estrellado. No se pudo conseguir ningún indicio que permitiera resolver este misterio desconcertante. [1]

Se trata aquí de un ejemplo típico de lo que se puede leer en tantos artículos y libros dedicados al así llamado triángulo de las Bermudas, cuando llega el momento de describir la misteriosa desaparición de un barco o de un avión. Un mar tranquilo, marineros que descansan de sus faenas, una puesta de sol, un cielo sereno: la paz. Después, inopinadamente, ¡nada! Nave y tripulación han desaparecido sin dejar rastro.

¿Ha leído bien el fragmento mencionado? ¿Quiere volverlo a leer? Hágalo con calma, yo espero. ¿Lo ha hecho? Bien, pues entonces escriba en un folio las preguntas que ese fragmento ha suscitado en su mente (si es que le ha hecho suscitar alguna, por su puesto).

Veamos seguidamente nuestro pequeño experimento. Se trata de un test para determinar la calidad de su «cociente de curiosidad», como lo ha definido Lawrence David Kusche, el más famoso investigador crítico del triángulo de las Bermudas.

A cuál de las categorías siguientes pertenecen sus preguntas:

Tipo a): ¿qué fuerza misteriosa pudo originar la desaparición del barco? ¿Cómo es posible que no se encontraran vestigios del *Sandra*? ¿Qué misterio se esconde en aquella parte del mar? ¿Podrían encontrase detrás de todo ello los extraterrestres?...

O bien:

Tipo b): si el *Sandra* desapareció aquella noche sin dejar supervivientes, ¿cómo es posible que sepa el autor del mencionado texto lo que estaban haciendo los marineros en esas horas del crepúsculo? ¿Y cómo puede saber realmente que habían visto el faro de St. Augustine? ¿Se encontraba realmente el mar en calma?...

Si sus preguntas pertenecen a la categoría del tipo a) ello significa que usted tiene (al menos, por el momento) un bajo cociente de curiosidad, semejante al que muestran los libros y revistas dedicados a difundir, sin el menor sentido crítico, todo tipo de noticias aparentemente misteriosas.

Si, por el contrario, sus preguntas pertenecen a la categoría del tipo b), ello significa que usted posee un alto cociente de curiosidad, y que en su cabeza empezó a sonar un timbre de alarma mientras leía el ya mencionado texto. Es cierto; de hecho hay algo de extraño en ese párrafo; no sólo en lo que toca a la desaparición del barco, sino más al modo en que está narrado el suceso. [2]

¿Cómo pudo saber el autor, que presenta su relato como un hecho documentado, (y, de ningún modo, como una versión novelada, téngase esto presente), que los marineros se encotraban fumando tranquilamente en el puente de popa, contemplando el horizonte? El único modo que podría permitirle tener una información tan precisa hubiera sido el de encontrarse él mismo en el barco aquella tarde. Pero da la impresión de que eso nunca sucedió, pues de ser así seguramente lo hubiera dicho. ¿Es posible entonces, nos preguntamos, que el hecho de que al terminar de comer se fueran los marineros a la popa, para fumar y contemplar el crepúsculo, hubiera sido algo que se hubiera transmitido por radio? Improbable. ¿Y cómo podía saber el autor que el barco se encontraba a la altura del faro de St. Augustine? ¿Quizás lo había visto alguien? Y si fue así ¿por qué no dijo tal persona que lo había visto? ¿Desde dónde? ¿A qué hora?

La respuesta más probable a estas preguntas es que el autor no tuviese la menor idea de lo que hubiera podido ocurrir en el barco aquella tarde, ni en dónde hubiera desaparecido exactamente, ni cuáles fueran en esos momentos las condiciones en las que se encontraba el mar.

Al llegar a este punto es posible que alguien piense: «pero ¿a quién le puede importar que esos detalles hayan sido inventados? Es posible que para hacer más interesante la historia, el autor la haya dotado de un poco de colorido. Pues bien, no hay nada malo en eso ¿no? El hecho importante, por encima de todo, es que el barco desapareció sin explicación alguna.»

Quien así piense no hará más que subrayar su bajo nivel de curiosidad; está claro que ciertamente no le interesa saber qué es lo que sucedió en el barco, sino que le basta con pensar que no existe explicación racional alguna de semejante misterio. Sin embargo, los «detalles» resultan fundamentales. El hecho de que el autor haya descrito de ese modo la situación en que se encontraba el barco tenía como objetivo informar al lector de que todo estaba tranquilo, que no existía ningún peligro inminente, haciendo de este modo aún más misteriosa la desaparición del buque. Y aunque la indicación del faro de St. Augustine, como punto de referencia, sirviera para localizar la zona en la que desapareció el barco, hace de este modo que la falta de posibles restos sea todavía más inquietante.

Pero la cosa es: ¿se encontraba realmente el buque a la altura de St. Augustine? El autor se limita a decir que la tripulación contemplaba el faro, no que alguien estuviera viendo el buque. «Desaparecidos silenciosamente»; ¿y quién lo ha dicho? Por lo que sabemos, nadie estaba en ese momento en el lugar tomando apuntes de lo que sucedía; y, por tanto, los marineros muy bien pudieron haberse visto obligados a luchar con las aguas hasta el agotamiento, para poder salir con vida del trance. Pero es verdad que una «desaparición silenciosa» suena mucho más misteriosa que un hundimiento convencional.

Al término de este análisis, el lector del tipo b) habrá llegado a la conclusión de que el autor no ha proporcionado ninguna prueba sólida que avale sus afirmaciones. Dicho de otro modo: es posible que los hechos hayan sucedido como él dice, pero también es posible que haya sucedido algo completamente distinto.

Tal vez el lector del tipo a) se complazca en quedarse en un estupor reverente, dado que todos aquellos detalles aparentemente precisos, las «manchas de herrumbre» que cubrían el casco, y su longitud de «107 metros» exactos, pudieron haberle convencido de que la narración debería ser creíble. Después de todo, si el autor se halla capacitado para proporcionar una descripción tan precisa del barco es porque debería conocerlo bien. Quizás, incluso pudo verlo personalmente, navegando a lo largo de St. Augustine.

Qué lástima que la aparente precisión de nuestro narrador se dé de bruces con los hechos. En realidad el señor Kusche, al que anteriormente hacíamos referencia, mientras recogía material para su libro *The Bermuda Triangle Mystery Solved* (El misterio resuelto del triángulo de las Bermudas), ha controlado todos los datos sobre el *Sandra* tomados de los registros conservados en el Lloyd's de Londres, la famosa compañía aseguradora, y ha descubierto que la longitud del buque era solamente de 56 metros, casi la mitad de lo que se afirmaba en el texto que se ha leído.

Todo ello, no obstante, no ayuda a comprender nada de lo que realmente sucedió al *Sandra*, si bien nos permite considerar lo poco fiable que resultan las afirmaciones del autor. Al llegar a este punto, ¿qué es lo que puede hacer un inteligente lector del tipo b)? Si está realmente interesado en descubrir algo más sobre el caso podrá, por ejemplo, contactar con el archivo del departamento de metereología de la zona en la que se supone desapareció el buque, en este caso, Asheville, en Carolina del Norte, y pedir las referencias correspondientes al tiempo que había en el mes de junio de 1950. Con las posibilidades que hoy día ofrece Internet, tal investigación se puede llevar a cabo cómodamente sentado en casa, y en el transcurso de pocos minutos. ¿Resultado de la investigación? El tiempo era realmente tranquilo, tal y como lo describió nuestro autor. Al llegar a este punto pueden suscitarse legítimas dudas. Tal vez se producen ciertos hechos inexplicables en el océano que arrebatan barcos y aviones. De hecho, un barco no puede desaparecer de ese modo, en medio de un mar tranquilo y sin dejar rastro.

Pero nuestro lector del tipo b) quiere estar seguro y continúa sus indagaciones. Cuando se lleva a cabo una investigación sobre un buque desaparecido, como dice Kusche, no se puede dejar de lado al LLoyd's de Londres. *¡Et voilà!* ¿Qué es lo que descubrimos? Pues que el *Sandra* no zarpó en el mes de junio, sino concretamente el 5 de abril. De nuevo se realiza otro control de la situación metereológica en ese mes, y nos encontramos con que en los días en los que el carguero estaba navegando, las costas sudeste de los Estados Unidos se veían batidas por vientos que rondaban los 133 kilómetros por hora, ¡una velocidad solamente inferior en cuatro kilómetros a la que ya corresponde a un huracán! Henos aquí, pues, al término de nuestra indagación sobre la «misteriosa» desaparición del *Sandra*, un tema que en su tiempo había dejado impresionados a los estudiosos más notables de los sucesos paranormales. Ha sido suficiente un mínimo de inteligente curiosidad para determinar que todos los datos que, en el relato de nuestro autor contribuían a componer un cuadro altamente misterioso, estaban equivocados o habían sido inventados por completo. ¿Marineros en el puente de popa, fumando y contemplando la pacífica costa de Florida? ¿La amistosa vista del faro de St. Augustine? ¿Desaparecidos silenciosamente? Resulta evidente que la existencia del huracán cambió un poco todo el cuadro.

¿Qué es lo que debemos pensar entonces de los «expertos» que habían mencionado el caso del *Sandra* como una de las pruebas más convincentes de la existencia del maldito Triángulo? Según Kusche, todo ello no hace más que confirmar su teoría según la cual «cuanto menos conoce un escritor el tema que está tocando, tanto más dispuesto se halla para establecer un misterio». [3] De hecho, la ignorancia sobre un determinado tema, es una de las principales técnicas utilizadas por todos cuantos escriben o hablan de lo paranormal de forma acrítica.

¿Y qué se puede decir de los lectores del tipo «a»? Pues que son aquellos que suelen encontrar más interesante preguntarse sobre los aspectos más superficiales y especulativos de un «misterio», en vez de ponerse el atuendo del detective y tratar de encontrar una solución. Son los falsos curiosos que afirman querer la verdad, pero que en realidad eso es la última cosa que puede interesarles.

Libertad de creer y derecho de saber

«Bueno, pero en resumen», rezongará alguno «¿qué hay de malo en todo eso? En el fondo, el que queramos divertirnos un poco es asunto nuestro, ¿no?» Precisamente sobre este tema he recibido hace poco una carta de un lector. Hela aquí:

> Quisiera decirle una cosa que muchos de los investigadores de lo «intangible» todavía no han comprendido. Muchísimas personas que creen en lo paranormal «quieren creer» en lo paranormal. De la misma forma que leen con agrado por la mañana el horóscopo que les «predice» los asuntos del día.
>
> Lo que le quiero decir es que con toda probabilidad lo paranormal no existe, pero soy uno de aquellos a los que le «place creer», como lo hacen los niños. ¿Qué mal hay en ello? ¿Acaso no es un pasatiempo como el fútbol (que aborrezco)?
>
> Nadie probará que existe lo paranormal (pues nunca ha habido pruebas ciertas) o que no existe (desmontar las susodichas pruebas no proporciona una verdad absoluta, sino presunta).
>
> La fantasía ha contribuído a convertirme en una persona adulta y racional, al igual que la química y la física.
>
> Por tanto, dejemos que las personas sean libres de creer o de no creer. No tiene gran importancia que algo sea «verdadero», es suficiente que cada uno crea en aquello que le place.

A propósito, este año todavía no he pensado qué le voy a pedir en mi carta a Papá Noel... ¿Ya le ha escrito usted? ¡Es una de las cosas más hermosas que puede hacer un adulto!

Estoy de acuerdo con este lector y con cualquiera que piense como él. Hasta un cierto punto. Todo el mundo debe ser libre de creer en aquello que le hace sentirse mejor: no hay nada de malo en ello. Mi amiga y querida colega del CICAP, [4] Paola De Gobbi, me contaba cómo un conocido suyo estaba convencido de haber visto a su abuela, la misma tarde en que aquella había muerto, que le hacía una última visita para estar segura de que él se encontraba bien. Esa persona admitía que podía haberse tratado de una alucinación o de un sueño, pero que el creer en la aparición le había ayudado a superar su duelo. La única cosa que Paola hubiera querido decirle, que es la misma que hubiera dicho yo mismo, es lo muy afortunado que había sido al tener aquella sensación, y qué importante era que siguiera sintiéndola con cariño.

La fantasía incluso me ha ayudado a mí a crecer y a convertirme en una persona adulta y racional. El haber visto de niño películas como *La guerra de las galaxias*, o el haber leído cómics como «El hombre araña» «Hulk» o «Los Cuatro fantásticos», con todos aquellos personajes extraños y pintorescos, me ha ayudado a formar mi sentido de la tolerancia, de la comprensión y del respeto por todos aquellos que no son iguales a mí. Las novelas del rey de la fantasía, Stephen King, siempre han mostrado entre líneas grandes mensajes éticos y morales. Por no hablar de las lecciones de solidaridad, amistad y respeto que mi gran amigo Tiziano Sclavi transmite en sus aventuras paranormales e increíbles del héroe que ha creado, Dylan Dog.

Pero las cosas cambian, y mucho, cuando del querer creer aquello que se quiere, se pasa a querer «hacer creer» lo que se quiere. O cuando del divertirse con lo fantástico, se pasa a cambiar lo fantástico por la realidad. El hecho es que importa saber qué cosa es verdad y qué no lo es; e, incluso, qué es lo que se halla tras ambas cosas.

Ser «libre» de creer también significa saber con lo que uno se va a encontrar. Yo soy libre para escoger sólo cuando tengo ante mí todos los elementos para comprender, para tomar una decisión; de otro modo la elección me viene impuesta por los otros; y, a menudo, estos otros tienen motivos suficientes para hacerme creer lo que ellos quieren. Motivos que quizás yo pudiera compartir, si los conociera, pero que también los podría considerar terribles. Para saberlo debo conocerlos y, por tanto, deberé tener la posibilidad de comprender cómo están las cosas.

Supongamos que me agrada creer que los curanderos realmente pueden curar cualquier enfermedad con su sola imposición de manos. Después, llega alguien que me demuestra como, en realidad, nadie se ha curado gracias a la intervención de un curandero; y como, además, muchos de estos personajes se sirven de trucos para simular, por ejemplo, las famosas operaciones «con manos desnudas», como los curanderos filipinos. Llegado a este punto puedo decidirme a recurrir a un curandero filipino para curarme. O, por el contrario, puedo preferir confiarme en quien puede ofrecerme una curación que ha demostrado tener auténticas posibilidades de éxito.

En resumen, para poder hacer una elección debo saber exactamente cuáles son los pros y los contras; tengo derecho de conocer todas las opiniones válidas, y he de poder distinguir entre todas ellas. Sólo de este modo puedo ser realmente libre.

En lo que concierne a Papá Noel, debo decir que sigo escribiéndole, aunque raramente me trae todo lo que le pido... Menos mal que cuando era niño, mis padres sabían muy bien que no bastaba con escribirle una cartita, y que era necesario echarle una mano con el bolsillo ¡de otro modo, estaba listo!

En resumen, divirtámonos a gusto con los misterios, pero estemos atentos para hacerlo de una forma inteligente; el mundo ya está demasiado lleno de irracionalidad, y ciertamente no tiene necesidad de más estímulos de esta índole. Estudiemos los misterios, pero intentemos hacerlo con curiosidad y con inteligencia.

No se trata de convertirse en unos cínicos y decir, dándolo por sentado, que todo es falso y que quien cree en estos fenómenos o en maleficios es un iluso. Por otra parte, tampoco se debe caer en la postura opuesta, es decir, la de creer en cualquier cosa, viendo misterios «inexplicables» en todas partes.

En lo que me toca, hace ya quince años que me ocupo de los misterios, tratando de buscar un equilibrio entre el entusiasmo y la prudencia; y puedo decir que es una buena forma para aprender siempre cosas nuevas, divirtiéndose al mismo tiempo. Una de las cosas que he aprendido, por ejemplo, es la de que aquel que cuenta haber visto experiencias fuera de lo común, raramente es un visionario o un mitómano. Más frecuentemente se trata de personas que han visto realmente algo extraño y a lo que no saben dar una explicación racional. Pero el hecho de que no logren encontrar esa explicación racional, ¿significa realmente que no exista tal explicación y que, por tanto, el fenómeno sea ciertamente inexplicable? ¿O significa, tal vez, que aunque pueda existir una explicación no es fácil encontrarla, ya que requiere, a menudo, un arduo y largo trabajo? La experiencia enseña que es esta segunda posibilidad la que se encontrará más frecuentemente.

De hecho, no necesariamente todas las experiencias insólitas o todos los sucesos extraños que encontramos y para los que no logramos hallar una explicación deben esconder un determinado fenómeno desconocido o, incluso, paranormal. Lo que aquí cuenta es el hecho de que si nos habituamos a pensar de una forma crítica sobre tantos misterios de los que leemos u oímos, tendremos seguramente más posibilidades de comprender el mundo que nos rodea. Y quédemonos tranquilos: el habituarse a pensar de este modo no «destruye la fantasía», como algunos desean polémicamente sostener. La ciencia no resta magia al Universo, sino que lo hace todavía más fascinante. Una auténtica comprensión del funcionamiento de la naturaleza, no sólo es más útil que la superstición o que la ignorancia, sino que es infinitamente más interesante y sorprendente.

Personalmente, prefiero considerar los misterios no como un fin sino como un inicio. El inicio de un viaje que puede llevar a afrontar enigmas siempre más grandes. Incluso Einstein pensaba así, él que adoraba los misterios y lo desconocido, pero que tenía el valor de establecer preguntas siempre más difíciles, hasta que los misterios comenzaron a darle sorprendentes respuestas. Conservar los misterios por el placer de lo misterioso significaría decretar el final de todo tipo de búsqueda y, por consiguiente, el fin del progreso del conocimiento. Un precio quizás demasiado elevado.

El Universo es un lugar tan extraño y maravilloso que siempre que lo observamos de cerca nos damos cuenta de cómo la realidad supera incluso a la fantasía más descabellada; siempre existirán cosas que no conocemos y que, posiblemente, nunca llegaremos a conocer. La física cuántica, los agujeros negros, el cerebro humano... albergan misterios infinitamente más sugestivos que cualquier invención de la fantasía, por el simple hecho de que son auténticos. Nadie ha tenido que protegerlos; han sido descubiertos y estudiados por quienes se han puesto por objetivo resolver los problemas que presentaban. Y si otros no hubieran explorado y resuelto, anteriormente, otros misterios, éstos serían ignorados para siempre.

Una clasificación de los misterios

Hace algunos años, el escritor Arthur C. Clarke, autor, entre otros, del libro que inspiró *2001: Una odisea del espacio* obra maestra cinematográfica de Stanley Kubrick, se ocupó de los misterios en series de televisión. En aquella ocasión propuso una clasificación en tres categorías, en las cuales me he basado para aclarar los misterios que se describen y analizan en este libro. Mi clasificación difiere en algunos puntos de la establecida por Clarke, pero pienso que la podrán encontrar igualmente interesante. Veámosla:

Misterios del tipo I: son aquellos que en un tiempo resultaron absolutamente incomprensibles, pero que hoy día podemos explicar por completo. Prácticamente todos los fenómenos naturales quedan englobados en esta categoría: desde el movimiento del Sol y de la Tierra hasta la naturaleza del rayo; desde el funcionamiento del cuerpo humano, hasta la estructura infinitesimal de los átomos. Uno de los ejemplos más familiares y maravillosos es el del arco iris. En un tiempo, la visión del arco iris debió representar un espectáculo impresionante y, quizás, aterrador. No había modo de explicarlo, sino imaginándose la creación como la obra de una inteligencia superior. Fue necesario esperar a que Isaac Newton, en 1704, [5] descubriera y explicara que lo que llamamos luz «blanca» es en realidad una mezcla de todos los colores posibles, y que es factible descomponerla haciéndola pasar a través de un prisma o, como en el caso del arco iris, a través de miríadas de gotitas de agua que se encuentran flotando en el cielo. Desde entonces, el arco iris no ha vuelto a constituir un misterio, si bien su magia y su belleza siguen mostrándose inalterables.

Misterios del tipo II: son aquellos para los cuales no tenemos una explicación única y definitiva. Podemos establecer avanzadas hipótesis para explicarlos pero, de momento, siguen siendo misterios. En todo caso, ciertamente llegaremos a conocerlos, antes o después, y podremos resolver su enigma, convirtiéndolos en misterios del tipo I. No hay duda de que el siglo XX ha visto resueltos la mayor cantidad de misterios, respecto a cualquier otra época histórica. El hombre ha logrado encontrar respuestas, en el transcurso de los últimos cien años, a enigmas que, en un tiempo, parecían quedar inevitablemente instalados en el terreno de lo desconocido. Un ejemplo clarificador es el constituído por el lado obscuro de la Luna, considerado desde siempre como un auténtico símbolo de lo incognoscible. Hoy día, no sólo ha sido completamente cartografiado, sino que nada menos que ha habido hombres que han podido observar sus llanuras y sus cráteres a simple vista.

Otros misterios del tipo II probablemente se encuentren destinados a permanecer así para siempre. Por ejemplo, pensamos en ciertos episodios históricos sobre los que no se puede saber nada, porque los documentos esenciales que podrían arrojar luz sobre ellos se han destruído o perdido para siempre. Por supuesto que uno puede entretenerse hasta el infinito haciéndose hipótesis sobre la existencia real del rey Arturo, o sobre cómo sería realmente el rostro de Jesucristo pero, a menos que alguien invente una máquina para viajar hacia atrás en el tiempo —algo que hoy resulta extremadamente improbale, pero no del todo imposible, según algunos—, nunca llegaremos a saber cómo eran verdaderamente esas cosas.

Misterios del tipo III: son aquellos de los cuales ni siquiera estamos seguros de lo que realmente puedan significar. Se trata de aquellos casos en los que los testimonios o las pruebas de su existencia no resultan suficientemente convincentes. Un ejemplo típico es el de los *poltergeist* (del alemán: «espíritu ruidoso») en el que los objetos son lanzados por toda la casa, impulsados por fuerzas invisibles e incontroladas que se alojan en adolescentes inquietos, según se afirma. En todos aquellos casos en los que se llevaron a cabo indagaciones al respecto, se ha podido descubrir que el lanzamiento de tales objetos era causado, en realidad, por los propios chiquillos cuando nadie los observaba. [6] Por lo general se comportaban así porque estaban atravesando un periodo difícil, y querían atraer la atención de sus padres. En otros casos, las indagaciones no han sido tan escrupulosas y, por consiguiente, no se ha podido llegar a una conclusión definitiva sobre el origen de los fenómenos. Es un hecho que, hasta el momento, nadie ha visto nunca, en condiciones de fiabilidad, que un objeto se levantara por sí solo y volara por el aire. Por tanto, ¿quién puede decir que los *poltergeist* constituyan un fenómeno auténtico?

Otro ejemplo es el de la «combustión humana espontánea», un fenómeno que consiste, según algunos, en que una persona puede prender fuego desde el interior de su propio cuerpo, mediante fuerzas todavía desconocidas. Existen solamente poquísimos ejemplos indicados como prueba de combustión humana espontánea, y en todos esos casos era posible encontrar explicaciones alternativas (se trataba de un fumador, o bien existían cerca fuentes de calor, etc.). Ni siquiera existen testimonios oculares de este fenómeno; nadie ha visto al propio interlocutor prender fuego inopinadamente desde el interior de su organismo. Así pues, ¿existe realmente el fenómeno, o se trata sólo de una leyenda?

Misterios del tipo IV: son aquellos que Clarke llama «misterios del tipo cero», los no-misterios. «El único misterio con respecto a este tipo», decía Clarke, «es que cada cual haya pensado realmente que se trataba de misterios». Por lo general son aquellos a los cuales dedica la televisión enormes espacios, y sobre los cuales se escriben docenas de libros que, indefectiblemente, se convierten en bestsellers. Los ejemplos no faltan, pero prefiero no adelantarlos. Los irán descubriendo ustedes en el transcurso de nuestro viaje.

Así pues, preparémonos a investigar algunos de los más famosos misterios de la historia; y si descubrimos que algunos de ellos no eran otra cosa que clamorosas falsificaciones, no nos asustemos: los misterios se hallan bien lejos de extinguirse. Sea cual fuere el riesgo que pueda correr en el futuro la humanidad, podemos estar tranquilos porque el aburrimiento nunca formará parte de ella.

Misterios de la naturaleza

El triángulo de las Bermudas

Ya que hemos empezado nuestro viaje hablando del triángulo de las Bermudas, pienso que vale la pena detenerse todavía un poco en este tema que ha logrado vender, sólo en el caso de Charles Berlitz, su más notorio promotor, algo así como seis millones de libros en todo el mundo.

Según esa historia, una determinada zona del océano Atlántico, al sudeste de los Estados Unidos había sido testigo de un número de inexplicables desapariciones de aviones y de buques superior a cualquier otra extensión oceánica de dimensiones semejantes. La zona en cuestión tendría forma triangular y estaría comprendida entre Miami, el arcipiélago de las Bermudas y la isla de Puerto Rico. En 1945, cuando cinco aereoplanos *Avenger* de la Marina desaparecieron en aquel tramo de mar, empezó a fraguarse la leyenda. Desde aquel momento, gran parte del público fue inducido a creer que una determinada fuerza desconocida se ocultaba realmente en el océano y pudiera hacer desaparecer navíos, aviones y personas, transportándolos quién sabe adónde. No obstante, la expresión «triángulo de las Bermudas», fue acuñada tan sólo en 1964 por un americano, Vincent Gaddis, en un artículo de la revista «Argosy», titulado: *El mortal triángulo de las Bermudas.*

Se formularon entonces las hipótesis más inquietantes y peregrinas para explicar el «misterio» del Triángulo: inteligencias alienígenas dedicadas al rapto de seres humanos, deformaciones espaciotemporales, extraños instrumentos electromagnéticos pertenecientes a la misteriosa civilización de la Atlántida, pirámides existentes en el fondo del mar, campos de gravedad invertidos, vórtices magnéticos...

En 1947, Berlitz, que había estado recogiendo información durante años sobre el Triángulo, ordenó todos estos argumentos y publicó su best-seller, *El triángulo Bermudas*, presentándolo como «un documento excepcional, con todos los hechos concretos y testimonios basados en pruebas, contrapruebas...» [1] Examinemos, pues, las más importantes «pruebas y contrapruebas» expuestas por Berlitz.

Colón en el mar de los Sargazos

Al elaborar su documentación, Berlitz se encamina directamente a las extrañas experiencias vividas por Cristóbal Colón y por la tripulación de las tres carabelas, en el interior del mar de los Sargazos, durante el viaje que le llevaría a las costas de América. Quiere la leyenda que la desaparición de los buques dentro del Triángulo se produzca, sobre todo, en la región del océano Atlántico occidental que recibe el nombre de Mar de los Sargazos; una gran extensión marina inmóvil que recibe su nombre del alga sargazo. Esta alga flotante, bien separada o en grandes grupos, delimita los confines del mar.

Además de las algas, el mar de los Sargazos es famoso por sus peligrosas bonanzas; a ellas se debe el que hayan proliferado numerosas leyendas, según las cuales bajo el agua se extendería un inmenso cementerio de buques pertenecientes a todas las épocas históricas.

En la tarde del 13 de septiembre de 1492, después de un mes y diez días de navegación, Colón, a bordo de la *Santa María*, advierte que la aguja de la brújula no apunta hacia el norte indicado por la estrella polar, sino que muestra una desviación de cerca de seis grados en dirección noroeste. Era la primera vez que se observaba una anomalía semejante. En los dias siguientes, la desviación va aumentando y el terror se esparce por la tripulación, convencida de que han penetrado en una zona en la que incluso las leyes de la naturaleza se encuentran alteradas. Para Berlitz se trató de una «extraña anticipación (...) de los disturbios electromagnéticos que incluso hoy molestan a la navegación aérea y marítima en el Triángulo. [2]

Algunos dias después, Colón y sus hombres ven cómo una inmensa flecha de fuego cruza el cielo, para caer posteriomente y desaparecer en el océano. El 11 de octubre los miembros de la tripulación, cansados del interminable viaje y cada vez más nerviosos, están dispuestos a amotinarse. Pero hacia media noche, Colón afirma haber visto «una luz en tierra que pudiera ser un fuego o una antorcha de pescadores o de caminantes». [3] Los demás aguzan en vano la vista. Berlitz describe estas luces como un «inexplicable brillo del mar». [4] Al cabo de un par de horas se avista efectivamente la tierra, y al dia siguiente tiene lugar el desembarco histórico.

A Berlitz todos estos episodios le sirven para confirmar la fama siniestra y misteriosa de la zona. Su exposición se queda en la superficie de los hechos sin que sugiera ningún intento para profundizar en los mismos.

Empecemos por las anomalías producidas en la brújula. De hecho, Colón no se dejó asustar por ellas, ya que dedujo que si la aguja no señalaba la estrella polar, era debido a que quedaba atraida por alguna otra cosa. Si bien la hipótesis de Colón pudiera haber sido solamente una argucia para tranquilizar a sus hombres, no es menos cierto que el gran navegante tenía razón. La aguja de una brújula, de hecho, no apunta hacia la estrella Polar o el polo norte, como se había venido creyendo durante siglos, sino hacia el norte magnético, que se puede localizar cerca de la isla del Príncipe de Gales, a medio camino entre la bahía de Hudson y el polo norte. Hoy en día, todo aquel que utiliza una brújula para orientarse durante expediciones prolongadas sabe que para situar el norte real es necesario realizar una operación de compensación, ya sea sumando o restando el número de grados indicados en la carta geográfica.

La flecha que fue vista cruzando el cielo y cayendo en el mar era, muy probablemente, un meteoro. Dígase de paso que el hecho no causó el menor temor en la tripulación, y que fue señalado simplemente por sus considerables dimensiones.

Finalmente viene «el inexplicable brillo del mar». Ya durante varias semanas antes del desembarco, Colón y sus marineros habían avistado en el mar juncos y ramas, y se habían divisado también peces típicos de arrecifes y aves terrestres. Todos estos indicios presagiaban la llegada inminente a la tierra prometida. El 11 de octubre Colón dijo haber visto una luz, y pocas horas después se avistó tierra. Se han realizado muchas hipótesis sobre la identidad de la luz vista por Colón: la antorcha de un pescador o de alguien que estuviera en la orilla, un grupo de peces luminosos o, tal vez, una ilusión óptica causada por el extremo cansancio y el intenso deseo de llegar a tierra.

Una hipótesis bastante prosaica, y generalmente poco tomada en consideración, podría no obstante explicar el misterio. Fernando e Isabel, reyes de España, habían prometido una renta vitalicia de treinta escudos anuales al primero que avistase tierra. Al afirmar, por tanto, haber visto una luz (aunque fuese imaginaria) cuando sabía además que estaba cerca de la costa, el astuto genovés se aseguraba esa renta. Y, de ese modo, aunque la expedición terminase en fracaso, Colón habría conseguido una considerable ventaja de su viaje.

Al norte del Triángulo...

Examinemos ahora una de la típicas desapariciones de aviones que se considera causada por las «temibles» fuerzas que se esconderían en el Triángulo. Un avión inglés, el *York*, desaparece el 2 de febrero de 1953 «al norte del Triángulo, mientras volaba hacia Jamaica», [5] con treinta y nueve personas a bordo. Un SOS lanzado desde el aparato se interrumpió bruscamente.

Leyendo el relato de Berlitz se llega a pensar, efectivamente, que si el avión desapareció cerca de Jamaica se encontraba de lleno en el triángulo de las Bermudas. Pero la primera pregunta que debería hacerse un investigador serio es:

¿en dónde desapareció exactamente el avión? Y después, ¿desde dónde se lanzó el SOS?

Para responder a tales preguntas es suficiente tener una copia del periódico que había informado de la noticia, al día siguiente de la desaparición:

> Se cree que un cuatrimotor militar inglés que llevaba a bordo treinta y nueve pasajeros haya podido caer hoy en las aguas del helado y tempestuoso Atlántico Norte. Fuertes vientos y lluvias torrenciales han reducido las operaciones de rescate, y existen pocas esperanzas de encontrar supervivientes.
>
> El avión, propiedad de la Skyways Ltd., de Londres, procedente de las Azores, se dirigía a Gander, en la isla de Terranova. Había transmitido un SOS a 607 kilómetros de Gander. En aquellos momentos soplaban sobre el océano vientos de 139 kilómetros a la hora. [6]

¡Qué sorpresa! En el libro de Berlitz no hay la menor referencia a la violenta tempestad con la que se encontró el *York* ; y, sobre todo, tampoco existe referencia alguna a la localización exacta del avión. El destino final era Jamaica, pero cuando el aparato se precipitó al océano se dirigía todavía a una etapa intermedia: Gander que, para ser precisos, se encuentra en Canadá. Por tanto Berlitz tenía razón: el avión se precipitó «al norte del Triángulo», pero muy al norte: ¡a casi 1.500 kilómetros de distancia!

La desaparición de la Escuadrilla 19

Sin embargo, el caso con mucho más famoso es el de los cinco aviones *Avenger* de la Marina que dio inicio, en el año 1945, a la leyenda del Triángulo.

El grupo de aeroplanos que dejaron la base de Fort Lauderdale, en la tarde del 5 de diciembre de 1945 para efectuar una misión de adiestramiento, llevaba el nombre de Escuadrilla 19. A bordo de los cinco aviones se encontraban catorce personas. El tiempo calculado para la mision era de dos horas. Los depósitos de los aviones estaban llenos, y los instrumentos funcionaban perfectamente. En cada avión se había instalado un aparato de radio, una balsa autoinchable y todos los pilotos llevaban chaleco salvavidas. Tanto los pilotos como los miembros de la tripulación eran aviadores expertos. El tiempo era ideal.

A las 15:45, una hora y media después del despegue, el radiotelegrafista de la torre de control, en la estación aeronaval de Fort Lauderdale, recibía una comunicación insólita del comandante de la escuadrilla, el teniente Charles C. Taylor. «Llamado a la torre. Circunstancias críticas», decía la voz. «Parece que nos encontramos fuera de la ruta. No logramos ver la tierra... Repito... No logramos ver la tierra».

Un grupo de aeroplanos *Avenger* similares a
los que desaparecieron en el océano Pacífico.

«—¿Cuál es vuestra posición?» Preguntaron desde la torre.

—No estamos seguros de nuestra posición. No logramos saber en donde nos encontramos realmente.... Parece que nos hemos extraviado.

—Diríjanse hacia el oeste.

—No sabemos dónde está el oeste. Aquí no funciona nada... Es extraño... No podemos acertar con ninguna dirección. Incluso el océano no está en donde debiera estar...»

La situación resultaba enigmática. Aunque una tempestad magnética hubiera alterado todas las brújulas, los pilotos hubieran podido orientarse siguiendo la posición del sol. Por el contrario, de los mensajes que se intercambiaban los pilotos, y que captaba la torre de control, podría decirse que el sol se les había vuelto invisible.

Poco después de las 16, Taylor, presa del pánico, cedió el mando a otro piloto. A las 16:45 llegó un mensaje del nuevo comandante: «No estamos seguros de dónde nos encontramos... Creemos estar a 364 kilómetros al nordeste de la base... Debemos haber sobrevolado Florida y encontrarnos en el Golfo de México...» Pero mientras los aparatos viraban 180 grados intentando regresar a Florida, la transmisión se volvió más débil, indicando que los aeroplanos habían realizado una maniobra equivocada. Las últimas palabras que llegaron a la base fueron «Parece que estamos...»; pero Berlitz asegura que en vez de ésas fueron: «Estamos entrando en el agua blanca... Estamos completamente perdidos.»

Inmediatamente se envió en su socorro un hidroavión de patrulla *Martin Mariner* con una tripulación de trece personas. Pocos minutos después del despegue, llegó una comunicación del *Mariner* que hablaba de fuertes vientos por encima de los 1.800 metros. Después, nada. Incluso el aparato de socorro había desaparecido.

Después de las 19, la estación aeronaval de Opa-Locka, en Miami, captó un endeble mensaje que consistía en «FT... FT...», señal que formaba parte de las letras de identificación de los aviones pertenecientes a la Escuadrilla 19. Sin embargo, ese mensaje llegaba dos horas después de que los aparatos se hubieran quedado, presumiblemente, sin combustible.

Los patrulleros de la guardia costera trataron de encontrar posibles supervivientes durante toda la noche; y al día siguiente una gigantesca operación de búsqueda se inició con las primeras luces del alba. Trescientos aviones y veintiún navíos peinaron mar y cielo. Otros recorrieron las costas de Florida, de los Cayos y de las islas Bahamas. La búsqueda se mantuvo durante semanas, tratando de encontrar restos identificables, pero sin ningún resultado.

Corría el rumor de que un avión comercial había visto un resplandor rojizo en tierra en el día de las desapariciones; y en un primer momento se llegó a pensar que podría tratarse de la explosión del *Mariner*, pero, posteriormente, se desmintió ese rumor. Más tarde todavía, una nave comercial habló de haber visto una explosión en el cielo sobre las 19:50; pero si tal explosión se hubiera debido a los cinco *Avenger* querría decir que los aeroplanos seguían en vuelo horas después de que sus reservas de combustible hubieran quedado agotadas. Por otra parte, para poder explicar en cierto modo la pérdida de todos los aparatos era necesario admitir que hubieran chocado unos contra otros, y que todos explotaran en el mismo momento.

¿Cómo era posible que seis aviones y veintisiete personas hubieran desaparecido en un espacio tan reducido? Aunque los aviones se encontraran sin carburante, los *Avenger* podían haber amerizado suavemente y permanecer a flote el tiempo suficiente para permitir que la tripulación los abandonara y pudieran hinchar las balsas de salvamento.

Tras haber examinado todas las pruebas disponibles, una comisión naval de investigación terminó su trabajo sin lograr poner en claro, de modo alguno, lo que había sucedido. Un funcionario del servicio de información afirmó: «Los miembros de la comisión de investigación no se encontraron capacitados para hacer conjeturas válidas sobre cuanto ha sucedido». Otro miembro de la comisión comentó: «Los aviones desaparecieron de forma total, como si se hubieran volatilizado sobre Marte.»

Los hechos tal y como están

Ésta era la versión novelada de la desaparición de la Escuadrilla 19, tal como la ha relatado Berlitz y como ha sido reescrita centenares de veces por parte de periodistas y escritores, incapaces de remontarse hasta las fuentes originales, o no interesados en hacerlo. Larry Kusche se ha tomado el esfuerzo de leer las cuatrocientas páginas del informe de la comisión de investigación, y ha llegado a establecer la clave para comprender lo que aparece en las comunicaciones de radio con los pilotos. Ha reordenado también todas las comunicaciones radiofónicas habidas aquella tarde, comprendidas las conexiones mantenidas por la Escuadrilla con un piloto que no formaba parte del grupo, y con diversas bases aéreas de la Marina, estableciendo las siguientes conclusiones.

Ante todo, por la lectura del informe Kusche se dio cuenta de que los miembros de la comisión no se mostraban desconcertados en absoluto por la tragedia. La misión de los *Avenger* era de adiestramiento, y el único piloto experto era el comandante Taylor; los demás eran alumnos. Durante el vuelo, se estropeó la brújula del avión guía, del cual dependían todos los demás, y el comandante, transferido hacía poco tiempo a Fort Lauderdale y, por consiguiente, poco conocedor de la zona, perdió la orientación.

En un determinado momento, Taylor creyó encontrarse sobre el golfo de México, por lo que intentó dirigir a los aviones hacia el noreste, tratando de regresar a la base. En realidad, la patrulla se encontraba en el Atlántico, y se fue dirigiendo progresivamente hacia el norte de las Bahamas, como pudo determinar el radar de la base. Si desde la base hubieran podido comunicar la información al capitán, esto hubiera sido suficiente para que los aparatos se dirigieran hacia el oeste y encontraran la costa.

Pero el capitán no quería pasar las comunicaciones de radio al canal de emergencia por temor a que alguno de sus alumnos no estuviera preparado para encontrar la nueva frecuencia y, por tanto, se quedase aislado. Sin embargo esto hizo mucho más difícil mantener los contactos con la torre de control, debido a las interferencias que llegaban de otros aviones y a las transmisiones de radio cubanas.

El tercer factor que contribuyó a la desaparición de los aviones fue el tiempo. Porque si bien estaba sereno en el momento en que los aparatos despegaron, se fue deteriorando rápidamente. Los aviones de socorro habían comunicado «fuertes turbulencias y difíciles condiciones de vuelo», y uno de los aviones informó de «fuerte viento y mar muy agitada». La Escuadrilla 19 no estaba compuesta por veteranos a punto de tomar contacto con un mar tranquilo en una tarde serena; estaba constituída por un instructor desorientado y cuatro pilotos alumnos que trataban de llevar a cabo un amerizaje arriesgado, en una tarde oscura y tempestuosa. Se trataba de una situación desesperada.

Las extrañas afirmaciones atribuidas a los pilotos por Berlitz, las referencias a algo «extraño» o «equivocado», al océano que «no aparece como debiera estar», o a aquello de «estamos entrando en el agua blanca» no aparecen en ninguna parte del informe de la Marina. El mensaje «FT... FT...» que en la versión de Berlitz parece proceder de ultratumba, provenía en realidad de la base naval de Miami, que trataba de ponerse en contacto con la Escuadrilla. El informe no insinúa, en modo alguno, que los oficiales de la torre de control estuvieran particularmente confusos y alarmados.

El dilema no era tanto que los pilotos no supieran en qué dirección estaban volando como, sobre todo, que no lograran decidir qué dirección a seguir sería la más conveniente.

Cuando el comandante del grupo se dio cuenta de que su brújula estaba estropeada, pasó el puesto de guía a otro avión, pero nunca llegó a ser presa del pánico ni cedió el mando a uno de sus alumnos.

Se ha dicho que aquellos aviones no hubieran podido desaparecer en una zona tan restringida de mar. En realidad, y de acuerdo con el informe oficial, siguieron volando extraviados durante casi cuatro horas, antes de que se les acabase el carburante. Cayeron probablemente en el Atlántico, al este de la costa y al norte de las Bahamas (por tanto, fuera del «Triángulo»). Su viaje no fue corto, en modo alguno. Además, a menudo se olvida citar el hecho de que las investigaciones habían demostrado que los *Avenger* se hundían en sesenta segundos. Este argumento, sumado al hecho de que los aviones de rescate tuvieron que sobrevolar una superficie de más de un millón de kilómetros cuadrados de océano, con rápidas corrientes y tiempo variable, especialmente de noche, hace comprender lo fácil que pudo ser no encontrar la menor traza de lo sucedido.

Se considera misteriosa la desaparición del *Martin Mariner* porque se supone que se produjo pocos minutos después de la desaparición de los cinco *Avenger*. La leyenda cuenta que el *Mariner* había partido pocos minutos después de que se recibiera el último mensaje de la Escuadrilla 19, sobre las 16:45, y que desapareció en un cielo claro. Sin embargo, la explosión de las 19:50 se habría producido tres horas después de la desaparición; por consiguiente, no se pueden unir la explosión y la desaparición del *Mariner*.

En realidad, el *Mariner* no fue el primer avión que se envió en socorro; y, sobre todo, hay que tener en cuenta el hecho de que el avión dejó la base solamente a las 19:27 (y no poco después de las 16, como trata de hacernos creer Berlitz). La explosión tuvo lugar exactamente en el punto en el que el *Mariner* debiera haberse encontrado después de veintitrés minutos de vuelo. Los oficiales de la torre de control advirtieron que a las 20:30 el *Mariner* no había hecho todavía su informe periódico; y cuando, a las 21:12 se enteraron de la explosión, llegaron a la conclusión de que se trataba del *Mariner*.

A estos grandes aviones se les apodaba «los tanques de gasolina volantes», debido a las grandes exhalaciones de gases que producían; habría bastado un cigarrillo o una chispa para provocar la explosión.

Un último factor que contribuyó a la desaparición de toda la Escuadrilla 19 se puede encontrar incluso en la disciplina militar que reinaba entre los alumnos. Permanecieron siempre en grupo, a pesar de que algunos de los pilotos se dieron cuenta de que estaban siguiendo una dirección equivocada. Entre los registros de los contactos de radio existentes entre los pilotos, aparece, de hecho, la siguiente comunicación: «¡Maldición! si volásemos simplemente hacia el oeste regresaríamos a casa!»

Hubiera bastado con que uno solo de los pilotos hubiese tenido cabeza y hubiese sobrevivido para que todo el evento, transformado por los medios de comunicación en el misterio de la aviación más grande de la historia, fuese olvidado rápidamente. [7]

Misterio resuelto

Cuanto más se profundiza en el tema, más se advierte que no parece que exista misterio alguno. Alguien, sin embargo, podría decir que los accidentes que se han producido en aquella parte del mar son en todo caso demasiados para que se deban al azar. A propósito de esto, Larry Kusche ha realizado un trabajo de manual. Ha llevado a cabo un examen sobre todos los casos más famosos de desapariciones en el Triángulo, y ha llegado a la siguiente conclusión:

> *No existe ninguna teoría que pueda resolver el misterio.* No resulta lógico intentar encontrar una causa común para todas las desapariciones en el Triángulo; como tampoco lo sería tratar de encontrar una causa común para todos los accidentes automovilísticos que se producen en Arizona. [8]

Sólo olvidándose de una búsqueda global, y estudiando cada caso singular, ha comenzado a disiparse el misterio. Kusche ha resumido sus descubrimientos en los puntos siguientes:

1. Una vez recogidas suficientes informaciones fue posible encontrar una explicación lógica para la mayor parte de los incidentes. Por ejemplo, es difícil considerar misterioso el caso del *Sandra,* del que ya hemos hablado al principio del libro, una vez que se sabe que fue embestido por una especie de huracán.

2. Con pocas excepciones, los incidentes que siguen sin resolverse son aquellos para los que no ha sido posible encontrar información. En distintos casos, se habían inventado por completo importantes detalles de un incidente; en otros, los incidentes enteros.

3. Las desapariciones de buques se han producido siempre en todas las partes del mundo. Si bien los ocurridos en el triángulo de las Bermudas han sido los más publicitados, Kusche ha descubierto que distintas desapariciones «achacadas» al Triángulo, en realidad habían tenido lugar muy lejos de allí.

4. Algunos buques han pasado por el Triángulo, pero no se sabe si han desaparecido allí. De hecho, Berlitz ha incluído en su lista a buques que simplemente ha-

El «misterioso» triángulo de las Bermudas: hechos y cálculos. James Randi ha encontrado solamente cuatro desapariciones ocurridas dentro de su perímetro.

bían abandonado puerto sin llegar a su destino, el cual, en algunos casos, se encontraba en la otra parte del mundo.

5. Diferentes incidentes no fueron considerados misteriosos en modo alguno cuando se comprobaron; sin embargo fueron considerados como tales años después, cuando se incluyeron en la lista de las víctimas del Triángulo, por escritores interesados únicamente en alargar aquella lista.

6. Contrariamente a la leyenda, cuando se pudieron estudiar muchos de aquellos incidentes se comprobó que las circunstancias climáticas habían sido realmente muy malas.

7. Muchas de las desgracias tuvieron lugar a última hora de la tarde o durante la noche, lo que hizo imposible llevar a cabo búsquedas inmediatas por parte de los buques de socorro; esto permitió que transcurrieran muchas horas durante las cuales el mar dispersó cualquier eventual resto.

8. En muchos incidentes, los escritores que se ocuparon del Triángulo ocultaron informaciones que hubieran podido proporcionar una explicación simple de la desaparición.

James Randi, el célebre prestidigitador norteamericano e investigador de lo paranormal, ha querido llevar a cabo un experimento muy significativo. Ha cogido todos los casos más importantes citados por Berlitz, excluyendo los que nunca llegaron a suceder, y aquellos otros para los que no estaba clarificada la localización de la desaparición, y los posicionó con banderitas en un mapa del mundo. Algunos se encuentan al norte del océano Atlántico, otros en el golfo de México, algunos en el océano Pacífico, y otros incluso en la cercanía de las costas de Irlanda o de

Portugal. Entonces ¿cuántas desapariciones se han llegado a producir realmente dentro del Triángulo? Randi considera efectivas ¡sólo cuatro! [9]

Uri Geller en medio del mar...

En 1977, debido al gran interés suscitado por el libro de Berlitz, el explorador Ambrogio Fogar organizó una expedición al triángulo de las Bermudas, con la intención de «reexaminar, mediante investigaciones y testimonios de primera mano, las diferentes hipótesis que hacen de estos lugares, fabulosos por su belleza, el teatro de catástrofes inexplicables». [10]

Formaban parte de la expedición algunos personajes famosos, como Enzo Majorca, el profesor Edmondo Carabelli, del Politécnico de Milán, y el supuesto poseedor de poderes paranormales, Uri Geller.

Jamás misión alguna de exploradores se encontró más segura. El grupo llevó a cabo algunas expediciones por el espléndido mar de Florida, realizó algunas inmersiones. Pero, en palabras del profesor Carabelli, encargado de medir las extrañas perturbaciones magnéticas y electromagneticas de la que todos hablaban, «no se registró ningún fenómeno excepcional». [11]

Solamente Uri Geller, tal vez para animar lo que no podía calificarse más que de magníficas vacaciones, pretendió dar prueba de sus «poderes». En el curso de una inmersión cerca de Bimini, al pasar las manos a lo largo de las piedras depositadas en el fondo marino, advirtió que de ellas «emanaba una especie de fuerza magnética»: [12]

> Me di cuenta de que en aquel momento, en las aguas del triángulo de las Bermudas, se me ofrecía la ocasión ideal para verificar mis poderes (...) ¿Llegaría a descubrir que los poderes de los que siempre había estado dotado se habían modificado? ¿Los habría obstaculizado el ambiente oceánico o, por el contrario, lograría intensificarlos? ¡Había que probarlo! [13]

Al leer el intrépido resumen de Geller se podría llegar a pensar que en tales momentos se producirían extraordinarias demostraciones paranormales; que surgirían de su letargo energías que habían permanecido en estado latente durante milenios. Pero nuestras expectativas se ven desilusionadas cuando Geller se quita su traje de buceo y cogiendo un par de cucharillas se limita a doblarlas como solía hacer siempre.

Conclusiones

Al término de este capítulo, vamos a considerar algunos datos oficiales. Según la guardia costera de los Estados Unidos, todos los años cruzan la zona comprendida en el triángulo de las Bermudas alrededor de 150.000 buques; de ellos, cerca de 10.000 envían mensajes de socorro, pero sólo cinco buques al año, como media, llegan a declararse desaparecidos. Considerada la imprevisibilidad del tiempo en aquella zona y la alta densidad de tráfico marítimo, se trata de una media que no sorprende especialmente.

Para mayor apoyo de la tesis de que este triángulo marítimo no tiene más maldiciones que cualquier otra zona del mundo, está el hecho solidísimo de que el Lloyd's de Londres no ha subido la prima del seguro de aquellos barcos que transitan por ese lugar.

Por tanto podemos concluir con Larry Kusche que la leyenda del triángulo de las Bermudas «es un misterio absolutamente inventado, elaborado mediante investigaciones negligentes, y alimentado por escritores y periodistas que, más o menos intencionadamente, han hecho uso de errores, mentiras y sensacionalismos».[14] Pero la leyenda se ha visto repetida tantas veces que incluso hoy día son muchos los que están convencidos de que debe existir algo extraño en las proximidades de las islas Bermudas.[15]

Los poderes de las pirámides

«La magia es el arte de convertir la superstición en dinero.»

AMBROSE BIERCE, *Dicionario del diablo*

En 1970 se publicó un libro que estaba destinado a obtener un gran éxito en los Estados Unidos, *Psychic Discoveries Behind the Iron Curtain* (Descubrimientos paranormales tras el Telón de Acero), de Sheila Ostrander y Lynn Schroeder. Se trataba del resumen de un viaje realizado por los autores en Rusia y en los países del Este, a la búsqueda de información sobre la entonces tan mítica investigación parapsicológica soviética. De hecho, se decía que los rusos se encontraban a la vanguardia en la investigación parapsicológica, y que el KGB se servía de los videntes y de los sensitivos, so capa de espías.

Entre las muchas maravillas descubiertas por los dos autores en el curso de su largo viaje, había una que difícilmente cabía esperar encontrarla en Praga, Checoslovaquia. El lugar más indicado hubiera sido, probablemente, El Cairo, en Egipto, porque el descubrimiento se refería a las pirámides egipcias.

Ostrander y Schroeder advirtieron que en las viviendas de aquellas personas que frecuentemente les alojaban, abundaban pequeños modelos de pirámides de cartón, en cuyo interior se encontraban hojas de afeitar puestas en equilibrio sobre un fósforo. Acuciados por la curiosidad preguntaron cuál era el significado de aquellos objetos.

«—¿Quieren conocer uno de los secretos de las pirámides?— preguntó con aire misterioso, uno de sus amigos en respuesta a la pregunta formulada.

—Ciertamente— respondieron los dos.

— Bien, uno de los secretos de la pirámide es la *forma*.

—¿Qué tiene de especial la forma de la pirámide?

—Genera energía— Respondió el enigmático amigo.»

¿Se trataba de una broma? ¿Qué sabían los checos de las pirámides que no supiese el resto del mundo?

La historia se remonta a algunos años atrás, cuando un francés, un tal Bovis, visitó la Gran pirámide de Keops, en Egipto. LLegado a un tercio de la pirámide vio la cámara del faraón y, cansado por la fatiga y el calor, decidió entrar para descansar. Lo que allí le llamó la atención fue algo que nada tenía que ver con el Egipto antiguo: un depósito de basuras. Bovis advirtió que de aquella basura no emanaba ninguno de los olores típicos de descomposición. Observando aquello con más detenimiento, vio que en el interior del depósito se hallaban gatos y pequeños animales que se habían extraviado y estaban muertos. Lo sorprendente era que estos animales no se hallaban en estado de descomposición sino que se encontraban perfectamente momificados.

¿Sería posible, se preguntó Bovis, que la forma de la pirámide fuese el elemento secreto que hubiera asegurado, a través de milenios, la conservación del cuerpo de los faraones?

Una vez en su casa, Bovis construyó un modelo en miniatura de la pirámide de Keops y lo orientó según un eje norte-sur. En el interior de la pirámide, a un tercio de su altura, colocó un gato muerto. Al cabo de algún tiempo, el gato se había momificado. Seguidamente, repitió el experimento con diversos tipos de sustancias orgánicas, y llegó a la conclusión de que en la pirámide debía haber alguna cosa que impedía la descomposición y provocaba una rápida deshidratación.

El trabajo de Bovis llamó la atención de un técnico de radio checoslovaco, Karel Drbal, que quería experimentar por su cuenta los extraños efectos de las pirámides. El técnico repite los ensayos hechos por el colega francés y concluye que debía ejercerse «una relación entre la forma del espacio de la pirámide y los procesos físicos, químicos y biológicos que se producían en el interior de ese espacio», Concluyó pues que «sirviéndonos de formas parecidas deberemos estar en disposición de acelerar o enlentecer estos procesos».

Drbal hizo incluso un descubrimiento más. Si en lugar de carne, fruta u otro tipo de material orgánico, se colocaba en el interior de la pirámide una hojilla de afeitar usada... ¡ésta recuperaba el filo! Drbal observó que si se usaba siempre la misma hojilla, y que si entre un afeitado y otro se la colocaba bajo la pirámide, el filo de la hojilla se estropeaba mucho más lentamente que en condiciones normales. Para Drbal esta era una prueba de que la atmósfera existente en el interior de la pirámide «hacía regresar rápidamente los cristales de la hojilla a su forma original y, por consiguiente, se recuperaba el filo».

Pronto se extendió la voz del descubrimiento de Drbal, y todo el mundo quería probar la pirámide en miniatura. Drbal pensó en patentar, en 1959, lo que denominó «afilador de hojillas pirámide de Keops», y algún tiempo después, una fábrica checoslovaca se puso a producir pequeñas pirámides de cartón.

Pero, ¿cuál es la «fuerza misteriosa» que se esconde en el interior de las pirámides que es capaz de momificar compuestos orgánicos y afilar hojillas? Según algunos, la forma de la pirámide haría de «condensador de ondas energéticas misteriosas capaces de actuar sobre los organismos de forma especial, destruyendo las bacterias y esterilizando los objetos colocados en su interior». Otros investigadores, entre los que se encuentran Peter Kapits, en Rusia, y Jacques Errera, en Bélgica, han establecido la teoría de que tales fuerzas podrían ser de la misma índole que los poderes de ciertos sanadores, si bien, aparentemente, capaces de momificar pedazos de carne imponiendo simplemente sus manos.

Una confirmación del misterio de las pirámides llegaría nada menos que de un premio Nobel de física, Luis Álvarez. En 1968, durante una expedición científica a El Cairo, organizada para llevar a cabo experimentos dentro de la pirámide de Kefrén, un grupo de estudiosos coordinados por Álvarez midió una «acentuada ionización del aire». Sirviéndose de aparatos que costaban varios millones de dólares, el grupo de científicos se quedó pasmado al constatar que algo sucedía en el interior de la pirámide que «desafiaba todas las leyes establecidas por la ciencia y la electrónica». El doctor Amr Gohed, encargado de instalar ciertos aparatos en el interior de la pirámide, declaró al *Times*, de Londres: «O bien la geometría de la pirámide se encuentra sustancialmente equivocada, lo que podría influir sobre nuestras mediciones, o quizás exista un misterio que va más allá de nuestras explicaciones; llámeselo como se quiera, la maldición de los faraones, brujería o magia, en el interior de la pirámide existe un cierto tipo de fuerza que desafía las leyes de la ciencia». La conclusión fue que era precisamente la forma geométrica de la pirámide la que «permitía un acúmulo de energía cósmica».

Una energía que según los devotos de la piramidología permitiría realizar una serie de experimentos sorprendentes, entre los que se encontraban la momificación de la carne y el afilado de las hojillas; las joyas y piedras preciosas que se colocaban bajo un modelo de pirámide adquirían todo su brillo y « veían potenciadas sus características taumatúrgicas»; la leche «se transformaba de forma natural en yogur»; el agua dejada « durante treinta y cinco días, si era bebida aliviaba el ardor de estómago; si se usaba como tónico eliminaba las arrugas del rostro; finalmente, si se ponía sobre las heridas tenía un efecto cicatrizante»; las semillas, una vez que habían pasado por «la terapia» y se enterraban, darían origen a plantas más lozanas y sanas; la maduración de la fruta se veía estimulada; las flores vivían un proceso que evitaba la deshidratación y seguían frescas «sin modificar su color»; incluso «la telepatía u otras facultades latentes de clarividencia o paranormales... se agudizaban tras sólo escasas sesiones».

Hoy en día, pequeños modelos de pirámides bañadas en oro se pueden adquirir fácilmente en las farmacias, en donde se venden como potentes instrumentos terapéuticos. Un folleto ilustrativo de una empresa de Venecia, la Piramyd Company, especializada en la comercialización de estos productos, explica que las pirámides «tienen el poder de crear o capturar en su interior campos de fuerza distintos a los que se pueden dar en cualquier otro espacio geométrico cerrado. Esto tendría el poder de producir efectos benéficos sobre el hombre. Veamos otras cosas que se pueden leer en el folleto:

... produce calma, bienestar y serenidad, es útil contra el insomnio y las alteraciones psicosomáticas y energetiza todas las células y los órganos del cuerpo humano, aportando al organismo una renovación y una vitalidad extraordinarias.

Pirámides especiales dotadas de placas de tipo particular pueden captar una energía ciento veinte veces superior a la normal, con una notable ampliación y profundización de las propiedades benéficas, actuando positivamente sobre personas que presentan numerosas afecciones: artrosis, artritis, astenia, bronquitis, gastritis, gota, lumbalgias, ciática, reumatismos, fracturas, psoriasis, depresiones, disturbios psicosomáticos, alcoholismo, etc.

La pirámide puede asociarse a la bioterapia (o, en su lugar, a la pranoterapia) con efectos sinérgicos. Dadas sus propiedades de conservación, ayuda a mantenerse joven por mucho tiempo. El cantante Michael Jackson duerme habitualmente dentro de una de ellas.

Esta estructura especial se está utilizando incluso por deportistas, ancianos, y por aquellas personas que quieren mantenerse en forma, y también como cura de belleza.

La pirámide sirve, además, para combatir las enfermedades debidas a una carencia de campo magnético; de hecho, la tierra posee un enorme campo magnético del orden de 0,2 gauss, que puede presentar notables alteraciones debidas, por ejemplo, a zonas geopatológicas (véanse a este respecto los estudios llevados a cabo por el médico Ernest Hartmann, de la universidad de Heidelberg), o a cursos de agua subterránea o yacimientos del subsuelo, y a frecuencias radioeléctricas debidas a emisiones de radio, televisión, radar y líneas eléctricas de alta tensión. Así pues, la pirámide forma un un campo magnético benéfico, un espacio ideal para el hombre.

Se está utilizando ampliamente por misioneros y monjas católicas en los países del Tercer mundo para aliviar los sufrimientos de los enfermos, de forma gratuita y sin ninguna imposición, dada su eficacia y polivalencia, y por su fácil transporte en zonas innacesibles y, por consiguiente, no dotadas de energía eléctrica,

Por sus grandes efectos prodigiosos ha sido rebautizada «la pirámide de los milagros».

No es necesario decir que todo resulta muy sugestivo y fascinante. Pero, ¿es todo verdad?

Verificaciones del «poder de las pirámides»

El único modo de saber si las afirmaciones propagandísticas de los vendedores de pirámides son fiables es enfrentar una de esas pirámides con una hecha de cartón. Esto es lo que ha hecho Sergio Facchini, biólogo ambiental del Centro de investigaciones biotecnológicas de Cremona, quien ha publicado sus resultados en «Scienza&Paranormale», publicación del CICAP. [1]

El doctor Facchini se ha valido de dos pirámides diferentes, la primera de metal chapada en oro, que tenía una base cuyos lados medían 13 centímetros, adquirida en un negocio especializado; mientras que la segunda estaba hecha de cartón homogéneo, con una base de 45 centímetros de lado. El biólogo se mostró especialmente atento a la hora de respetar, de forma escrupulosa, las proporciones de la Gran pirámide. En lo que respecta al material para la realización de los modelos, se le aconsejó que utilizara sustancias homogéneas como la madera, el cristal, cartón no ondulado, tejidos y plástico; mientras que otras personas consultadas le aconsejaron la utilización de diversos metales, excluyendo el empleo de plástico, madera y aislantes en general. Por tal motivo, Facchini decidió trabajar con dos pirámides, una metálica y otra de material aislante.

Las recomendaciones que hacen los «expertos» son las siguientes: el objeto debe estar protegido de las corrientes de aire y alejado de los televisores, ordenadores u otros objetos metálicos que puedan perturbar el campo magnético; además, ha de situarse de modo que una de sus caras se encuentre orientada hacia el norte. La última indicación aconseja que las sustancias que se coloquen en el interior de la pirámide deben ponerse a un tercio de su altura (en correspondencia con la Cámara del Rey de la Gran pirámide, en donde «la energía positiva» sería máxima), y que los contenedores utilizados en el interior no sean de metal, sino más bien de vidrio o de cartón.

La pirámide de metal utilizada en el experimento disponía incluso de un «concentrador de energía», indicado a veces como «acelerador». Se trata de un disco «de aleación especial» que debía ponerse bajo la muestra en experimentación para atraer más fácilmente las «ondas magnéticas piramidales» y potenciar de este modo los efectos.

Dejemos, pues, hablar directamente al doctor Facchini para que sea él quien nos ilustre sobre los resultados obtenidos en sus ensayos

Conservación de la leche

«Se dice que la leche conservada en la pirámide se mantiene fresca durante largo tiempo, incluso varios días, mientras que la muestra de control externo inicia rápidamente su proceso de fermentación; y que mientras ésta última termina por alterarse, la que se encuentra dentro de la pirámide sería perfectamente bebible. Por tanto se ha controlado temporalmente el valor del pH (indicador de la acidez) de la leche fresca parcialmente descremada, vertida en tres pequeños contenedores de cristal, con la adición de 0,3 % de leche previamente fermentada, a fin de lograr una inoculación bacteriana homogénea para todas las muestras examinadas.»

Se colocó un primer recipiente en la pirámide más pequeña de metal, desde ahora indicada simplemente con las letras PP, un segundo recipiente se introdujo en la más grande de cartón, a la que se denominará desde ahora PG; mientras que una tercera parte de la muestra se utilizó como control externo, denominada C. Nos preocupamos de controlar atentamente la orientación de los modelos y la disposición del contenedor, colocando su parte media a un tercio de la altura de la pirámide. El pH inicial era de 6,78 para todas las muestras, y la temperatura se mantuvo siempre a 27 °C. Después de 6 horas se tenía un pH de 6,65-6,64-6,65 (referidos respectivamente a C-PP-PG). Después de 10 horas, 6,58-6,55-6,56; después de 24 horas, 5,13-5,10-5,11; después de 31 horas, 4,76-4,75-4,75; después de 48 horas, 4,46-4,48-4,47.

«Las pruebas se repitieron, esta vez con leche de larga conservación parcialmente descremada y sin inoculación; a parte del tiempo más largo para iniciar el proceso fermentativo, debido a la baja cantidad bacteriana inicial, que estaba motivado sólo en este caso por el contacto con los recipientes y con el aire, los resultados nos han proporcionado la misma respuesta, y la ausencia de cualquier diferencia entre el comportamiento de la leche en las pirámides y el control externo.»

El afilamiento de las cuchillas de afeitar

«Colocando durante algunas semanas las cuchillas usadas dentro de la pirámide, con el lado más largo orientado a lo largo del eje norte-sur», continúa diciendo el doctor Facchini en la descripción de sus experimentos, «la energía emitida por la construcción actuaba reparando las alteraciones y deformaciones del borde. La prueba fue efectuada durante diez semanas con una cuchilla cuyas alteraciones en el borde habían sido observadas inicialmente con microscopio estereoscópico, y claramente evidenciadas; los controles sucesivos, hasta la décima semana, indicaron la ausencia de cualquier variación, aun cuando fuese mínima, en las alteraciones de sus bordes.»

Sobre estas supuestas propiedades de las pirámides se realizaron todavía otras verificaciones. Por ejemplo, en el laboratorio metalúrgico del Instituto Politécnico Ryerson, de Toronto, Canadá, el doctor Dale Simmons llevó a cabo un experimento con tres cuchillas nuevas. Una se colocó bajo una pirámide fabricada por la Toth Pyramid Company de Nueva York, otra bajo una pirámide de cartón, producida originariamente por los investigadores, y una tercera dejada al aire libre. [2]

Antes del experimento, todas las hojillas fueron frotadas diez veces contra las hebras de un cepillo de dientes, de modo que todas tuvieran el filo igual. Se tomaron fotografías al microscopio de cada una de ellas.

Después de siete días se recogieron las cuchillas y fueron nuevamente fotografiadas. Resultado: el filo de todas las cuchillas , incluida la que se había dejado como control al aire libre, se había redondeado ligeramente. Por tanto, la pirámide no había ejercido ningún efecto particular sobre las muestras.

Según lo que afirma Simmons, dos serían los motivos por los que se habría llegado a creer que la pirámide restauraba el filo de las cuchillas usadas. Ante todo, hay que tener en cuenta el factor psicológico: «¿Cuándo se puede decir exactamente que una cuchilla está agotada? ¿Y cómo puede decir una persona que una cuchilla dejada en el interior de una pirámide está más afilada que cuando se la introdujo allí? El juicio no puede ser mas que extremadamente subjetivo y, por tanto, fácilmente manipulable por sus propios deseos de que verdaderamente se afile y en función de sus expectativas personales... Además, estas pruebas subjetivas sobre el afilamiento resultan todavía más imprecisas si tenemos en cuenta un factor no cuantificable como es la escasa precisión de los recuerdos, dado que entre el "antes" y el "después" del experimento pasa, generalmente, algún tiempo.»

Hay que tener presente un segundo factor, que podríamos definir como de «equilibrio natural». En la naturaleza, de hecho, existe una tendencia difundida, aunque no sea universal, que hace retornar las cosas alteradas al estado de equilibrio anterior. En física esto queda ejemplificado por el principio de *Le Chatelier*, que describe el comportamiento de los sistemas químicos que se encuentran en equilibrio al término de una reacción. Todo intento por cambiar esta condición, debido, por ejemplo, a una elevación de la temperatura o de la presión, causa una reacción química que tiende a minimizar ese cambio. En biología, el mismo fenómeno se patentiza en la homeostasis; o bien en la tendencia general de los sistemas biológicos, desde los más simples hasta los más complejos, de mantener un estado de equilibrio dinámico, obtenido mediante un proceso de autorregulación que permite reunir las condiciones ideales para la supervivencia. Todo esto vale también para el hecho de que las cuchillas parezcan más afiladas tras haberlas dejado reposar durante algún tiempo. «Este fenómeno», continúa Simmons, «se puede atribuir al movimiento de las moléculas de aire en torno y contra la hoja; un movimiento que ayuda a redondear las partes más frágiles (es decir, el filo).»

Germinación de semillas

Volvamos ahora a los experimentos del doctor Facchini. Una de las creencias más difundidas es la de que las semillas que se han introducido en una pirámide germinarán más deprisa. Veamos cómo ha verificado el biólogo esa afirmación.

«Se ha procedido a una sencilla prueba de germinación en placas de Petri, utilizando cien semillas de lechuga por cada placa, y repitiendo el conjunto cuatro veces. El porcentaje de semillas germinadas (valores medios) al cabo de un día fue del 40,5 % para C, 39 % para PP y 40 % para PG; al cabo de dos días, 63 % para C, 60,8 % para PP y 64 % para PG; al cabo de tres días, 73 % para C, 69,5 % para PP y 71,8 % para PG; al cabo de cuatro días, 77 % para C, 75 % para PP y 75 % para PG.»

Como es posible observar, a parte de pequeñas variaciones estadísticas, no se evidencian fenómenos de ningún tipo. Además ha de señalarse que el departamento de Horticultura de la universidad de Guelph, en Canadá, ha demostrado que las pirámides no tienen ningún efecto sobre el crecimiento de las plantas. [3]

Purificación del agua

Siempre se dijo por parte de los que sostienen la teoría del «poder de las pirámides» que la forma piramidal «influenciaría en la estructura molecular del agua y, por consiguiente, impediría la putrefacción del agua contaminada». El doctor Facchini ha procedido, pues, de la siguiente manera: «Se ha preparado una solución con 100 milígramos de glucosa por litro, más sales minerales según el informe previsto por los análisis del BOD (demanda biológica de oxígeno, un análisis que se efectúa para valorar el consumo de oxígeno del agua contaminada), [4] rellenando sucesivamente tres pequeñas vasijas de cristal y añadiendo una cierta cantidad de azul de metileno, sustancia que se decolora cuando el ambiente del oxidante se hace reductor, indicando de este modo de forma muy clara el inicio de los procesos de putrefacción. Con esta prueba, llamada "test de estabilidad relativa", [5] se debe medir el tiempo necesario para la decoloración de la muestra. Los resultados han indicado un tiempo de decoloración de 18 horas tanto para C, como para PP y PG, por lo que no se nota diferencia alguna en el comportamiento del agua en los tres casos considerados.»

El caso de la momificación

Entre los prodigios atribuidos a la pirámide no podía faltar, naturalmente, el de lograr la momificación de fruta, carne y otras materias orgánicas colocadas en su interior. Según algunos, los cuerpos de los antiguos egipcios se habrían conservado hasta nuestros días debido a que habían sido colocados en el interior de las pirámides.

En realidad, el excelente estado de conservación de las momias egipcias no tiene nada que ver con el supuesto «poder de las pirámides», ni mucho menos con las fantásticas técnicas secretas de embalsamamiento. En parte se debe a las técnicas de embalsamamiento que estaban en uso en la época, y que los arqueólogos han logrado reconstruir hasta en sus mínimos detalles; y también en parte al clima de Egipto. Como informa William H. Stiebing jr. en su magnífica obra *Antiguos astronautas:* «El embalsamamiento no fue practicado por los primeros egipcios. Las sepulturas prehistóricas se efectuaron en tumbas poco profundas excavadas en el desierto arenoso cercano al Nilo, sin la menor intención de preservar los cuerpos; sin embargo, en estos cementerios predinásticos, algunos cadáveres se han conservado incluso mejor que momias más recientes. La arena caliente y seca del desierto ha drenado los cuerpos, extrayendo de ellos la humedad antes de que pudiera producirse el proceso de putrefacción, adquiriendo la piel el aspecto de cuero curtido. Es posible que algunos de estos cuerpos, momificados de forma natural, surgieran a la luz cuando se excavaban nuevas tumbas. Esta circunstancia pudiera haber influido para que los egipcios buscaran medios artificiales de conservación, basándose en la idea de que, si se podía conservar el cuerpo, el alma del muerto seguiría viviendo.»

Las técnicas de embalsamamiento se desarrollaron hacia el final de la III o el inicio de la IV dinastía, aproximadamente hacia el 2600 a. C. «Los egipcios», continúa Stiebing, «descubrieron que el natron, una sal natural que se encuentra en las presas de El Cairo, absorbía la humedad y, por tanto, podía conservar los cuerpos como las arenas del desierto. El natron era también ligeramente antiséptico, una cualidad que ayudaba a prevenir la putrefacción. Después de llevar a cabo muchas pruebas de embalsamamiento, perfeccionaron sus técnicas y pusieron a punto el método que sería posteriormente adoptado, con pocas modificaciones, durante los siguientes veinticinco siglos de la historia egipcia.» [6]

¿Y qué pasa con nuestros modelitos de pirámide? Según los que las venden «la carne, cortada en tiras delgadas, se deshidrata mucho más velozmente si se coloca en la pirámide sobre un recipiente de cristal o de cartón, con el lado más largo orientado según el eje norte-sur». Para comprobar esta hipótesis, el doctor Facchini ha colocado sobre tres soportes de cristal rectangular algunas tiras de carne porcina. «La carne», explica Facchini, « fue cortada con un espesor de cerca de medio centímetro, y se ha controlado todos los días la pérdida de peso del producto mediante una balanza de análisis, cuidando mucho la alineación norte-sur de los soportes y de la pirámide. Los resultados indicaron, después de un día, una pérdida de peso del 60,4 % para C, del 63,1 % para PP y del 62 % para PG, mientras que después de dos días fue del 67,2 % para C, del 66,8 % para PP y del 66,9 % para PG; finalmente, al tercer día los resultados fueron del 68 % para C, del 67,2 % para PP y del 67,3 % para PG. Se repitió la prueba para confirmar cuanto se había observado, y sólo se observaron pequeñas variaciones debidas a la dificultad de disponer de muestras perfectamente homogéneas.»

El resto, trozos de carne, fruta y otros alimentos perecederos, también se pueden desecar por medios naturales, sin que tengan que intervenir productos químicos ni, mucho menos, paranormales, cosa que el CICAP ha podido verificar muchas veces.

Encuentro con una «momificadora paranormal»

Un caso pintoresco es el de aquella señora de Bolonia que hace algunos años se presentó en el CICAP afirmando poseer la capacidad de momificar los huevos. Allí relató su forma de proceder: una vez roto el huevo sobre un platillo le imponía las manos, a unos 10 centímetros de distancia, durante unos diez minutos, y repetía la operación todos los días durante una semana. El resultado era sorprendente: la albúmina se secaba y se volvía transparente como el celuloide, y la yema dura como la goma. No había rastro de mohos, olores desagradables ni el menor signo de descomposición. Dado que estábamos muy impresionados, le propusimos a la señora un sencillo test: romper una docena de huevos en otros tantos platillos, «tratando» un par de ellos, para poder compararlos con los otros.

La señora aceptó, pero afirmó que la habitación en la que nos encontrábamos estaba «saturada de sus vibraciones», y que este motivo era suficiente para que se produjese la momificación de cualquier cosa. Preparamos, pues, otra habitación en la cual la señora no había entrado, y en la que se procedió al «tratamiento» de dos huevos escogidos al azar de los doce que habíamos llevado, numerándolos todos y dejándolos después en reposo durante cinco días, en las mismas condiciones de humedad y temperatura.

Al término del periodo de reposo, se llamó a algunos jueces independientes para que pudieran evaluar si se habían producido diferencias entre los huevos. No se había producido ninguna: sorprendentemente todos los huevos se habían secado del mismo modo. Ninguno despedía olor desagradable, ni estaba enmohecido o corrompido. Cuando se informó a la señora de este resultado, se declaró sorprendida pero feliz: «¡Entonces es una maravillosa capacidad que poseemos todos nosotros! ¡Podremos hacernos mucho bien los unos a los otros!» Cuando le explicamos que, según nuestra opinión, se trataba de un proceso de deshidratación del todo natural, no pareció muy convencida: «¡Sin embargo un profesor me ha asegurado que tengo poderes; mi electroencefalograma es muy rico en ondas "semilalfa"!»

En efecto, estamos acostumbrados a pensar que la materia orgánica se deteriora fácilmente, y creemos que las carnes y las verduras deben conservarse en el frigorífico o en el congelador. Pero la momificación no es otra cosa que una deshidratación, la pérdida de agua de los tejidos; en otras palabras, un resecamiento. En condiciones particulares de temperatura elevada, baja humedad y ventilación, los organimso muertos, aunque sean de dimensiones notables, pueden deshidratarse bastante velozmente y momificarse de forma espontánea, sin que se produzca descomposición alguna. Este fenómeno se produce amenudo en animales que mueren en zonas desérticas, pero también en cuerpos sepultados en cementerios que tienen una determinada calidad de tierra, y en difuntos colocados en sarcófagos o en criptas dotadas de determinado tipo de microclima. En Italia tenemos ejemplos famosos, entre los que se encuentran las catacumbas del convento de los Capuchinos, de Palermo, el cementerio de momias de Urbania (Pesaro), y la capilla de San Miguel, en Venzone (Udine).

Volviendo a experiencias más comunes, como aquellas que se pueden verificar con los pequeños modelos de pirámide, está claro que además de los factores ya citados de temperatura y humedad del ambiente, hemos considerado otros como la información sobre peso-superficie, el porcentaje de agua y otras características consustanciales de las muestras, causantes de que algunos productos se momifiquen más fácilmente que otros. En ocasiones se pueden encontrar, por ejemplo, en algún rincón olvidado de la casa, viejos limones completamente secos, ligeros como cartón; tampoco resulta difícil obtenerlos incluso de forma intencionada si se dispone de un lugar caliente y seco. Y, por supuesto, no hay que olvidarse del antiguo arte de conservar alimentos secos, como la fruta, los hongos, la carne y otras cosas.

Los rayos cósmicos del premio Nobel

¿Qué cosa decir ahora de las revelaciones hechas por el premio Nobel, Luis Álvarez? Tratemos antes de nada de intentar comprender lo que sucedió en aquella ocasión. En 1968, Álvarez dirigió una expedición de científicos egipcios y estadounidenses a la pirámide de Kefrén (Chefren). El objetivo de la expedición era colocar un revelador de rayos cósmicos [7] en la cámara de la pirámide.

Basándose en el hecho de que los rayos viajan a velocidad diferente a través de la piedra y del aire, se esperaba que la lectura del revelador indicase la existencia de otras estancias o pasajes todavía no descubiertos.

Una vez insertados los datos proporcionados por el instrumento en un elaborador electrónico para proceder a su análisis no se logró darles sentido alguno. Uno de los investigadores egipcios fue entrevistado por algunos periodistas presentes en el lugar, e hizo algunas declaraciones privadas de fundamento científico pero que fueron rápidamente publicadas por todos los periódicos y que, todavía ahora, son reproducidas por aquellas publicaciones que se ocupan de los «misterios» de las pirámides. Alan Landsburg, en un libro de los años 70, narra los hechos, de forma distorsionada y superficial, de la siguiente manera: «El doctor Álvarez no llegó a descubrir cuál era exactamente el problema. El contador de rayos cósmicos parecía enloquecer cada vez que se intentaba utilizarlo dentro de la pirámide, por lo que se decidió finalmente pararlo. Desde entonces cabe preguntarse si no existe dentro de aquella montaña de piedra, alguna cosa que se encuentre sellada, y que todavía sigue emanando (¿o atrayendo?) un cierto tipo de rayos o de ondas.» [8]

Las cosas, en realidad, son diametralmente distintas, porque finalmente fue descubierta la causa de las confusas alteraciones del revelador. Debido a las reducidas dimensiones del pasaje que conduce a la cámara de la pirámide, se había decidido utilizar para la relevación de los rayos cósmicos dos pequeñas «cámaras de chispa» y sólo una grande. El problema, que entonces no fue previsto, era que una vez que se conectaran con aquella, las dos cámaras no aportarían ninguna lectura; además, el neón utilizado en el interior de la cámara se encontraba contaminado. Una vez que se llenaron las cámaras con nuevo neón, las máquinas volvieron a funcionar, proporcionando la lectura prevista. [9]

Así pues, Álvarez no había descubierto ninguna fuerza misteriosa en el interior de la pirámide; simplemente se había producido un fallo en las máquinas; y, tras haberlas reparado, podría haberse continuado el trabajo como estaba previsto.

Pero lo que todavía se sigue diciendo hoy del trabajo realizado por Álvarez en la pirámide de Kefrén, es la repetición exclusiva de aquellos primeros comentarios equivocados de los periodistas.

Cercos en el grano

*«Las locuras de la Humanidad son innumerables;
y el tiempo va añadiendo cada hora otras nuevas.»*

JONATHAN SWIFT

A finales de los años setenta hicieron su aparición en los sembrados de la Inglaterra meridional unos extrañísimos cercos. En ocasiones eran grandes, con unos 25 metros de diámetro; otras veces, eran pequeños, del tamaño de una rueda, pero siempre estaban perfectamente delimitados. Surgían por la noche, durante el verano, y en su interior las espigas aparecían plegadas en espiral, sin estar rotas, continuando en esa posición mientras seguían creciendo.

Se decía que si bien en el pasado también se habían avistado formas similares en algunas partes del mundo, ahora era posible encontrar explicaciones naturales para el fenómeno. En los Estados Unidos durante el pasado siglo, por ejemplo, los pioneros habían encontrado sobre la inmensa pradera de más allá del Missouri arcos circulares en los que no crecía la hierba. Les habían llamado «cercos encantados», sin que supieran explicar su origen.

El misterio persistió durante algunos años, hasta que un emigrante, más observador y curioso que los demás, notó que los bisontes, que por entonces pastaban a millones por aquellos parajes, tenían la costumbre de rodar sobre la hierba para librarse de los parásitos, dejando así tras ellos las extrañas huellas circulares.

En otros casos, se atribuyó el fenómeno a los llamados «cercos de las brujas»; existe una determinada clase de hongos cuyos micelios se propagan de forma radial bajo tierra, desde un punto central, para emerger después y crear —sobre los terrenos llanos— lo que puede parecer un cerco de polvo blanco.

Sin embargo, lo que estaba sucediendo en Inglaterra era algo completamente diferente. Los cercos eran demasiado perfectos para haber sido provocados por los movimientos de animales, de hongos, o por las rachas de viento que, en efecto, pueden formar, si bien de modo irregular, un cierto tipo de círculos.

El hecho de que las zonas predilectas para la aparición de esas huellas fueran las regiones de Hampshire y Wiltshire, poco alejadas del lugar en el que se alzan los monumentos megalíticos de Stonehenge y Avebury, contribuyó a alimentar la fama misteriosa de aquellos cercos.

A partir de 1980, cuando se comenzó a notar su presencia, los cercos aumentaron progresivamente en número (de 3, en 1980, a 700, en 1990), [1] empezando a presentar formas cada vez más complejas. Ya no eran simples cercos, sino círculos que se entrelazaban, con trazos rectilíneos, coronas y apéndices diversos; y, más tarde, triángulos, rectángulos y espolones combinados, que creaban elaborados y espectaculares «pictogramas», como empezaron a ser bautizados los sorprendes diseños.

Los «cereálogos»

Inmediatamente, los «cereálogos» —que así se hacían llamar los expertos en esos cercos de los sembrados— formularon hipótesis de todo tipo. Se dieron explicaciones racionales, como la de que podía tratarse de una broma de algún juerguista, o de militares que, para poder animar sus frecuentes vuelos de adiestramiento, habían realizado aquellos cercos de modo que pudieran verlos desde lo alto.

Sin embargo, los expertos hicieron notar que para crear artificialmente cercos de aquellas características hubieran sido necesario «grandes maquinarias, y en la zona que rodeaba los cercos no había señales que denunciaran su paso». Se pensó de nuevo en los militares, ya que habrían podido utilizar las hélices de un «helicóptero invertido» para plegar las espigas sin dejar el menor rastro. Naturalmente el que avanzó esta hipótesis no se dio cuenta, evidentemente, de que de esa manera no se hubieran conseguido cercos en los aplastados sembrados, ¡sino más bien helicópteros aplastados sobre los sembrados!

Alguien sacó a relucir incluso las *ley lines* de infausta memoria. Se trata de imaginarias líneas «mágicas» que atraviesan Gran Bretaña, a lo largo y a lo ancho, uniendo entre sí distintos «centros de energía» (iglesias, monumentos antiguos, lugares arqueológicos...) Nunca ha existido instrumento alguno que haya podido demostrar la existencia de semejantes líneas, pero los zahoríes aseguran que sus varillas pueden revelarlas sin el menor problema. En 1988, por ejemplo, se estudiaron cirnco cercos sobre una línea bautizada como *Mary line*. [2] Lo verdaderamente extraordinario, según hizo notar el zahorí Dennis Wheatley, era que esta línea nunca había sido descubierta antes de que aparecieron los mencionados cercos. Para Wheatley esto era una prueba adicional en favor de la teoría de las *ley lines*. En lugar de interrogarse sobre la evidente falta de pruebas lógicas, Wheatley, como buen pragmático, pensó que resultaría mejor interrogar a las propias líneas para saber algo más sobre los mencionados cercos. De este modo, provisto de su varilla empezó hacer a la tierra una serie de preguntas, a las que aquella respondería, a través de los movimientos de su varilla, de modo afirmativo o negativo.

Al término del interrogatorio, se llegaría a saber que un espíritu, de nombre Deva, era el origen de los cercos; con ellos quería enviar un mensaje a los hombres: «No os olvidéis de la Madre Naturaleza, de su poder, de su inteligencia».

Sin embargo, la hipótesis más popular entre el gran público fue la que hablaba de la intervención de inteligencias extraterrestres. Algunos sugirieron que los cercos podrían ser señales dejadas por el aterrizaje de astronaves alienígenas; pero semejante conjetura no podía explicar las formas más complicadas; además, las espigas no hubieran podido permanecer dobladas bajo un peso tan grande, pues en ese caso se hubieran roto. La hipótesis de los alienígenas no llegó a desaparecer del todo, y la idea de las pistas de aterrizaje de los OVNIS fue sustituída por otra según la cual las marcas eran, en realidad, mensajes dejados por los extraterrestres.

Los dos cereálogos más sobresalientes, Pat Delgado y Colin Andrews, llegaron a declarar a los peródicos:

> La gran cantidad de *ley lines* se halla probablemente en el origen de un «campo de fuerza» que hace de Wiltshire un blanco ideal para un laser de alta definición utilizado desde el fondo de la galaxia para comunicarse con nosotros. [3]

¡Vórtices de plasma!

La hipótesis que sonaba como más «científica» fue adelantada por Terence Meaden, profesor de física y meteorólogo, presentado un poco entusiásticamente por los medios de comunicación como «uno de los mayores expertos mundiales en trombas de aire y movimientos de la atmósfera en general». [4]

Según Meaden, los cercos de los sembrados aparecían preferentemente a lo largo de la línea de colinas, lugares en los que el viento crea remolinos. Estos pequeños vórtices son muy ricos en polvo y otros detritus; y a causa de las fricciones internas que se crean llegarían a cargarse eléctricamente. Sensibles a las variaciones locales de los campos eléctricos, estos minivórtices se posicionarían sobre los sembrados y se volverían estacionarios. Finalmente, al aplastarse contra el suelo dejarían las consabidas huellas circulares. Para completarlo todo, Meaden sugirió que estos vórtices tendrían las mismas propiedades electromagnéticas que los rayos, con excepción del efecto calórico: en suma, se trataría de plasma frío.

No obstante, la hipótesis no cuajó, entre otras cosas por una serie de suposiciones científicas equivocadas y siempre muy artificiosas hechas por Meaden (frente al pictograma de Alton Barnes declaró, por ejemplo, que podía ser el producto de un «doble vórtice inestable... llevado a la zona de las líneas trazadas por tractores, a causa de las anomalías locales del campo eléctrico creadas por el repetido ir y venir de los tractores por el campo») [5] y porque los cercos se hicieron siempre más numerosos y complejos. Otro hecho extraño era el de que los cercos aparecían exclusivamente en Inglaterra y, precisamente, en algunas zonas de la Inglaterra meridional. Según Meaden, los cercos, por el contrario, también habían aparecído en otros treinta países del mundo, en los desiertos, en la nieve y hasta en algunos arrozales. Desgraciadamente no existe ninguna fotografía que testimonie estos sucesos; y una investigación sistemática para catalogar los cercos, y poder compararlos con los de fuera de Inglaterra hasta el 1990, arrojó un resultado claro: los cercos son un hecho sustancialmente inglés. Es además improbable que se trate de un fenómeno atmosférico natural, ya que solamente se han encontrado a partir de los años ochenta. Si realmente se tratase de un fenómeno natural, se habrían hallado vestigios en las crónicas antiguas o en el folklore, como sucede con los «cercos de las brujas» formados por los hongos.

A estas objecciones responden los cereálogos que, al menos, existe una referencia a los cercos del sembrado, del año 1678. En agosto de aquel año, en el condado de Hertfordshire, en Inglaterra, se publicó un opúsculo en el que se contaba la historia del «diablo segador». Cierto día estalló una disputa entre un aldeano y un segador, al término de la cual el campesino le dijo al segador que antes de permitirle que segase sus campos «le hubiera pedido al mismísimo diablo que lo hiciese». Aquella misma noche alguien cortó en círculos las mieses del aldeano. Sin embargo, la primera sospecha que surge aquí es que el segador, encolerizado, hubiese querido hacer un desaire a su ex patrón; además, en este caso se está hablando de mieses «segadas» no dobladas. Así pues, esta leyenda nada tiene que ver con los modernos cercos de grano.

Operación Mirlo

Para tratar de ver un poco más claro en todo este asunto, el experto Colin Andrews organizó, entre el 10 y el 15 de junio de 1989, una vigilancia continua de una zona, Cheesefoothead, en la cual los cercos aparecían más veces. En esta operación «cuervo blanco», como fue bautizada posterriormente, participaron cincuenta voluntarios que se sirvieron de una telecámara de alta sensibilidad para las fotografías nocturnas. En la mañana del 18 se escucharon ciertos sonidos, e inmediatamente después, se pudo observar, en un campo vecino, un nuevo cerco rodeado de un anillo. La telecámara no había tenido la menor utilidad.

Se decidió organizar entonces una nueva expedición, y en esta ocasión se utilizó una telecámara de infrarrojos. La operación recibió el nombre de «Mirlo», y en ella participaron, a partir del 23 de julio de 1990, sesenta voluntarios. El lugar escogido fue la colina del Caballo Blanco, cerca de Westbury. En la operación participaron incluso las televisiones japonesas y las inglesas que habían prestado la telecámara.

La mañana del 24, a las 4:15, se pudo divisar desde un puesto de vigilancia una formación compuesta por diez cercos y tres líneas rectas en un campo justo a los pies de la colina. Durante la noche, al grupo le había llamado precisamente la atención aquella parte, en la que habían visto aparecer una serie de manchas luminosas. La telecámara había sido activada y pudo registrar aquellas luces. Poco después, llegaron al lugar Colin Andrews y Pat Delgado. Un periodista de la BBC preguntó a Andrews si no podría tratarse de una burla; pero el experto lo desmintió categóricamente: «Se ha registrado un acontecimiento de enorme importancia.» Inmediatamente después, Delgado y Andrews penetraron en los cercos, ¡encontrando en el centro de cada uno una cruz de madera, de la cual colgaba un juego que se llama «Horoscope»!

Mientras un despacho de la agencia *Reuter* daba la vuelta al mundo con la noticia del extraordinario acontecimiento, del laboratorio que examinaba el videocasete que se había grabado durante aquella noche llegaba el comunicado de que las luces aparecidas en el campo no eran otra cosa que señales térmicas de seres humanos. Pero apenas habían tenido los dos expertos tiempo de recuperarse de la noticia, cuando se señala un nuevo avistamiento: sobre un campo vecino se ha encontrado esta vez, dibujado sobre el sembrado, ¡un rostro sonriente!

Un asunto económico

Mientras tanto, en 1990, los cercos empiezan a encontrarse en el centro de una larga serie de temas publicitarios y de maniobras comerciales. Se convierten en una auténtica atracción turística; y los aldeanos que hasta ahora habían preferido guardar silencio para evitar que los curiosos les devastaran sus sembrados, ahora empiezan a cobrar una entrada a los que quieren penetrar en sus campos. Algunos, más emprendedores, no dudan en hacer camisetas estampadas con los dibujos, venden libros y fotografías de los cercos, y organizan vuelos de avioneta sobre sus propios campos.

Además de los campesinos, hay muchos otros que se enriquecen con aquellos enigmáticos dibujos: el museo prehistórico de Avesbury, que vende posters y llaveros con la reproducción de los cercos; o un pub de Alton Barnes, que sirve a sus clientes un cocktail *crop circle* («círculo del sembrado»). La publicidad se aprovecha de los cercos para vender de todo, desde cerveza a lotería, desde discos (un pictograma aparece en la cubierta del triple album *Remasters* de Led Zeppelin) a preservativos (la publicidad mostraba un dibujo en el sembrado con el comentario «¿Extraterrestres?¿Ciervos en celo? ¿Roedores? o ¿Nicoletta y Kevin?»)

Pero, naturalmente, son sobre todo los expertos Colin Andrews y Pat Delgado, y en menor medida, Terence Meaden los que consiguen notables beneficios con la venta de sus libros y con las traducciones hechas en distintos paises del mundo. Según el periódico «La República», del 10 de setiembre de 1991, ambos habrían ganado algo así como varios miles de millones de liras. A nosotros, sin embargo, esta cifra nos parece un poquito exagerada.

La hipótesis de la broma

Resulta del todo evidente que los hechos empiezan a ser demasiados y demasiado extraños para que puedan ser explicados sobre la base de algún sorprendente fenómeno de la naturaleza. Parece, que los expertos habían descartado, demasiado deprisa, la hipótesis de que pudiera tratarse de una broma. Delgado y Andrews habían afirmado de modo categórico:

> (...) ante todas las increíbles configuraciones que hemos visitado, nos damos perfectamente cuenta de que no pueden ser, de ninguna manera, creaciones hechas por la mano del hombre. [6]

Se decía, en particular, que habría sido imposible moverse por los sembrados sin dejar huellas de su paso. En realidad, al examinar las fotografías de los libros de Delgado y Andrews se puede advertir que al lado de todos los cercos existen senderos rectilíneos, sin espigas, dejados por el paso de los tractores durante la siembra. Aprovechándose de tales senderos se puede llegar tranquilamente a los cercos sin dejar huellas; lo sorprendente es que los mismos cereálogos sugerían siempre a los curiosos que caminaran por esos senderos ¡a fin de no dañar los cercos!

Después, desde los cercos principales se podrían alcanzar fácilmente los otros cercos satélite, sin atravesar las pistas de los tractores, porque el espacio entre las distintas líneas era de unos cuantos centímetros; lo suficiente para apoyar un pie delante del otro, sin dañar ninguna espiga.

Además, era sabido que muchas veces se habían logrado sorprender intentos burlones para crear nuevos cercos; uno de ellos se produjo en la mañana del 26 de julio, durante la Operación Mirlo.

Unos voluntarios sorprendieron a un grupo de seis personas mientras se hallaban entregadas a su trabajo; pero los bromistas lograron poner pies en polvorosa antes de que llegara la policía. Por tanto, la presencia de pictogramas del tipo del rostro sonriente de Westbury, de otro rostro que también está riendo, en Alton Priors, y de una svástica con la leyenda WEARENOTALONE (Noestamosolos) en el valle de Pemsey, difícilmente podrían ser atribuidos al trabajo de alienígenas o a vórtices de plasma.

¿Cómo se hacen?

A principios de 1990, un grupo de ufólogos franceses, denominado VECA (Voyage d'Etude des Cercles Anglais) formado a raíz de la operación Mirlo, decidió comprobar la posibilidad de la hipótesis humana. Contrataron, pues, a un experto en efectos especiales cinematográficos y le asignaron la tarea de realizar una copia del pictograma más complejo existente hasta el momento (una formación de cinco cercos, con doble anillo concéntrico) en el menor tiempo posible. El experimento se realizaría ante la presencia de un notario y sería fotografiado, e incluso seguido desde el aire, desde un ultraligero.

Después de unos preparativos de algunos meses, el experto, armado con un rodillo de jardinero, un pico, una cuerda, y un plano de la figura que habría de trazar, penetró finalmente en el sembrado puesto a disposición del grupo de ufólogos. Caminando por los senderos dejados por los tractores, penetró entre las plantas y, en el punto escogido, clavó el pico al que ató la cuerda. Manteniéndola tensa caminó en círculo delimitando con los pies el diámetro del dibujo; después, utilizó el rodillo para aplastar las espigas. Siguió trabajando así hasta que concluyó por completo el pictograma, similar en todo a los ingleses. Tiempo empleado: una hora. El ensayo del grupo VECA apareció en la revista francesa «Science et Vie». [7]

Al mismo tiempo, y en distintas partes del mundo, los representantes de algunos grupos de escépticos quisieron realizar sus propios cercos de los sembrados. En Inglaterra, un grupo guiado por el prestidigitador Ian Rowland llevó a cabo sin dificultad un complejo pictograma en la zona de Winchester que fue considerado auténtico por más de un «experto». Luigi Garlaschelli, del CICAP, el Comité Italiano para el control de las afirmaciones sobre fenómenos paranormales, efectuó en los prados de Pavia un cerco perfecto experimental mediante una cuerda, un pico y un rastrillo, grabando todo el proceso en video.

Quedaba por saber quiénes hacían esos cercos, y por qué. Se establecieron al respecto varias hipótesis: se habló de jóvenes bebidos (y en efecto fueron descubiertos varios de ellos, tanto en Inglaterra como en Alemania), artistas contemporáneos que rechazaban la publicidad (como sucede con los autores de *grafitti*), miembros de sectas o cultos mágicos dedicados a ritos paganos de fertilidad...

Finalmente, el 9 de setiembre de 1991, se desveló el enigma.

Los auténticos burlones

En la redacción del periódico inglés «Today» se presentaron aquel día, Douglas Bower y David Chorley, dos señores de mediana edad que declararon ser los autores de los cercos. Para demostrarlo estaban dispuestos a hacer una demostración práctica ante los periodistas. Dicho y hecho. Se encuentra un sembrado de trigo en Sevenoaks, en Kent, y se da vía libre a los dos bromistas. Armados con una pértiga y una cuerda, los dos hombres se ponen al trabajo realizando círculos perfectos de precisas formas geométricas. Mientras tanto, los periodistas van documentando fotográficamente todas las fases de la operación.

Terminado el cerco, faltaba la segunda fase de lo que se consideraba una gran revelación periodística: una llamada telefónica al experto Pat Delgado, para ponerle al tanto de la aparición de un nuevo cerco misterioso. El experto se persona inmediatamente en el lugar, examina el sembrado con cuidado y exclama entusiásticamente: «Sin duda éste es el momento más bello de mis investigaciones. Ningún ser humano pudo haber realizado un trabajo similar.» [8]

Sin embargo, la sonrisa se le hiela en el rostro cuando los periodistas le presentan a los señores Bower y Chorley, autores de este y de otros centenares de cercos aparecidos en los últimos trece años en Inglaterra. Delgado, con la boca abierta, declara melodramáticamente: «Millares de personas quedarán destruídas por esta revelación.»

Fin del misterio

Bower y Chorley que alcanzaron en los medios de comunicación la dudosa fama de realizar una de las mayores burlas del siglo XX, han contado su historia a un periodista que la ha recogido en un libro. Previsiblemente, la instructiva narración no ha tenido, ni mucho menos, el éxito de los libros de Delgado y sus socios. [9]

Todo comenzó una tarde de verano, a mitad de los años setenta. Doug Bower, interesado desde hacía tiempo en los OVNIS le dijo a Dave Chorley que cuando se encontraba en Australia había escuchado una historia de un OVNI que habría descendido en Queensland y habría dejado una señal circular en la hierba. Indicando un sembrado de trigo cercano, Bower le peguntó a su amigo: «¿Qué crees que sucedería si creásemos unas marcas allá abajo? Seguro que habría algunos que asegurarían que habría aterrizado un platillo volante.» Muy poco después los dos cogieron una barra de acero con forma de L, y siguiendo las huellas dejadas por un tractor penetraron en el sembrado, en donde realizaron su primer cerco.

Plantaron la extremidad más corta de la barra en el terreno y utilizándola como perno, empezaron a hacerla rotar; y avanzando a gatas lograron obtener, al cabo de cuarenta minutos, un cerco de casi nueve metros de diámetro.

Durante el primer verano realizaron una docena de cercos, y al verano siguiente volvieron a hacer la misma cantidad, aunque ninguno de los dos se daba plena cuenta de lo que estaban llevando a cabo. A finales del verano de 1979 estaban casi a punto de abandonarlo todo. De todas formas, quisieron intentarlo una vez más durante el verano de 1980, pero empleando en esta ocasión un nuevo sistema. La barra de metal resultaba demasiado pesada a la hora de utilizarla y, además, dañaba las espigas. Decidieron utilizar entonces una vara de madera de casi un metro de largo, ataron una cuerda a cada uno de sus extremos, y caminando en fila india a los lados de la pértiga, descubrieron que podían marcar el sembrado más deprisa, con mayor comodidad y sin dañar las espigas. Además, decidieron hacer los cercos solamente en aquellos sitios en que pudieran ser vistos.

Estos fueron los cercos que atrajeron la atención de Meaden, Delgado y Andrews, quienes empezaron a formular sus hipótesis, cada vez más extraordinarias.

Bower y Chorley continuaron durante años con su trabajo burlón y, al cabo de algún tiempo, advirtieron que otros bromistas habían empezado a imitarles en distintas partes del mundo. El periodista Jim Schnabel, autor del libro sobre la historia de Bower y Chorley, y él también «autor de cercos», catalogó decenas de grupos semejantes (Merlin & Co., The Bill Bailey Gang, los Escépticos de Wessex y muchos otros) dedicados a esta nueva e insólita forma de arte y de diversión.

En algunas ocasiones, Bower y Chorley estuvieron a punto de ser descubiertos. Una noche, un coche de la policía aparcó cerca del campo en el que estaban realizando un elaborado pictograma. Bower saludó a los policías y les enseñó un equipo para registrar sonidos de la naturaleza, y algunas cartas de la Biblioteca Inglesa de Sonidos Naturales. Los policías se disculparon por haberles molestado en su trabajo, y se marcharon.

Otro de los aspectos divertidos de la broma era que Bower y Chorley seguían atentamente las teorías propuestas por los distintos cereálogos, y empezaron a disfrutar de un placer perverso en contradecirles. Se divirtieron a gusto cuando Delgado definió su trabajo como la obra «de una inteligencia superior».

Dispuestos a golpear, de forma particular, la teoría de Meaden, tan precisa y detallada, decidieron crear una formación que no pudiera explicarse con semejante teoría. Así pues, una noche diseñaron un sencillo cerco con un desarrollo horario e, inmediatamente después, otro cerco concéntrico antiorario. El diseño desorientó a Meaden durante un año.

Para desconcertar todavía más a Delgado y los suyos, Bower y Chorley hicieron un cerco con un anillo, y diseñaron un corredor que terminaba en una pequeña hondonada excavada en el suelo, como si los alienígenas hubieran tomado de allí una muestra de tierra. Nunca hubieran podido soñar que Colin Andrews inspeccionara aquel agujero y terminara por afirmar, no se sabe cómo, que lo había llevado a cabo un *poltergeist,* ¡o sea, un espíritu burlón!

Los insumergibles

Infaliblemente, tras la aparición de la broma, surgió toda una galería de personajes que sostenían las más estrafalarias hipótesis ocultas, que no se daban por vencidas.

Hubo quienes dijeron que en los cercos se desarrollaban energías extrañas que curaban la artritis y otras enfermedades; otros que los consideraban mensajes de Dios; otros que veían en los cercos mensajes escritos en sumerio o en un antiguo dialecto mongol... El mismo Colin Andrews, a fines de 1992, acampó durante varias semanas en Woodborough Hill y se puso a hacer señales de luz en el negro

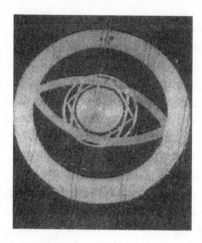

Un típico cerco en un sembrado aparecido en Inglaterra en el mes de agosto de 1994, en East Filed, Alton Barnes, en Wiltshire.

cielo, esperando contactar con alguna astronave alienígena. Por su parte, Meaden seguía convencido de la bondad de su historia de los vórtices de plasma, y declaró que estaba seguro de que su teoría se vería confirmada en años futuros.

En Italia, los promotores de las teorías paranormales más estrafalarias hicieron de todo para no dejar que muriese el misterio. Por ejemplo, en un artículo titulado: *Es cierto: los misteriosos cercos son obra de los extraterrestres*, publicado en el mes de julio de 1992 en un semanario amarillista, [10] Michael Hesemann, un alemán licenciado en antropología, declara: «Lo que traza los cercos en los sembrados es una energía desconocida. Ningún hombre podría imprimir en los campos formas geométricas, redondas o elípticas, de semejante precisión.» Las revelaciones de Bower y de Chorley habrían sido, según Hesemann, simplemente «una broma»; la verdad era que los diseños representaban «comunicaciones de energía de extraterrestres que querían decir o señalar algo (...); inteligencias no terrestres que observaban a los hombres, desde hacía miles de años, procurando desarrollar su evolución. Evidentemente, han tratado de hacerlo mediante estos símbolos tan bellos: belleza y simetría, características de estos cercos, que producen estupor y transformación interna.»

Un certamen de habilidad

Durante años continuaron apareciendo en los campos ingleses cercos y dibujos más complejos, pero el número de los estudiosos de este tipo de fenómenos se redujo del millar que eran en 1990 a casi cero. El mismo Terence Meaden se retiró de la escena en 1991, admitiendo que todos los dibujos complicados eran un fraude, pero siguió afirmando su teoría de los vórtices de plasma para los cercos más sencillos.

En 1992 se estableció un concurso para «creadores de cercos» en el que muchos cereálogos tenían puestas sus esperanzas, pensando que con ello se desacreditaría la hipótesis de la burla. Por el contrario, y pese a las condiciones muy rígidas impuestas a los participantes (entre otras, que los dibujos deberían ser realizados por la noche), los resultados fueron juzgados excepcionales, incluso por la revista «Science». [11]

En Italia, el CICAP también hizo su parte. Interesado su Comité en la teoría de la broma, la revista mensual «Focus» se ofreció en 1999 a esponsorizar el trabajo de realización de un dibujo en un sembrado italiano, compensando económicamente a su propietario por los daños que, aunque fuera en parte, inevitablemente sufriría la cosecha.

Se determinó un lugar adecuado en los prados de Adria, en la provincia de Rovigo, gracias a la colaboración de una empresa agrícola local. Luigi Garlaschelli, que ya había trabajado en el pasado en una experiencia análoga, se encargó de conseguir el material necesario y de coordinar los trabajos,

Ante todo, se realizó un dibujo sobre cartón de la imagen que se quería obtener, e inmediatamente se inició el trabajo. Yo también formé parte, junto con Garlaschelli y Marino Franzosi, del grupo que realizó el dibujo. Lo primero que se descubre al tratar de realizar un dibujo en el sembrado es la posibilidad de penetrar en el interior de los mismos sin dejar la menor huella, siempre que se camine por el rastro dejado por los tractores. Para realizar cuanto se había proyectado fue suficiente con clavar una estaca en el terreno, atarle una cuerda y girar en redondo para delimitar el perímetro del primer cerco (que, en nuestro caso, tenía casi unos 20 metros). Después, con un rastrillo, abatíamos las espigas en el interior del cerco; descubriendo que las plantas se doblaban fácilmente sin quedar por ello destrozadas. Para trazar las líneas que unían el cerco principal con los otros bastó con extender la cuerda y abatir manualmente las espigas en el interior. Al cabo de una hora habíamos realizado un dibujo misterioso en el sembrado. [12]

La filmación de Oliver's Castle

Tras el periodo de relativa tranquilidad que siguió a las revelaciones de los dos pensionistas ingleses, y durante el cual el fenómeno perdió gran parte de su aura misteriosa, se produjo un brote de interés. Ante todo, aparecieron algunos estudios científicos en los que se sostenía, entre otras cosas, que se habían revelado modificaciones anatómicas en las espigas de cereal del interior de los cercos, en donde incluso se había encontrado polvo de óxido de hierro de origen meteórico. [13] Después, según algunos, las espigas del interior de los cercos no sólo estaban dobladas sino que aparecían entrelazadas. Todos estos elementos parecían confirmar la hipótesis no humana del fenómeno.

Además, en 1996 se dio la noticia de que un videocámara inglés aficionado había filmado por casualidad con su cámara la formación de un dibujo en un sembrado. En la filmación se veían dos esferas luminosas flotando sobre un sembrado que de repente, y en pocos minutos, creaban un pictograma espectacular compuesto por siete cercos de simetría exagonal.

¿Mostrarían esas pruebas, finalmente, que una cosa eran las bromas de algunos burlones, y otra muy diferente el «auténtico» fenómeno?

Empecemos por la filmación. La había rodado, el 11 de agosto de 1996, un tal John Wheyleigh, que tras haberla poyectado por primera vez en un pub, para un grupo de apasionados y de curiosos, la vendió a Colin Andrews. De hecho, Andrews no había abandonado nunca el estudio de los cercos, y en el transcurso del tiempo había formulado una nueva teoría para explicar el fenómeno: de acuerdo, sostenía el estudioso, en que el 80 % de los cercos son fruto de bromas, pero el 20 % restante está provocado ciertamente por misteriosas fuerzas geomagnéticas. Para comprobar sus hipótesis, Andrew adquirió el film de Wheyleigh quien, entretanto, lo había hecho circular por otras partes. En realidad, aquel documento fílmico de tan sólo 24 segundos había dado rápidamente la vuelta al mundo. [14]

Dos expertos en diseño gráfico por ordenador y técnicos en vídeo, Paul Vigay y Peter Soreson, analizaron el film y declararon que, sin la menor sombra de duda, se trataba de una falsificación muy hábil. Las pruebas de tal falsificación eran numerosas: «Durante la toma» decía, por ejemplo, Vigay, «la telecámara no se mueve ni siquiera mínimamente, y mucho menos cuando las esferas aparecen en el campo visible. Debido a esto, el cerco entra por completo y de forma perfecta en el encuadre. Es como si el cameraman hubiese previsto de forma exacta el lugar en el que se iba a formar el pictograma». Aunque las sombras aparecían difuminadas, se confrontaron con la posición que tenía el sol en el día de la toma. Después, Paul Vigay quiso demostrar cómo se podía realizar un film de este tipo. En tan solo tres horas, con un ordenador personal y con ayuda de instrumentos de post-producción enteramente de aficionados, logró reproducir una secuencia que, en realidad, era mejor que la de *Oliver's Castle,* y que se mostraba carente, además, de los defectos encontrados en la filmación original. [15] Ante semejante prueba, incluso Colin Andrews se mostró convencido de que el film era falso.

En cosa de poco tiempo fue desvelado todo el montaje. De hecho, el 22 de julio de 1997, el investigador Lee Winterson reveló los resultados de una larga indagación que le había llevado a descubrir que el citado John Wheyleigh no era otro que John Wabe, un técnico en ordenadores gráficos de los estudios de post-producción de la First Cup, de Bristol, Inglaterra. Con la colaboración de una televisión japonesa, Winterson logró poner a Wabe contra la pared, haciéndole confesar que el film era realmente una broma, que había hecho él al ver un programa de televisión en el *Discovery Channel.*

Los exámenes científicos

La mayor parte de las afirmaciones que circulan a propósito de los cercos de los sembrados no logran apartarse casi nunca de la esfera de las simples hipótesis; y, como ya se ha visto, no han logrado obtener ninguna confirmación.

Los únicos estudios que merecen un examen más atento son los relativos a los trabajos llevados a cabo por W. C. Levengood y por E. H. Haselhof los cuales, al menos en apariencia, parecen cualitativamente mejores y han sido publicados en revistas relativamente serias. Levengood sostiene haber encontrado modificaciones anatómicas en las espigas del interior de los cercos. [16] Tales evidencias no serían compatibles con la hipótesis de la procedencia humana de los cercos, sino que por el contrario parecerían confirmar la teoría propuesta por Meaden, según la cual los dibujos de los sembrados se habrían originado por vórtices de plasma. Además, Levengood y su colaborador J. Burke sostienen haber encontrado otras pruebas a favor de la hipótesis de Meaden. [17] En algunos casos, se habría encontrado sobre las espigas de trigo polvo de óxido de hierro de origen meteórico. Este polvo se habría originado por meteoritos que, al atravesar la atmósfera, se habrían pulverizado generando el vórtice de plasma responsable de los cercos. Siempre según estos dos autores, el fenómeno habría originado, entre otras cosas, microondas cuyos efectos se habrían localizado sobre las espigas de trigo. A favor de su hipótesis, Levengood y Burke aportaron el descubrimiento de algunos micrometeoritos hallados en la cercanía de los cercos de trigo.

Los problemas que presentan estos trabajos, como ha sido evidenciato por varios críticos, [18] son diversos. Ante todo, los investigadores no han adoptado en ningún caso procedimientos de verificación de los resultados en «doble ciego»; en otras palabras, no se han preocupado de comprobar si los efectos registrados fueron reales o sólo ilusorios. Curiosamente, ningún otro investigador ha logrado obtener los mismos resultados. Además, por lo que respecta al descubrimiento de polvo de óxido de hierro, un autor de cercos en el sembrado confesó que deliberadamente había rociado el terreno con limaduras de hierro previamente oxidadas. Incluso puso a disposición de los investigadores una muestra de la limadura utilizada para que pudiera ser analizada, pero Levengood y Burke ignoraron esta oferta. Además, el descubrimiento de micrometereoritos no es un acontecimiento excepcional sobre el planeta. Subráyese al respecto que nunca se ha llegado a confirmar el hecho de que las espigas de trigo hayan estado irradiadas por microondas.

Finalmente hay que decir que ninguno de estos estudios, incluido el de Eltjo Haselhoff, que sostiene haber encontrado un aumento de la cantidad de magnetita (casi unas seiscientas veces la concentración normal) en el interior de los cercos de los sembrados de trigo, ha suscitado nunca interés entre la comunidad científica. Sólo se habla de estas cosas entre los ufólogos y los apasionados por los misterios.

La comprobación de «Focus»

En todo caso siempre está bien, para la investigación científica, intentar comprobar los resultados en las mismas condiciones en las que han sido obtenidos. Esto es lo que ha hecho la revista mensual «Focus» que al aparecer, durante el verano de 2001, los primeros dibujos en los sembrados de Wiltshire y de Hampshire, en Inglaterra, envió al lugar de los hechos al periodista Franco Capone y al botánico Gabriele Galaso, del museo de Historia Natural de Milán. Las investigaciones realizadas han examinado los tres cercos más recientes identificados hasta el momento, con objeto de verificar si había realmente huellas de elementos procedentes de asteroides, modificaciones genéticas u otros efectos misteriosos provocados por campos magnéticos. [19] Las muestras recogidas fueron sometidas seguidamente a un examen morfológico y celular por Galaso y por el director del museo, Enrico Banfi; por su parte, el botánico de la universidad de Milán, Sergio Sgorbati, se encargó de dirigir los análisis genéticos. Si en realidad los cercos hubieran sido provocados por fuentes ionizadas, se deberían registrar modificaciones en el DNA de las plantas. Además, un astrofísico, Romano Serra, ha estudiado en la universidad de Bolonia muestras del terreno para comprobar en ellas la posible presencia de material extraterrestre y de radiactividad .

Así pues, ¿cómo marcharon las cosas? «Hemos logrado analizar tres cercos», explica Franco Capone «pese a la dificultad para moverse por el campo, debido a una epidemia de afta epizootica (que conllevaba la prohibición de entrar en muchas propiedades agrícolas). El año anterior (el 2000) a primeros de junio, había en Inglaterra unos veintidós cercos en sembrados de trigo. En este año, y en la misma fecha, sólo había siete. ¿A qué era debido? Podría pensarse que con la epidemia aftosa eran menos las personas que podían andar libremente de noche por los campos; ya fuera para descubrir cercos o, quién sabe, si para hacerlos.»

¿Y cuáles fueron los resultados de las comprobaciones? «El primer cerco», continúa Capone, «lo hemos encontrado en un campo de colza; en realidad se trataba de tres cercos, insertados unos en otros, con un diámetro total de 50 metros. Había algo sospechoso: en el centro de la formación se había hecho un agujero, provocado probablemente por la rotación de un palo central que haciendo de perno con una cuerda atada a él, podía plegar en su rotación las robustas plantas de colza. Algunas plantas tenían signos evidentes de haber sufrido el rozamiento de un cuerpo sólido, otro elemento más que hacía pensar en que este cerco de la colza era completamente falso. Los análisis de laboratorio llevados a cabo en Italia han descartado la presencia de radiactividad en las muestras de tierra analizadas, si bien hay residuos ferrosos que pueden hacer pensar en la llegada de material procedente del espacio.» Sin embargo, el astrofísico Serra explica: « Hemos concluido que se trata de de un fondo cósmico natural en toda la zona, polvo de procedencia espacial que se ha acumulado a lo largo del tiempo a causa de una lluvia de micrometeoritos que tiene lugar un poco por todas partes. Las muestras procedentes de la parte exterior del cerco muestran una cantidad de hierro prácticamente igual a las del interior.»

«El segundo círculo», prosigue Capone, «lo hemos encontrado cerca de la localidad de Pewsey. Estaba en un campo de colza y medía cerca de 10 metros de diámetro. Las plantas estaban plegadas en espiral, en el sentido horario. Este cerco era del tipo más simple, de aquellos que aparecieron en los primeros años ochenta, cuando el fenómeno empezó a ser registrado. El tercero era un cerco complejo que se había "manifestado" en un campo de cebada, ocupando casi una hectárea, cerca de Barbury Castle.» ¿Y qué resultados se obtuvieron de los análisis de estos dos cercos?. «También allí», explica Serra, «se encontraron partículas de hierro con silicio, manganeso, aluminio y otros elementos, incluso de forma esférica, pero en una proporción normal. La radiactividad no era significativa, incluso en algunas muestras se encontraba por debajo de lo normal.»

Sin embargo fue visto algo extraño en los lugares del misterio: las plantas de colza del interior de los cercos presentaban más vitalidad con respecto a las del exterior. «La razón es que las plantas plegadas tratan de reaccionar y, además, reciben más luz, lo que estimula la floración», explica Galaso. «En este grupo se encontraban más contaminadas que en el exterior, siempre a causa de la mayor cantidad de luz que podían alcanzar los niveles más bajos del cultivo.» ¿Y las semillas? «Las hemos analizado en Milán, sin encontrar diferencia entre las plantas interiores de los cercos y las exteriores.» ¿ Y qué hay de las famosas hinchazones que Levengood ha encontrado en las plantas afectadas por el fenómeno? «Se encuentran presentes incluso en las muestras que hemos examinado», explica Enrico Banfi, director del museo de Historia Natural de Milán. «Y no se puede negar que las células muestran modificaciones. El hecho es que estas plantas han sido "desgarradas". Probablemente por alguna cosa mecánica; pero no me parece que sea este el caso de establecer hipótesis sobre fenómenos insólitos o misteriosos. A menos que estos "rayos fríos" de plasma se puedan observar mientras se verifican las pruebas.» Tampoco los exámenes genéticos encargados a «Focus» sobre las muestras de cebada y de colza han dado resultado alguno.

«La única certeza sobre los cercos», concluye Franco Capone, «es que el año pasado un muchacho llamado Matthew fue condenado a una multa de 140 libras esterlinas por haber dañado un campo cercano a Marlborough, mientras llevaba a cabo su "obra de arte" en el trigal (un cerco con estrella de seis puntas)». Es uno de los poquísimos que ha confesado, o que ha podido ser cogidos *in fraganti*. Esto no excluye, evidentemente, que algunos cercos tengan causas naturales. Sin embargo, no es este el caso de los que han sido examinados por los investigadores italianos. [20]

Entrevista con los artistas de la falsificación

Inspirados por la fascinación suscitada por los cercos de los sembrados de trigo, un grupo de artistas y de ingleses apasionados por el tema decidieron en 1995 unir sus fuerzas para formar un grupo que pudiera crear dibujos, cada vez más espectaculares, en los sembrados. El grupo tomó el nombre de *Circlemakers* (creadores de cercos) e inauguró un interesantísimo sitio en Internet (www.circlemakers.org) lleno de textos y fotografías de los dibujos realizados. La habilidad del grupo es realmente sorprendente: los dibujos realizados por ellos se encuentran entre las figuras más complicadas, intrincadas y geométricamente perfectas que se hayan podido ver nunca; hasta el punto que realizan habitualmente dibujos en los sembrados de forma pagada, contratados por agencias de publicidad y productoras televisivas.

Son muchos los que piensan que incluso pueda ser obra suya el gigantesco «mensaje» aparecido en el mes de agosto de 2001, en las cercanías del observatorio de Chilbolton, en Inglaterra. Un mensaje que algunos han querido identificar inmediatamente como la respuesta de los extraterrestres a una llamada análoga enviada en 1974 desde la Tierra al espacio. [21]

En septiembre de 2000, el periódico inglés «Fortean Times» entrevistó al grupo, dirigido por John Lundberg: [22] «La posibilidad de crear un artefacto cuyo origen pudiera ser considerado no humano», declaró Lundberg en la entrevista «nos pareció una idea sumamente interesante.»

Nace, de ese modo, la idea de crear el grupo. El artista Rod Dickson, otro de los fundadores de los *Circlemakers* ya había intentado en el pasado hacer un dibujo, pero el experimento no le parecía particularmente logrado. «Empecé a pensar que me había equivocado, y que los hombres no podíamos ser los responsables de semejantes formaciones», explica Dickson, «hasta que leí el periódico local, algunos días después. Un famoso investigador del tema sostenía que nuestra horrible chapuza tenía todas las características de los fenómenos "genuinos": espigas dobladas, pero no destrozadas, y todo lo demás. Mi opinión sobre los cercos, sobre los investigadores que los estudiaban y sobre los medios de comunicación que se ocupaban de aquello, sufrió entonces una revulsión. Casi inmediatamente me di cuenta de que en todo aquello existía un espacio extraordinario que podía ser ocupado —mejor que por otros— por los artistas.»

Concluyamos este capítulo con algunas declaraciones de Lundberg, que merecen ser conocidas, sobre todo, por parte de aquellos que todavía hoy consideran admisible la idea de un origen extraterrestre o paranormal del fenómeno. «Pienso que siempre habrá alguno que creerá en un origen no humano de los cercos de los sembrados. El interés de los medios después de las confesiones de Doug y Dave seguramente ha descendido; pero desde ahora creo que las dimensiones y la complejidad de muchas de aquellas formaciones pueda inducir a muchas personas a interrogarse nuevamente si podrían tener un origen no humano... Las declaraciones de Doug y Dave acerca del origen de los cercos y nuestras sucesivas impresiones han creado una atmósfera interesante para los sociólogos que se ocupan de las religiones; sin embargo, el hecho de que un determinado fenómeno sea desmentido puede inducir a un reforzamiento de las propias convicciones. En nuestra actividad existen algunos puntos ambiguos, suficientes como para que aquellos que quieran creer a toda costa puedan continuar haciéndolo. No afirmamos haber creado una formación específica, sino que decimos tan sólo que hemos creado alguna en un determinado periodo. Algunos leerán nuestras declaraciones como las de unos mitómanos que se atribuyen responsabilidad por acciones que no han cometido, como las personas que habían afirmado ser el descuartizador de Yorkshire. Los creyentes más paranoicos, se arriesgarán a imaginar teorías conspiratorias intrincadas en torno a nosotros, y nos describirán como oscuros agentes secretos al servicio de gobiernos que luchan contra el desarrollo de las creencias de la *new age*... u otras fantasías de ese tipo.»

Mientras tanto, incluso en Rusia, en Yuzhnoye, apareció el primer cerco en los trigales. «Siento mucha envidia por los creadores de cercos en otros países», continúa diciendo Lundberg. «las expectativas acerca de las dimensiones y la complejidad de los dibujos que debemos presentar en Inglaterra son ya muy elevadas, en cambio la formación, más que aproximativa, aparecida en Rusia, ha terminado siendo noticia en los noticiarios nacionales. Incluso Vasily Belchenko, secretario del Consejo ruso para la seguridad, ha visitado el lugar y ha declarado que "no tenemos la menor duda, no se trataba de una creación del hombre; un objeto desconocido se ha posado en aquel lugar". Si el mismo dibujo hubiera aparecido en Inglaterra se habría ignorado prácticamente, tanto por los estudiosos como por los medios de comunicación.»

Misterios arqueológicos

La Atlántida:
el continente desaparecido

«La búsqueda de la Atlántida toca las cuerdas más profundas del corazón, por el sentido de la pérdida nostálgica de una cosa maravillosa, de una perfección feliz que, en un tiempo, perteneció al género humano. De ese modo se renueva aquella esperanza que casi todos llevamos dentro: la esperanza tantas veces acariciada y tantas veces extinguida de que ciertamente, en algún lugar, en algún tiempo, pueda existir una tierra de paz y de abundancia, de belleza y de justicia, en donde nosotros, por pobres criaturas que seamos, podremos ser felices...»

L. SPRAGUE DE CAMP

Érase una vez, hace mucho tiempo, un continente desarrollado y maravilloso llamado Atlántida. Sus habitantes eran altos, bellos, atléticos y ricos. Su sangre era de color azul, lo que daba a su piel un característico color violeta. Poseían una avanzadísima tecnología capaz de generar una cantidad de energía ilimitada. Gracias a unos cristales especiales podían controlar el clima y curar todas las enfermedades. La vida media de un habitante de la Atlántida era de casi ochocientos años.

Los palacios de sus ciudades estaban recubiertos de oro y sus techos tenían incrustadas piedras preciosas. Canales de agua atravesaban las carreteras, y por esos canales navegaban buques de velas de seda que resplandecían al Sol.

Los habitantes de la Atlántida criaban una raza inferior de humanos —nosotros— que utilizaban como esclavos. Pero sucedió que debido a que su vida era tan fácil y cómoda, empezaron a aburrirse. Así pues, crearon parques en los que dejaban a los humanos en libertad; y en esos lugares desencadenaban tempestades, terremotos, erupciones volcánicas y todo aquello que pudiera divertirles, sin preocuparse demasiado por la suerte que pudieran correr sus esclavos.

Un día su tecnología tan desarrollada escapó a su control, y todo el continente quedó destruido. En un solo día, tremendos terremotos y olas gigantescas hundieron la Atlántida en la profundidad del Océano, sin que quedara nada de ella.

Sobrevivieron solamente algunos grupos de esclavos que lograron escapar del continente antes del desastre y que prosperaron en distintas partes del mundo, recordando siempre la cultura de sus amos y tratando de recrearla allí en donde decidían vivir. Fueron ellos los creadores de las antiguas civilizaciones que hoy llamamos azteca, inca, maya, sumeria, egipcia y china...

Los diálogos de Platón

Esta es, a grandes rasgos, la bella fábula de la Atlántida, según ha sido posible reconstruirla sobre la base de las historias contadas en millares de libros y en otro medio millón de páginas de Internet. La idea de que una raza semejante a la humana haya existido millares de años antes de nuestras civilizaciones más antiguas, constituye indudablemente un irresistible reclamo romántico

Pero, ¿cómo son realmente las cosas? Si dejamos de lado las especulaciones contemporáneas y hacemos un viaje de regreso en el tiempo, descubriremos que la historia de la Atlántida no ha surgido de las antiguas tradiciones, ni fue contada y transmitida de generación en generacioón, sino que fue contada por primera vez por una sola persona, el filósofo griego Platón (427-347 a. C.).

Platón, que vivió hace cerca de 2.500 años en la Grecia antigua, fue discípulo de un genio como Sócrates y, a su vez, maestro de otro gran filósofo, Aristóteles.

En torno al año 355 a. C., Platón, que tenía por entonces más de setenta años, y que había tenido una vida rica y venturosa, y que desde hacía algunas décadas daba lecciones en Atenas, escribió dos diálogos, *Timeo* y *Critias* en los que incluyó las bases del relato de la Atlántida. Ya había escrito anteriormente otros diálogos, y en esas pequeñas obras hacía figurar a su maestro Sócrates y a un grupo de amigos, que discutían sobre problemas que se referían a la política, la moral y al lenguaje.

En su diálogo más famoso, *La República*, exponía su concepto de estado ideal. Probablemente quiso continuar las exposiciones hechas en *La República* en una trilogía de libros, cada uno de los cuales se centraba en las disertaciones de un personaje, Timeo, un astrónomo de Locre, el cual había hablado de los orígenes del mundo y de la naturaleza del hombre, según la filosofía pitagórica. Critias, un lejano pariente de Platón, historiador, poeta y político habría contado así la historia de la guerra habida entre la Atlántida y Atenas. Mientras tanto, Ermócrates, un general siracusano que estaba en el exilio, también había mencionado algunos temas análogos.

Sin embargo, la trilogía no llegó a completarse, pues Platón escribió primero el *Timeo* y se desencantó con una primera edición del *Critias* por lo que posteriormente abandonó el proyecto para dedicarse a lo que habría de constituir su último diálogo, *Las Leyes*.

Al principio del *Timeo*, Sócrates y Timeo recuerdan el discurso mantenido por Sócrates el dia anterior: el diálogo de la *República*. Recuerdan cómo Sócrates había exhortado a sus amigos a que propusieran ejemplos de cómo habría de comportarse en la guerra una sociedad ideal. Entonces dijo Critias que, por una extraña coincidencia, conocía una historia que venía muy a cuento. La había escuchado de un poeta anciano cuando él era un niño de diez años; y había estado en vela toda la noche anterior tratando de recordarla con detalle.

«Escucha pues, oh Sócrates», empieza a decir Critias, «una historia muy extraña pero, por otra parte, totalmente cierta, que se refiere a lo que en una ocasión me dijo Solón»[1] Solón, decía Critias, visitó en un tiempo Egipto y se puso a hablar de hechos antiguos con sacerdotes ancianos. Contó aquella que parecía ser la historia más antigua de Atenas y que sirvió para que se burlara de él el más anciano de los sacerdotes egipcios: «¡Oh, Solón, Solón, vosotros los griegos no sois mas que unos niños.» Con eso pretendía decir que los griegos carecían de tradiciones antiguas y de ciencias «que hayan encanecido en el tiempo». Ni siquiera sabéis, le dice, «que en vuestra región vive la estirpe más bella y mejor de todo el género humano, de la cual descendéis tú y toda la ciudad que ahora es vuestra. Pero eso os es desconocido porque, hace muchas generaciones que los supervivientes han muerto sin dejar recuerdo de sí, debido a la falta de escritos».

Entonces el anciano egipcio contó cómo en un tiempo Atenas «puso fin a una potencia que trataba de invadir arrogantemente toda Europa y Asia al mismo tiempo, inrrumpiendo más allá del mar Atlántico». Esta potencia arrogante era la Atlántida, «una isla que se encontraba situada delante de la desembocadura de lo que vosotros llamáis "Columnas de Heracles" (o de Hércules, es decir, lo que hoy se denomina estrecho de Gibraltar).» «La isla», continuó el sacerdote egipcio, «era más grande que Libia y Asia juntas, y de ella podían pasar los navegantes a otras islas, y de esas islas a todo el continente opuesto, que bordea aquel verdadero mar.»

No obstante, un día, esa isla, concentrando todas sus fuerzas, intentó «con una única acción, someter» a Grecia, Egipto y todas las regiones que se extendían a este lado del estrecho. «Precisamente en aquella ocasión, oh Solón», siguió diciendo el viejo «la potencia de vuestra ciudad los rechazó con virtud y energía ante los ojos de todos los hombres... Batidos los invasores, se erigen trofeos, impidiéndose que fueran siervos aquellos que nunca lo habían sido; y a los otros, a cuantos habitamos en este lado de las Columnas de Hércules, a todos nos liberó sin que hubiera otros intereses. Pero en los tiempos que siguieron, habiéndose producido terremotos y grandes cataclismos, en el lapso de un solo dia y de una noche tremenda, todos vuestros soldados se hundieron de golpe dentro de la tierra, y de forma análoga desapareció la isla de la Atlántida, tragada en el mar».

En el resto del diálogo no se vuelve a hablar de la Atlántida, pero Timeo expone las teorías científicas pitagóricas: los movimientos del sistema solar, la forma de los átomos que componen los cuatro elementos, la creación del género humano y el funcionamiento del cuerpo y del ánima del hombre.

En el siguiente diálogo, el *Critias,* se reanuda la discusión como si se hubiera interrumpido el dia anterior. En la obra, Critias cuenta cuando los dioses se repartieron el mundo: Atenea y Efesto recibieron Atenas y organizaron el estado ateniense según los principios platónicos, mientras que al dios del mar, Poseidón, le tocó en suerte la Atlántida. Critias se alarga sobre la historia de esta última, contando cómo al ser los reyes prolíficos y la tierra rica en vegetación, minerales y elefantes, se transformó con el tiempo en una gran potencia. La ciudad de la Atlántida, situada sobre la costa meridional del continente, tenía forma de una metrópoli circular, con un diámetro de cerca de 23 kilómetros, y en el centro la colina de la diosa Clito, mujer de Poseidón. En torno a esa colina se encontraban dos anillos de tierra y tres de agua, que formaban una ciudadela redonda. Los anillos estaban provistos de puentes y galerías que permitian el paso de los buques.

Sobre la isla central se encontraba el palacio real, residencia de los soberanos, y un templo con murallas de oro. Siempre de oro y de otros metales preciosos eran las decoraciones de los palacios, de los hipódromos, de los cuarteles y de todos los servicios públicos presentes en la isla.

Durante mucho tiempo los atlantes fueron tan virtuosos como los atenienses, pero a medida que la sangre divina heredada de Poseidón se diluía, fueron víctimas de una decadencia moral. Fue así como Zeus, el rey de los dioses, al observar su avidez, decidió castigarlos. Convocó a todos los dioses en su palacio para discutir la cuestión «y, después de que los hubo reunido, empezó a decir...»

Y aquí concluye el diálogo, en medio de la frase; y nadie conocerá jamás los detalles de la guerra entre atenienses y atlantes.

Hipótesis histórico-científicas

¿Qué se puede pensar, pues, de esta historia? ¿Mito o realidad? La discusión se inició inmediatamente después de la muerte de Platón. Su discípulo, Aristóteles, precursor de la mentalidad científica moderna, consideraba que la Atlántida era una invención de Platón; un instrumento alegórico semejante a las invenciones utilizadas por Homero para enriquecer sus relatos. «Aquel que la ha creado», se cree que había dicho Aristóteles, a propósito de la Atlántida, «también la ha destruído», queriendo subrayar con esto que toda la historia era, justamente, fruto de la fantasía de su maestro. Al igual que él lo pensaron escritores de la Antigüedad, como Orígenes, Amelio, Porfirio y Longino.

Otros, como el griego Crantor, Filón de Alejandría, Tertuliano, Estrabón y Amiano Marcelino no estaban de acuerdo, y equiparaban el relato de Platón sobre la Atlántida a hechos históricos.

Algunos, como Plinio el Viejo y Plutarco preferían, a la hora de discutir el tema, no pronunciarse en un sentido ni en otro.

El mapa de la Atlántida según Athanasius Kircher (en *Mundus Subterraneus*, 1644).
Nótese que el norte y el sur se encuentran invertidos.

La única conclusión que se puede extraer es que todos aquellos que discutieron sobre la Atlántida lo hicieron únicamente sobre la base del relato de Platón. No existen otras fuentes, contemporáneas o anteriores, que documenten de alguna manera la existencia real del continente perdido. Por otra parte, como veremos, tampoco se encontraron nunca pruebas que confirmen la existencia de un continente hundido en el mar.

En la Edad Media, los escritores cristianos ignoraron la Atlántida, considerándola un mito pagano. Sólo tras el soprendente descubrimiento de América, en 1492, volvió a renacer el interés por el continente perdido. Algunos autores españoles llegaron incluso a pensar que la Atlántida y América eran la misma cosa.

Una segunda oleada de interés por la Atlántida se manifestó a partir de la segunda mitad del 1800. Resultó fundamental para este tema la publicación, en el año 1882, del libro *Atlantis: The Antedeluvian World,* de Ignatius T. Donnelly (1831-1901), un reformador de Minnesota, cofundador del partido populista que intentó en dos ocasiones, sin llegar a lograrlo, alcanzar la vicepresidencia de los Estados Unidos. El libro, que tuvo un enorme éxito, y que todavía sigue editándose, [2] se basa en el supuesto de que la Atlántida fue un lugar real, ubicado en el medio del océano Atlántico, con una cultura sofisticada que habría dado origen a todas las demás culturas. Donnelly sostenía que si se podían encontrar tantas prácticas y teorías, en forma más o menos parecida, en civilizaciones tan alejadas como las de los mayas y egipcios (desde la momificación de los muertos hasta la construcción de las pirámides; desde la adoración del Sol a la utilización de la escritura), ello debía significar que en medio del océano había existido una civilización anterior a todas las demás, de la cual habría nacido todo. Una civilización que desde la Atlántida se difundió en todas las direcciones, colonizando América, Europa y Asia. Los reyes y héroes de la Atlántida se convirtieron en los dioses de las antiguas religiones, y el cataclismo del hundimiento dio origen a leyendas como la del Diluvio y Noé.

La obra de Donnelly estaba muy bien escrita, y presentaba sus hipótesis de forma tan aparentemente científica que incluso el primer ministro inglés de la época, William Gladstone, quedó tan impresionado que llegó a pedir al gobierno que financiara una expedición al Atlántico en busca de los confines de la Atlántida. [3]

Las hipótesis de Donnelly, sin embargo, no explicaban cómo, si todas las civilizaciones tenían un «denominador común», las analogías se concretaban solamente a Egipto y Perú, y no, por ejemplo, a los paises europeos o a América del Norte. Así pues, esas analogías pueden aparecer como tales en una primera y superficial visión, pero, en realidad no lo son tanto. No es necesario establecer una hipótesis sobre la existencia de la Atlántida para explicar por qué adoraban al sol tanto los egipcios como los mayas (y como muchos otros pueblos antiguos, por lo demás); por lo que se refiere a las técnicas de embalsamamiento, utilizadas por los dos pueblos, se trata de procesos de realización diferentes. En cuanto a la escritura, los jeroglíficos de los mayas eran alfabéticos y no tenían relación alguna con el antiguo alfabeto fenicio, como sostenía Donnelly.

Finalmente, las pirámides egipcias no tenían nada que compartir con las mesoamericanas; ante todo, fueron construídas en épocas muy distantes entre sí, separadas no sólo por siglos, sino por milenios (la Gran pirámide de Gizeh, por ejemplo, fue erigida durante el reinado del faraón Khufu, entre 2589 y 2566 a. C. El gran templo de Tenochtitlán, en México, fue terminado en 1487 d. C.). Además, tanto las técnicas de construcción como las funciones que cumplían son diferentes: en Egipto las pirámides eran tumbas, en Perú eran templos. Finalmente, sólo las egipcias son auténticas pirámides terminadas en punta, mientras que las de Sudamérica son más bien plataformas con la parte superior plana, sobre la que se construía el templo.

Las revelaciones «paranormales» sobre la Atlántida

Sin embargo, las teorías más pintorescas sobre la Atlántida fueron las establecidas por los ocultistas e, *in primis*, por Helena P. Blavatsky, fundadora de la teosofía. En su obra más importante, *La Doctrina secreta* (publicada en seis volúmenes entre 1888 y 1938) la Blavatsky cuenta cómo sus guías espirituales, un misterioso grupo de místicos del Tibet —la confraternidad de los Mahatmas—, le visitaban habitualmente en su cuerpo astral, cuando ella caía en trance. Durante estas visitas, los Mahatmas le habrían mostrado un libro realizado sobre la Atlántida en la lengua perdida de los atlantes, el *Senzar*. Sobre este libro habría basado madame

Blavaysky su *Doctrina secreta,* rica en referencias a la Atlántida y a Lemuria, otro continente desaparecido.

El número siete tiene un significado místico para los teósofos, y por ello Madame Blavatsky afirma que la historia del mundo está constituída por siete razas, o «razas raíces», distintas: cinco ya han pasado y otras dos están por venir. Además, de cada una de estas razas se originarían siete ramificaciones, o subrazas. En detalle, la historia de las primeras cinco «razas raíces» sería la siguiente: la primera raza, compuesta por seres etéreos e invisibles. vivió en alguna parte cercana al Polo Norte; la segunda, formada por individuos casi visibles, habitaba en el Asia del Norte; la tercera vivía en Lemuria.

Lemuria es el nombre que, entre 1880 y 1890, dieron algunos zoólogos a un hipotético continente desaparecido en el Pacífico, teoría que servía para explicar la difusión de los lemures, primates parecidos a los monos. Según esa teoría, Lemuria habría existido hace millones de años, para desaparecer al inicio de la era Cenozoica; habría unido Africa y América del Sur, extendiéndose incluso a través del océano Índico, hasta India. De la existencia de este continente no se han encontrado pruebas, pero Madame Blavatsky se adueñó de la idea de esos zoólogos para hacer de Lemuria la sede de la tercera «raza raíz», la de los lemures. Según ella, los lemures eran simios gigantescos, con una forma similar a la que tiene el hombre moderno. Posteriormente, Lemuria quedó sumergida debido a un gran cataclismo, pero no sin que antes una subespecie emigrara a la Atlántida, para dar origen a la cuarta «raza raíz».

La quinta raza, la de los arios, sería la del hombre moderno, mientras que la sexta estaría emergiendo lentamente ahora, en California del Sur. Al menos éste era el parecer de Annie Besant, profetisa y continuadora de la obra de Madame Blavatsky. Siempre según la teosofía, el continente americano se hundirá y resurgirá Lemuria, en donde vivirá la sexta «raza raíz». Cuando se extinga la séptima y última raza, habrá concluído el ciclo de la Tierra, y se iniciará uno nuevo en el planeta Mercurio. [4]

Realmente, la obra de Madame Blavatsky se ha considerado tan sólo un revoltijo de especulaciones ocultistas y de ataques contra la ciencia «materialista» y la religión «dogmática». Toda ella está escrita en un lenguaje aproximativo y confuso («Y como el tiempo ya no era víctima del sueño, yacía en el Seno Infinito de la Duración... La Mente Universal no era, porque no existían los *Ah-hi* que pudieran contenerla...» y cosas de ese estilo).

Por si todo eso fuera poco, cuando se publicó la obra se descubrió que ni siquiera esas pocas ideas eran originales: la Blavatsky, de hecho, las había copiado de una serie de libros de filosofía hindú y de un buen número de textos científicos y ocultistas, incluído el libro de Donnelly sobre la Atlantida.

Seguidamente, otros teósofos, entre los que se encuentra W. Scott Elliott, autor de *Story of Atlantis* (1914) retomaron el discurso sobre la Atántida, añadiendo detalles siempre más precisos y siempre más improbables, obtenidos por vía paranormal de los misteriosos Mahatma. Según Elliott, los primeros atlantes, los rmoahal, tenían una estatura entre 12 y 14 pies (entre 3,5 y 4 metros) y poseían una piel obscura como la caoba; por el contrario, la segunda subraza, la de los tlavatles, tenía el color del cobre. La tercera y más evolucionada raza, que sobrevivió durante diez mil años, fue la de los toltecas, muy altos, con rasgos helénicos. Siguieron después los turanianos, irresponsables y colonizadores, los semitas, grandes razonadores pero turbulentos, que siempre estaban en pugna con los pueblos vecinos; los akkadianos, los primeros legisladores y, finalmente, los mongoles, que emigraron a Asia y fueron los primeros en desarrollar una cultura fuera de la Atlántida.

Otro teósofo, que rompe con la ortodoxia teosófica de Madame Blavatsky, fue Rudolph Steiner, fundador de la Sociedad antroposófica. Steiner aceptó todas las teorías de Elliott, añadiendo nuevos detalles que recibía de una fuente «de la cual no le estaba permitido revelar el origen». Steiner pone el acento en las facultades paranormales de los habitantes de la Atlántida. Según él, como explicó en *Atlántida y Lemuria* (1913), los lemures no tenían el don de la palabra, pero se comunicaban telepáticamente. Además, podían cargar con pesos enormes mediante la fuerza de la mente. Finalmente, una misteriosa fuerza espiritual permitía a los atlantideos poder curar las heridas, amansar los animales salvajes y hacer volar sus aeroplanos.

Las visiones de Cayce

A popularizar en los Estados Unidos la idea de que la Atlántida hubiera existido realmente y que constituyera una civilización tecnológicamente avanzadísima contribuyó, sobre todo, el medium Edgar Cayce (1877-1945). Cayce fue conocido, en los años treinta y cuarenta, como el «profeta durmiente». Caía en un trance parecido al sueño, y en esta condición tenía visiones y hacía profecías.

Comenzó a trabajar como fotógrafo, pero, al cabo de algún tiempo, se dedicó enteramente a diagnosticar enfermedades por vía espiritista. Afirmaba que caía en trance y podía «ver» de este modo las enfermedades de una determinada persona. Sostenía que los problemas de aquellos que le iban a ver obedecían a traumas padecidos en vidas precedentes. Durante sus trances, Cayce se dejaba poseer por la «entidad» de sus vidas pasadas. Al término de la sesión se interpretaban las cosas que había dicho durante el trance, que eran transcritas por un amanuense; se formulaba entonces un diagnóstico y se sugería una cura (casi siempre confiada al uso de hierbas, al reposo o al masaje). Cayce diagnosticaba incluso por correo, sin haberse encontrado con el enfermo. No cobraba nada por su trabajo pero, al igual que otros muchos mediums y sensitivos, aceptaba donaciones que, en su caso, debían ser particularmente ingentes. Gracias, precisamente, a las donaciones de sus clientes pudo abrir, entre otras cosas, un hospital privado (que permaneció activo durante poco más de dos años) y un instituto de estudios metafísicos, la Atlantic University (que duró menos de un año). De las cenizas de este instituto nace, en 1931, en Virginia Beach, la Association for Research and Enlightenment, que funciona todavía y que tiene como principal cometido el estudio y la difusión de las «revelaciones» de Cayce.

Como no se llevó a cabo ningún estudio que controlase sus presuntas capacidades paranormales, hoy sólo es posible valorar sus profecías y sus visiones. Por lo que respecta a sus profecías, sus seguidores afirman que acertó en el cien por cien de los casos; un examen menos entusiástico, sin embargo, revela una realidad bien diferente. Veamos un ejemplo de las profecías de Cayce: «En 1936 caerán los poderes de Rusia, Estados Unidos, Japón e Inglaterra»; siempre para 1936 estaban previstas « alteraciones en el interior de la tierra, y corrimientos terráqueos debido a las variaciones de alguna parte del eje del centro polar»; «en 1958 serán descubiertas aquellas fuerzas de la Naturaleza que pueden hacer flotar el hierro. Las piedras se suspenderán en el aire de igual manera»; «en 1968 el régimen de China aumentará su acercamiento a la fe cristiana»; «en 1976 desaparecerán las regiones meridionales de Carolina y de Georgia », y así otras. Como se puede ver, su capacidad profética es cualquier cosa, menos profética.

En cuanto a las visiones, gran parte de ellas se referían a la Atlántida y se obtuvieron de relatos que, según decía, Cayce las recogió durante los trances de las reencarnaciones pasadas de sus clientes; todos, indefectiblemente, antiguos ciudadanos de la Atlántida. [5] Se trata de una serie de «revelaciones» aún más espectaculares e improbables que las suministradas por los teósofos. Para empezar, el nivel tecnológico de los atlantes era muy superior al nuestro; disponían de aerostatos, aviones, submarinos, ascensores, máquinas antigravedad, televisión y rayos X. Es curioso advertir como toda persona que habla del progreso tecnológico de la Atlántida lo hace limitándose a describir aparatos e instrumentos que le son contemporáneos. La Atlántida de Platón resultaba primitiva, desde el punto de vista contemporáneo; la de Donnelly no incluía mecanismos volantes, como lo hacía la de Steiner (que escribió después de la invención del aeroplano). En su caso, Cayce describe admirables maquinarias que, en su tiempo, podían resultar todavía modernas (los aerostatos) pero que hoy se han convertido en piezas de museo.

Siempre según Cayce, sobre la Atlántida vivían animales gigantescos y monstruosos, para combatir a los cuales fue necesario fabricar explosivos especiales. Sin embargo, la posesión de estas armas alteró las características de los propios atlantes, convirtiéndolos también a ellos en seres monstruosos, cada vez más corrompidos y depravados. Y fue debido precisamente a la sobrecarga de una de estas armas, que se produjo una enorme explosión en el año 50000 a. C. que fracturó a la Atlántida en cinco islas. Se produjeron todavía destrucciones posteriores de la Atlántida, en el 28000 y en el 10000 a. C., siendo esta última la final y la misma que describió Platón.

Finalmente, en 1940, Cayce pronosticó que una parte de la Atlántida emergería «en un tiempo no muy lejano», quizás en 1968-1969. Sorprendentemente, justo en 1968, un pescador de las Bahamas comunicó la presencia de una curiosa formación rocosa, en forma de J, a unos seis metros de profundidad, a lo largo de la costa septentrional de la isla de Bimini. Un entusiasta buscador de civilizaciones perdidas, Manson Valentine, cuidador honorario del museo de Ciencias de Miami, declaró que consideraba que aquellos restos eran la confirmación de la profecía de Cayce sobre la inmersión de la Atlántida.

La carretera de Bimini

Esta extraña formación pétrea representa el primer elemento concreto con el que se pretende sostener la hipótesis de que la Atlántida no era solamente una leyenda. Valentine describió lo que a él le parecía una carretera: «Un pavimento de piedras planas, regulares y poligonales, obviamente modeladas y alineadas de forma precisa para constituir una estructura artificial creíble. Evidentemente, tales piedras habían permanecido sumergidas durante mucho tiempo, porque los bordes de las más grandes se mostraban redondeados, dando a los bloques la apariencia de grandes panes o almohadas de piedra.» [6]

Inmediatamente, se produjeron nuevos hallazgos de todo tipo en la zona: templos, «columnas vibrantes de energía», pirámides luminosas... Al margen de esas «visiones», provocadas probablemente por la narcosis submarina debida al nitrógeno (las diversas imágenes vibrantes y luminosas), de las que no se encontró posteriormente la menor traza en los fondos marinos, se descubrió efectivamente una estructura rectangular a lo largo de Andros, la mayor de las islas del archipiélago de las Bahamas.

Una medium, Carol Huffstickler, reveló basándose en sus «contactos espiritistas», que la existencia de Bimini se remontaba a 28.000 años atrás, y que era parte de un laberinto construído nada menos que por una civilización extraterrestre procedente del conjunto estelar de las Pléyades. El laberinto era un lugar sagrado para crear «el campo magnético terrestre necesario para elevar las conciencias y poder curar». Semejantes despropósitos fueron tomados en serio por un profesor de literatura inglés, David Zink, que publicó *The Stones of Atlantis* (1978).

Muy pronto, sin embargo, la Atlántida «descubierta» en Bimini volvió a hundirse en el olvido. De hecho se descubrió que el «templo» cercano a Andros no era otra cosa que una zona para el almacenamiento de esponjas, construída alrededor de 1930. Aquello que parecían fragmentos de columnas antiguas resultaron ser lastres abandonados por una embarcación, fabricados en cemento del siglo XIX.

Probablemente, un mercante que transportaba barriles de cemento tuvo que librarse de esa carga durante una tempestad; posteriomente, las maderas de los barriles se desintegraron y el cemento mantuvo, al solidificarse, la forma de los barriles.

En cuanto a la «carretera» de Bimini, puede aparecer efectivamente a los ojos del profano como si estuviera compuesta por bloques de cemento separados, pero para un geólogo experto se muestra muy pronto como aquello que realmente es: «roca costera» calcárea, que se ha formado de modo natural. Este tipo de roca se forma mediante un proceso de cementificación natural. Transportadas por las mareas, los granos de arena recogen del mar el carbonato de calcio originado por la descomposición de las conchas de los moluscos. Al cabo de algunos decenios, las substancias depositadas entre los granos termina por actuar como cemento: se produce una masa rocosa muy dura, pero que se agrieta con facilidad. Esas grietas se forman en tramos muy rectos y regulares, primero en dirección paralela a la playa y después perpendicularmente a ella; el resultado son largos bloques de roca aladrillada que llegan a pesar de una a diez toneladas, y que se van cubriendo progresivamente por el agua, a medida que la línea costera se va también modificando.

Eugene Shinn, perteneciente al Instituto Geológico norteamericano, publicó en 1980 las conclusiones de un largo examen llevado a cabo sobre las piedras de Bimini. Resultó que las microestructuras internas de las piedras continuaban de un bloque a otro, indicando que en un tiempo habían constituído bloques únicos que, posteriormente, se agrietaron; y que, por tanto, no se trataba de piedras separadas. Además, se llevó a cabo un examen de radiocarbono para datar la «carretera», que dio como resultado que se había formado, como mucho, hacía tres mil años. Se encuentran estructuras similares en distintas partes del mundo, sin que nadie haya intentado nunca atribuirlas a antiguas civilizaciones perdidas.

Por tanto, no hay ninguna Atlántida que haya surgido en Bimini, en 1968. Realmente, la profecía de Cayce tenía más elementos: preveía que ya en 1958 se habrían producido indicios de un proceso catastrófico que habría contemplado, además del renacimiento de la Atlántida, la «transformación» de Europa, el «hundimiento de Japón» y «la división de la América occidental». A todo esto le seguiría la segunda venida de Cristo en 1998. ¡En realidad, era un gran profeta este Cayce!

El hecho de que un autor que está tan de moda hoy como Graham Hancock haya tomado tan en serio los delirios de Edgar Cayce, (Hancock, por ejemplo, acepta como un hecho la afirmación del «vidente» según la cual la Esfinge resurgiría «en los tiempos de la Atlántida») debiera decir mucho sobre la seriedad de este moderno propagador de misterios.

¿Puede desaparecer un continente?

Esta es, por tanto, la «historia» de la Atlántida, tal y como fue contada a lo largo de los siglos. Una historia hecha exclusivamente de fantasías, de elucubraciones ocultistas, visiones paranormales e hipótesis pseudocientíficas, pero sin el menor

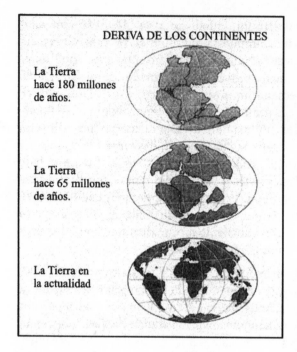

DERIVA DE LOS CONTINENTES

La Tierra
hace 180 millones
de años.

La Tierra
hace 65 millones
de años.

La Tierra en
la actualidad

La teoría de la deriva de los
continentes. La separación
gradual de los continentes
según la hipótesis de Wegener.

dato de hechos auténticos. Nada que pudiera confirmar efectivamente la existencia de un antiguo continente hundido.

Dejamos, pues, a un lado todo cuanto ha surgido después de Platón y que, al margen del interés que pueda revestir para psicólogos o antropólogos interesados en el estudio de la credulidad humana, no aporta la menor ayuda. Volvamos pues, por tanto, al relato original del filósofo griego y procuremos entender si se trataba exclusivamente de una parábola moral, inventada por él con la mejor intención, o si se refería a un auténtico episodio histórico.

La primera pregunta que puede hacerse es la siguiente: vistos los progresos tecnológicos modernos, que permiten hacer lo que en otro tiempo era impensable, y tras examinar con precisión el fondo del océano, ¿existen trazas de un continente sumergido? La respuesta dada por los geólogos es clara y definitiva: no. El fondo de los océanos está compuesto principalmente por basalto, mientras que los continentes están formados sobre todo por granito. Por consiguiente, un continente hundido sería fácilmente detectable por su composición geológica; pero en ninguno de los suelos oceánicos se ha encontrado la presencia de grandes masas de tierra, cuya superficie pudiera semejar la de un continente sumergido.

Además, los depósitos existentes en el fondo del océano Atlántico no presentan sedimentos relativamente recientes, como deberían ser los de una superficie hundida hace unos 10.000 años. Por el contrario, los análisis efectuados sobre los organismos presentes en los estratos más bajos de los fondos oceánicos demuestran que se remontan a unos 63 millones de años.

Una pregunta todavía más importante es ésta: ¿puede hundirse un continente de forma súbita, como lo cuenta Platón? Por otro lado, afirman los seguidores del mito de la Atlántida, sabemos que existen tierras que se hunden rápidamente como consecuencia de terremotos y de erupciones volcánicas.

El hecho es que este tipo de fenómenos ha afectado siempre a extensiones de tierra relativamente pequeñas, nunca superiores a unos 100 kilómetros cuadrados, cada vez. Para que un continente de dimensiones tan vastas se sumergiera en el mar serían necesarios millones de años; no puede ser consecuencia de un acontecimiento catastrófico repentino. Ni tampoco sería suficiente el impacto de un asteroide o de un cometa, como sostienen algunos escritores. Si, en realidad, un cuerpo celeste, al chocar contra la Tierra, hubiera llegado a hundir todo un continente, no hubiera sobrevivido al impacto ninguna forma de vida.

Fue la teoría de la deriva de los continentes, propuesta por Alfred Wegener, la que puso fuera de lugar, de forma definitiva, la hipótesis de la existencia de posibles continentes desaparecidos, De hecho, hasta entonces no se sabía con exactitud cómo se habían formado los continentes.

Wegener, un profesor de geofísica y meteorología de la universidad de Graz, en Austria, explicó: «Si los continentes flotan sobre la corteza sísmica como masas de hielo sobre el agua, entonces ¿por qué no pueden, al igual que hacen las masas de hielo, ir a la deriva? También advirtió que los perfiles de los continentes, reuniéndolos sobre una carta geográfica, podían recomponerse como si se tratara de un puzle.

Su hipótesis, contenida en el libro *El origen de los continentes y de los océanos* (1915) preveía la antigua existencia (al menos en la era Paleozoica, hace más de doscientos millones de años) de un continente gigantesco y único, una «pangea» que comprendía a todos los continentes actuales.

Inicialmente, la comunidad científica no consideró seriamente la teoría de Wegener, e incluso algún científico se burló de ella. Pero, a diferencia de las ideas pseudocientíficas, que nunca pueden llegar a mostrar pruebas que las sostengan, la teoría de la deriva de los continentes estuvo avalada por gran número de datos y de elementos que fueron acumulándose. Se descubrió que los continentes no son simples masas de tierra que se limitan a elevarse o a abatirse, sino que se trata, sobre todo, de cortezas terrestres, de un espesor de unos 32 kilómetros, que resbalan sobre la superficie de los fondos oceánicos, que tiene un espesor de seis kilómetros. Tales movimientos son, naturalmente, lentísimos, (se habla supuestamente de unos pocos centímetros al año), que se ven alimentados por el empuje del magma que envuelve el núcleo terrestre. Esta nueva teoría, conocida como «tectónica de porciones» confirmaba, en suma, la hipótesis de Wegener y desmentía, de una vez por todas, que los continentes pudieran «desaparecer» de la noche a la mañana como quería la leyenda de la Atlántida.

La hipótesis de Tera

Abandonada a regañadientes la idea de que la Atlántida hubiese sido un continente hundido, los estudiosos más serios (los excéntrico han continuado impertérritos en sus posiciones fanáticas) se preguntaron si en la construcción de su relato Platón no hubiese podido inspirarse en algún acontecimiento menor que hubiera sucedido realmente Surgieron de este modo un abanico de hipótesis que trataban de localizar la civilización que había evolucionado de los atlantes en alguna otra parte del mundo: América, África, España, Francia, Malta, Noruega, Suecia, Inglaterra, Bélgica, Groenlandia, Mongolia, Australia, Sri Lanka y otras. Aquellos que han escogido este camino no han hecho otra cosa que tener en cuenta del relato de Platón aquellas partes que servían para confirmar su propia teoría, y eliminar todo el resto considerándolo un mito o una fantasía.

Una de estas hipótesis que, sin embargo, constituye una excepción es la que identifica a la Atlántida con la civilización minoica de la isla de Creta, y con la explosión volcánica de la isla de Tera (la actual Santorini) como el desastre que está en el origen de la historia de Platón. En este caso, las semejanzas con el relato platónico son realmente interesantes. Tera es la isla que se encuentra más al sur de las Cícladas; y mientras que hoy está constituida por una isla más grande y otras más pequeñas, hubo un tiempo en que era un único y grande cono volcánico. Una erupción gigantesca, datada en torno al año 1500 a. C. arrojó a la atmósfera millones de toneladas de materiales incandescentes, provocando el hundimiento de la parte central del cráter, a causa de la cavidad formada en el interior del volcán. Ello produjo la formación de la actual bahía, circundada por un cinturón recortado de escolleras: eso es lo que queda de los flancos del volcán.

Ahora bien, dado que se sabía que en torno al 1450 a. C. Creta fue golpeada por una catástrofe que destruyó todos los palacios (con excepción del de Cnossos) obligando a huir a la población, hubo alguno que estableció la hipótesis de que los dos acontecimientos estaban unidos. El estudioso de la edad clásica, K. T. Frost, había sugerido, en 1909, que la leyenda de la Atlántida hubiera podido estar inspirada en realidad en la súbita destrucción de la civilización minoica. Pero fue en 1939 cuando el arqueólogo griego Spyridon Marinatos, basándose en algunas excavaciones llevadas a cabo en Creta, concluyó que la destrucción de Creta había sido la consecuencia de la explosión de Tera. Basándose en las dimensiones del cráter, Marinatos llegó a sostener que el acontecimiento fue cuatro veces más violento que la más grande de las explosiones documentadas en los tiempos recientes: la erupción del Krakatoa en 1883 (una explosión que liberó una energía de 100 a 150 megatones; es decir, entre 60.000 y 90.000 veces más potente que los ensayos nucleares que tuvieron lugar en el desierto de Nevada).

La hipótesis resultaba sugestiva: tan sólo se puede imaginar el enorme desastre provocado sobre Creta con la explosión de Tera; pero faltaban hallazgos más precisos que permitieran unir con exactitud el final de la civilización minoica con esta destrucción. Las pruebas parecieron llegar en 1967, cuando Marinatos encontró, bajo una espesa capa de cenizas volcánicas una auténtica Pompeya minoica: habitaciones ricamente pintadas con frescos, vajillas, calles... Tera no podía ser otra cosa que la Atlantida de la que había hablado Platón. Los egipcios podían haber tenido noticia de la destrucción de Tera, de la que, más tarde, habrían informado a Solón. Además, los errores de traducción pudieran haber sido los responsables de las imprecisiones habidas en las fechas y en las dimensiones: los nueve mil años antes de Solón pudieran haber sido novecientos, correspondiendo al 1500-1450 a. C., aproximadamente.

Surgieron nuevamente una cantidad impresionante de libros tratando de encontrar y de imaginar analogías entre el relato de Platón y la catástrofe de Tera. Pero esta teoría no soporta un examen en profundidad. Para empezar, Platón habló de terremotos y de inundaciones, mientras que Tera fue destruída por una explosión volcánica. Además, los efectos de la explosión sobre Creta no fueron tan devastadores como teorizaron Marinatos y otros. De las muestras examinadas se deduce que las cenizas cayeron solamente sobre la parte oriental de Creta, y se acumularon en una media de sólo 1,27-6,34 centímetros, cantidad suficiente para destruir las cosechas durante uno o dos años, pero no para devastar de forma definitiva la economía minoica.

Platón describía a la Atlántida como una civilización imperialista, pero no parece que la Creta minoica tuviese el dominio de los mares. La descripción de la ciudad de la Atlántida no se adapta a Creta, los ritos descritos no corresponden ni, mucho menos, las dimensiones. Por lo que respecta a Solón, estamos hablando de un armador que financiaba sus viajes en gran medida gracias al comercio; pensar que no supiese distinguir entre los términos egipcios que indicaban «ciento» y «mil» sería hacerle muy flaco servicio.

La prueba determinante de que Tera no fue la Atlántida se encontró hacia finales de los años ochenta, cuando basándose en el hallazgo de cenizas en los yacimientos de los palacios pertenecientes al 1500 a. C., se pudo colegir que Tera había sufrido la explosión ciento cincuenta años antes del hundimiento de la civilización minoica.

Se vuelve así al punto de partida. ¿Qué se puede pensar de la historia de Platón? ¿Es un mito o una realidad? Visto que los argumentos que avalan su realidad, van cayendo uno tras otro, no queda mas que una posible explicación para el relato del filósofo griego: la de que es el relato de una fantasía.

Una bella historia

Hay quienes sostienen que Platón no puede ser «acusado» de haber inventado toda la historia de la Atlántida, la cual debió constituir ciertamente una fuente de inspiración para el filósofo. ¿Pero por qué habría que culpabilizarlo si Platón lo hubiese inventado todo? ¿No es así como proceden normalmente los novelistas? Platón era un sabio filósofo y no un historiador; así pues podía tomar prestados una serie de acontecimientos específicos, por más que resultaran fantásticos, para poder explicar mejor determinadas ideas y conceptos filosóficos.

Pero se rebate tal cosa diciendo, ¿por qué Platón habría iniciado su relato en el *Critias* diciendo: «Escucha, pues, oh Sócrates, una historia muy extraña pero, por otra parte, totalmente cierta», si no hubiera sido realmente cierta?

Platón se servía habitualmente de la ficción en sus escritos, en particular si se trataba de mitos, en tanto que fueran historias edificantes. De hecho, escribe en *La República*: «¿Y no resulta útil cuando en las fábulas mitológicas que ahora recordáis inventamos lo falso de la manera más parecida a lo verdadero, ignorantes como somos de la verdad que pudo haber en esos hechos antiguos?» [7] Todas las veces que Platón presenta un mito en sus diálogos, lo hace preceder de la afirmación que ello corresponde a la verdad. Se trata de un recurso literario utilizado para dar fuerza a la validez simbólica de sus relatos: ciertamente él no esperaba que sus lectores considerasen sus fábulas (o *mythos*) como si se tratase de hechos históricos.

La historia de la Atlántida es una parábola de la que se sirve Platón para ilustrar las características del Estado ideal (identificado con una Atenas antigua e imaginaria), en una situación «real», haciendo así evidente la eficacia de sus instituciones. «Con gusto escucharíais a alguien», dice Sócrates, al principio del *Timeo* , «que expusiera como (la ciudad ideal de Atenas) afronta aquella luchas que sostiene la ciudad, y cómo actúa noblemente en la guerra, y cómo en el guerrear sabe mostrarse digna de su propia instrucción y educación, ya sea en los hechos de armas, ya negociando con las otras ciudades». [8] Y es precisamente en ese momento cuando Critias se acuerda de la historia que Solón contó de la antigua Atenas y de su conflicto con la Atlántida.

Atenas era el estado ideal de Sócrates, una comunidad virtuosa que vive en un sistema de vida comunitario; la Atlántida era, por el contrario, una monarquía, imperialista y mercantil, degenerada y, por tanto, castigada por los dioses. Así pues, en la intención de Platón estaba que la virtuosa Atenas debía ser el punto de apoyo de todo el asunto, mientras que la Atlántida debería servir simplemente como elemento de contraste.

Sin embargo, hoy casi nadie conoce la historia original de Platón; por el contrario, todos nos quedamos fascinados con las descripciones de la Atlántida, sin pensar que, si en el relato de Platón no se encontrase Atenas, tampoco podríamos encontrar a la Atlántida. ¿Qué pensaría Platón si supiese que hoy los que para él eran los «malos» se han transformado en los buenos, y que algunos atribuyen a los atlantes una sabiduría superior, cuando él intentó por todos los medios explicar que fueron destruídos precisamente por su degeneración moral?

Como sucede con todas las historias hermosas, también la de la Atlántida contiene todos los ingredientes del éxito: potencia, riqueza, misterio, avidez y castigo. No sorprende, por tanto, que se haya conservado y transmitido hasta nuestros días.

Solamente molesta que muchos, hoy, conozcan a Platón únicamente por el hecho de que fue el primero en hablar de la Atlántida, y que se olviden del genio de un hombre al que siempre se ha considerado como uno de los más grandes pensadores que jamás haya conocido nuestro planeta.

La maldición de Tutankhamon

«El gran número de turistas y de coleccionistas de objetos antiguos que creen en la maldición de los faraones me llena de estupor; de hecho, entre los pueblos antiguos, el de los egipcios fue el más dulce, el más gentil.»

ARTHUR WEIGALL, arqueólogo

A la 1:55 del 4 de abril de 1923, todas las luces de El Cairo, la capital de Egipto, se apagaron. En ese preciso momento, Lord Carnarvon, un aristócrata inglés, moría de pulmonía. Pero eso no era todo. A esa misma hora, en Londres, la perrita de Carnarvon empezó a ladrar, se alzó sobre las patas posteriores y cayó muerta. Carnarvon había sido el financiador de una de las más famosas búsquedas de tesoros de todos los tiempos: la búsqueda de la tumba del faraón-niño Tutankhamon. Su muerte dio principio a la leyenda de la maldición de los faraones.

Quiere el mito que la tumba estaba protegida por una maldición fatal que habría de caer sobre cualquiera que la violase. Pero esto no detuvo a George Edward Stanhope Moyneux Herbert, quinto conde de Carnarvon, que se encontraba en Egipto con la esperanza de que el clima seco le aliviase sus problemas respiratorios.

Aunque Herbert no hubiera estudiado arqueología, era lo suficientemente rico como para poder financiar el trabajo de un joven arqueólgo, Howard Carter, que había pasado quince años tratando de desenterrar los restos del *Olvidado*. Carter estaba al corriente de que en el Valle de los Reyes se habían recogido algunos testimonios muy concretos que parecían vincular el nombre de Tutankhamos a un determinado punto del valle.

El 6 de noviembre de 1922, Carter envió un cablegrama a Carnarvon, en Inglaterra: «Finalmente se ha realizado un magnífico descubrimiento en el Valle...» Había encontrado la entrada de la tumba.

Los trabajos de excavación y de limpieza de la antecámara fueron largos y laboriosos; y hubo que esperar al 17 de febrero de 1923 para que se pudiera llevar a cabo la apertura de la tumba. Participaron en ella una veintena de personas; pero lord Carnarvon no pudo gozar mucho tiempo de su descubrimiento porque moría a menos de dos meses más tarde.

Antes de que acabara el año, morían otras doce personas del grupo de veinte que habían intervenido en el descubrimiento. Pero todavía habrían de morir más. George Jay Gould, hijo del financiero Jay Gould y amigo de Carnarvon se trasladó a Egipto, después de la muerte de su amigo, para ver el lugar con sus propios ojos. Murió de peste bubónica veinticuatro horas después de haber visitado la tumba.

A lo largo de 1929, habían muerto otras dieciséis personas que, de un modo o de otro, habían estado en contacto con la momia. Entre las víctimas se encontraban el radiólogo Archibald Reed, que había preparado los restos de Tutankhamon para los análisis radiológicos, Evelyn White, arqueóloga, esposa de lord Carnarvon y Richard Bethell, su secretario personal. Incluso el padre de Bethell murió suicidado. Y después murieron Arthur C. Mace y A. L. Callender, asistentes de Carter: Douglas Derry, que sometió a análisis la momia del rey; Aaron Ember, egiptólogo; Bernard Pyne Greenfell, papirólogo de Oxford, y John G. Maxwell, amigo y ejecutor testamentario de lord Carnarvon.

Todos ellos habían ignorado la advertencia de los jeroglíficos escritos sobre el sello puesto en la entrada: «La muerte golpeará con sus alas a quienquiera que disturbe el sueño del faraón.»

Un timbre de alarma

No hay que decir que contada la historia de este modo crea una angustia innegable. Incluso estaríamos tentados de tomar todo eso por verdad si no llegáramos a descubrir muy pronto que quien sostiene la realidad de la historia en estos términos es un autor tristemente conocido por nosotros: Charles Berlitz, [1] el mismo del triángulo de las Bermudas. Sucesivamente nos vamos enterando de que Berlitz, a la hora de hacer su informe, se basó ampliamente en los datos aportados por Phillip Vandenberg, un apasionado de la egiptología que con su libro *La maldición de los faraones* había conseguido en los años setenta un enorme éxito de público.

El habitual timbrecillo de alarma empieza a sonar en nuestra cabeza. La única cosa que podemos hacer para acallarlo es recorrer nuevamente la historia, acogiéndonos, en esta ocasión, a documentos indudablemente serios. Si al término de nuestra investigación los hechos contados por Vandenberg y Berlitz se ven confirmados, no podremos hacer otra cosa que declararnos impresionados por su precisión. Pero antes de llegar a tanto, demos un salto atrás en el tiempo...

El emprendedor dibujante

Howard Carter, un joven dibujante inglés, contaba diecisiete años cuando llegó por primera vez a Egipto. Había sido enviado por lord Tyssen-Amherst para qque ayudase en las excavaciones dirigidas por el arqueólogo inglés Flinders Petrie. Se mostró como un buscador entusiasta, e inmediatamente conquistó la simpatía de sus superiores.

Bien pronto, las investigaciones trajeron a la luz algunas muestras que hacían pensar en la existencia de un faraón del que nadie había oído hablar. ¿Cómo era posible que la historiografía se hubiese olvidado de un faraón? ¿Habría querido, tal vez, olvidarlo voluntariamente? Fue para contestar a estas preguntas por lo que Carter se comprometió consigo mismo a encontrar a aquel faraón olvidado.

Una noche, durante el habitual examen de los objetos encontrados durante la jornada, Petrie mostró a su joven asistente un anillo con un sello sobre el que aparecía el nombre de un rey: *Tut-ankh-Amon* , es decir: «Más que nunca está vivo Amon». Era el nombre del faraón olvidado. Era sabido que ya en el pasado algunos investigadores habían encontrado su nombre, o trazas del mismo, sin saber, no obstante, qué hacer con ello.

Con la llegada de la estación cálida Petrie regresó a Londres, y Carter pasó a trabajar para Edouard Neville, hijo de Richard Lepsius, padre de la egiptología. Con Neville trabajó seis años, para convertirse más tarde en inspector de antigüedades del Alto Egipto y Nubia, con sede en Luxor.

Sin embargo, el trabajo burocrático no estaba hecho para él. Fue así como se asoció con un rico americano, Theodore Davis, para dar paso a una serie de excavaciones en el Valle de los Reyes. La convicción general era que, tras el desenterramiento de las tumbas de Tutmosis I, Turmosis III y Amenofis II, no existía nada válido, arqueológicamente hablando, que se pudiera encontrar en el Valle de los Reyes. Por el contario, al cabo de tres días Carter encontró la tumba de Tutmosis IV y localizó la entrada de la tumba de la reina Hatsheput.

Fue precisamente durante estas investigaciones cuando concluye imprevistamente su carrera de inspector. Parece ser que algunos turistas franceses borrachos habían penetrado en un puesto arqueológico y habían sido heridos por los guardias. Carter fue considerado injustamente responsable de los daños sufridos por los franceses, y presentó su dimisión.

Mientras tanto, un noble inglés, lord Carnarvon, había llegado a Egipto para curar su maltrecha salud y realizar su nueva pasión: la arqueología. Muy pronto, sin embargo, se dio cuenta que no era suficiente el dinero para hacer de él un buen exhumador. Pidió, pues, consejo al director del museo de El Cairo, quien le recomendó a Howard Carter. Corría 1907, y a la vuelta de diez años, y gracias a la financiación de Carnarvon, Carter habría podido reemprender las excavaciones en el Valle de los Reyes, con objeto de sacar a la luz la tumba de Tutankhamon.

El descubrimiento de la tumba

Las excavaciones prosiguieron durante varios años con escasísimos resultados. Carter y Carnarvon ya estaban dispuestos a declararse vencidos cuando, el 4 de noviembre de 1922, se encontró un escalón excavado en la piedra. Al día siguiente se descubrió una puerta sellada. Fue entonces cuando Carter envió su famoso y entusiasta cablegrama a Carnarvon que, mientras tanto, había regresado a Inglaterra: «Finalmente hecho espléndido descubrimiento en el Valle; magnífica tumba con sellos intactos. Se requiere su inmediata vuelta. Felicitaciones». [2]

Mientras se esperaba la llegada de Carnarvon continuaron las excavaciones, que mostraron la escalera que bajaba hacia la tumba. Sobre la puerta amurallada que se encontraba al fondo, se hallaban bien visibles los sellos sobre los que fue posible descifrar el nombre de Tutankhamon. Una vez llegado Carnarvon con su hija, lady Evelyn, se practicó un agujero en la puerta amurallada. Carter acercó una candela y se quedó sin aliento. Vale la pena escuchar al gran arqueólogo, para poder tener una idea de lo que debió haber experimentado en aquel momento:

> Habían transcurrido tres mil, o quizás cuatro mil años desde que un pie humano pisara por última vez el suelo sobre el que nos encontrábamos; y, sin embargo, a medida que recuperábamos a nuestro alrededor las señales de una vida reciente —el recipiente lleno hasta la mitad con la malta servida por la portera, la lámpara ennegrecida, una huella sobre la superficie pintada al fresco, la guirnalda dejada caer sobre el umbral en un acto de despedida—, se tenía la impresión de que todo había sucedido tan sólo ayer. El mismo aire que se respiraba, que había permanecido inmutable a lo largo de siglos, era el mismo que respiraron los que pusieron la momia para que yaciera en su reposo. El tiempo se anula en estos mínimos e íntimos detalles, y uno se siente un intruso. [3]

Detrás de la puerta se encontraba un auténtico y verdadero museo colmado de objetos, amontonados unos sobre otros en número infinito; jacintos dorados, estatuas de aspecto real, joyeros pintados y taraceados, vasos de alabastro, tabernáculos negros, mazos de flores y hojas, lechos, sillas magníficamente talladas, un trono de oro tallado y muchas, muchas otras cosas. Pero ningún sarcófago. Se trataba «solamente» de una antecámara, más allá de la cual, probablemente, se encontraría la tumba verdadera. En ese momento se había organizado un enorme trabajo: antes de mover cualquier cosa era necesario un plano con las disposiciones exactas; también se necesitaba que todo aquello se fotografiara y después, sólo después, de haber consultado a los expertos sobre el mejor modo de manejar algunos objetos, sería necesario empezar el trabajo de desescombro.

Hacia la mitad de febrero de 1923, fue transportado casi todo el contenido de la antecámara al laboratorio y, por tanto, fue posible concentrarse sobre la nueva puerta amurallada detrás de la cual se esperaba encontrar el sepulcro del faraón. El día fijado para el derrumbe de la puerta fue el viernes 17, y para ello se organizó una auténtica y adecuada ceremonia en la que participaron, en total, una veintena de personas.

El trabajo fue lento y delicado pero, al final, se derrumbó hasta la última piedra y la cámara interior se abrió a sus visitantes. Naturalmente no se permitió que nadie, excepto Carter, Carnarvon y sus ayudantes, entrara en el sepulcro. Se acomodó al resto del público en la antecámara, detrás de unas barandillas.

La cámara se hallaba dominada por uno de aquellos grandes sarcófagos dorados en los que se colocaba a los faraones, para que en ellos yaciesen El sarcófago estaba revestido de oro de la cabeza a los pies pero, claramente, no se trataba todavía del faraón. Más allá de una gran puerta se reveló un segundo sarcófago con la puerta barrada y con el sello intacto. Esto significaba que ningún ladrón había llegado hasta aquel punto; lo cual resultaba particularmente importante porque por primera (y única) vez se llegaba a una sepultura real que tenía la puerta intacta.

La apertura de la auténtica tumba se dejó para después del descanso estival, que daría comienzo de allí a poco. Sin embargo, lord Carnarvon no llegaría a ver los restos de Tutankhamon, porque murió en el mes de abril de aquel mismo año.

Cayó víctima de las fiebres, probablemente después de haber sufrido la picadura de un mosquito en el mentón, y haberse hecho sangre con la navaja de afeitar. En Luxor, el médico lo puso a dieta y le prohibió levantarse del lecho, consejos que Carnarvon no siguió. Por el contrario, no dejó de beber cada noche su consabida botella de vino francés.

Cuando su estado de salud empeoró, el médico le ordenó su ingreso inmediato en una clínica de El Cairo. Allí se le pudo cortar la infección, pero pronto contrajo una pulmonía que, debido al precario estado en que se encontraban sus pulmones, tuvo para él fatales consecuencias. Murió a la edad de cincuenta y siete años.

El faraón olvidado

Durante los renovados trabajos en la tumba, Carter y sus hombres atravesaron tres salas mortuorias y, finalmente, el 3 de febrero de 1924, en el interior de la cuarta descubrieron el sarcófago. Se fijó una nueva ceremonia y, una vez que se levantó la pesada losa de granito, surgió a la luz la dorada efigie del rey niño. Se trataba de la armazón de un espléndido ataúd antropomorfo, de unos dos metros de longitud, el primero de una serie de ataúdes, insertos unos en otros.

Debido a los numerosos trabajos que eran necesarios para transportar todos los presentes encontrados en las diversas cámaras funerarias, y para poder trabajar en las cajas que guardaban el cuerpo del rey —pero debido también a una serie de impedimentos de tipo político y diplomático— el ataúd no pudo ser abierto antes del mes de octubre de 1925. Cuando, finalmente, se levantó la última tapa, apareció la

Howard Carter examina el sarcófago de Tutankhamon en el interior de la tumba.

momia del faraón, a la que se le quitaron los vendajes con el máximo cuidado el 11 de noviembre. El rostro de Tutankhamon tenía una expresión «distendida y serena. Los rasgos eran los de un joven delicado, de aspecto gentil, con las líneas del rostro bien trazadas y los labios muy pronunciados». [4]

De este modo volvía a la luz aquel jovencísimo rey que había gobernado durante tan sólo diez años (había subido al trono a los nueve), y que, muy probablemente, había sido un instrumento en manos de obscuras fuerzas políticas que tramaron sus intrigas a espaldas del trono.

Nace la leyenda

Mientras estaba sucediendo todo esto, el efecto que producía sobre el público en general cada paso dado en el interior de la tumba de Tutankhamon, resultaba desconcertante. Decenas de periodistas procedentes de todas las partes del mundo se encontraban en el lugar, y luchaban por conseguir los detalles más precisos. Por otra parte, Carnarvon había concedido la exclusiva de sus trabajos en la tumba al «London Times», por lo que todos los demás periodistas debían limitarse a copiar las noticias del «Times», o bien a inventárselas.

Por todo ello, tras la muerte de Carnarvon, los rumores de una «maldición» empezaron a propalarse de forma exagerada. Se decía que se había encontrado en la entrada de la tumba una advertencia «La muerte golpeará con sus alas a quien ose perturbar el sueño del Faraón». Pero, en realidad, la tablilla sobre la que habría debido estar escrita semejante advertencia, no existía. Si nos atenemos a lo que cuenta Vandenberg, podría tratarse de que la tablilla «desapareció de los protocolos y del correo, pero no de la memoria. Se la menciona por todas partes». [5] Eso es falso. Carter no la menciona nunca en sus libros; por consiguiente, lo más probable es que se trate de una de tantas invenciones debidas a los periódicos, deseosos siempre de nuevas noticias.

También ha dicho alguien que el collar de oro que se encontró sobre el cuello de Tutankhamon representaba otra advertencia para los violadores de la tumba. En realidad, lo que colgaba del cuello era un gran escarabeo de resina negra, sobre el que se había escrito una expresión ritual, llamada *bennu*. En ninguna parte de las envolturas que ceñían la momia se encontraron amenazas de muerte; por el contrario, entre los ornamentos se podían leer expresiones de bienvenida de los dioses. Por ejemplo, uno decía: «Yo reconozco tu belleza, oh Osiris, rey Kheperunebre; tu espíritu vive; tus venas son fuertes. Tú perfumas el aire y sales como un dios, sales como Atón, oh Osiris, Tutankhamon. Tú sales y entras en Ra»; [6] otro: «Mi dilecto hijo, heredero del trono de Osiris, el rey Kheperunebre; tu nobleza es perfecta; tu palacio real es poderoso; tu nombre está en la boca de Rekhyt; tu seguridad se halla en la boca de la vida, oh Osiris, rey Tutankhamon; tu corazón está en el cuerpo por toda la eternidad. Ellos están delante de los espíritus de la vida, como Ra descansa en los cielos.» [7]

Resulta evidente que las principales preocupaciones de los antiguos egipcios no eran tanto el tratar de asustar a los eventuales intrusos de la tumba, sino más bien asegurar al faraón un tranquilo viaje hacia el reino de Osiris: la ultratumba. De hecho, la muerte representaba el momento crucial de toda la vida. Esto se deduce, entre otras cosas, por el hecho de que la ceremonia más grandiosa que esperaba a todos los egipcios era sin duda su propio funeral.

Aclarado el hecho de que en ninguna parte existen auténticas referencias a una maldición asociada a la tumba de Tutankhamon, queda por explicar la extraña serie de muertes que, aparentemente, siguieron a la de Carnarvon.

La no-tan-extraña muerte de lord Carnarvon

Como ya queda dicho, uno de los motivos por los que Carnarvon se había trasladado a Egipto era para beneficiarse de la sequedad de su clima. De hecho, su salud era particularmente precaria y sus pulmones se encontraban muy dañados. Cuando recibió la picadura de un mosquito, cortó la herida con la navaja de afeitar y se originó una infección. Ésta produjo fiebre, pero en vez de cuidarse como le había indicado el médico, desobedeció sus consejos, empeorando su estado. Se le llevó al Cairo en donde se curó la infección, pero contrajo una pulmonía de la que se convirtió en una víctima fácil, dado el pésimo estado de su salud. Hay que decir que, pese a todos sus problemas, Carnarvon vivió hasta los cincuenta y siete años, una edad notablemente avanzada para un inglés de su tiempo; de hecho, el promedio de edad para entonces rondaba los cuarenta y seis años.

¿Y qué decir sobre el súbito *blackout*? Pues que a menos que se trate de otra invención periodística, los fallos de energía eléctrica se producían tanto en El Cairo de los años veinte como hoy en día en las mayores ciudades, pese a los enormes progresos logrados desde entonces.

¿Y la perrita muerta « a aquella misma hora, en Londres»? En su libro *La maldición de los faraones* Vandenberg recoge un relato del hijo de Carnarvon, que dice textualmente:

> Mi padre (...) murió poco antes de las dos, hora de la capital egipcia. Posteriormente llegué a saber que en Highclere (residencia de Carnarvon en Inglaterra), poco antes de las cuatro de la mañana, hora de Londres (por tanto, a la misma hora) había sucedido una cosa extraña: nuestra perra fox terrier (...) moría. [8]

Hay aquí algo que no cuadra: la diferencia horaria entre Londres y El Cairo sí es de dos horas, pero no en el sentido indicado por el hijo de Carnarvon. Cuando en el Cairo son las dos, en Londres es medianoche, y no las cuatro de la mañana. James Randi, que fue el primero en apreciar la discrepancia, revela que «este es el tipo de error en el que suele caer el imprudente tramposo». [9] Queda por establecer quién es el mentiroso en este caso, si el hijo de Carnarvon o Vanderberg. En todo caso, sea cual fuera la verdad que pueda haber en este episodio, no nos es dado saber si aquella perra era el único animal que había en la propiedad de Carnarvon ni tampoco los años que tenía.

Llegados a este punto no parece que la muerte de Carnarvon resulte tan extraña como se mostraba al principio; sobre todo, y aún queriendo buscar a propósito una maldición del faraón, no parece que esa muerte esté de ningún modo ligada a aquella. De hecho, el sepulcro fue descubierto por Carter cuando Carnavon se encontraba en Inglaterra; además, el lord murió un año antes de que las excavaciones hubieran permitido llegar a la sala del sarcófago, y dos años antes del descubrimiento de la momia.

¿Qué maldición?

Veamos las muertes tan «misteriosas» de aquellos que estuvieron en contacto con la tumba.

«George Jay Gould, hijo del financiero Jay Gould y amigo de Carnarvon, se trasladó a Egipto, tras la muerte de su amigo, para ver el lugar con sus propios ojos. Murió de peste bubónica en el curso de las veinticuatro horas siguientes a la visita de la tumba», [10] escribe Berlitz. [11] Es falso: Gould murió en Menton, Francia, de pulmonía.

«En el transcurso de 1929 murieron otras dieciséis personas, que de un modo u otro, habían estado en contacto con la momia. Entre las víctimas se encontraban el radiólogo Archibald Reed, que había preparado los restos de Tutankhamon para los análisis radiológicos». [12] De nuevo, otra falsedad: Reed no se acercó nunca a los restos del faraón, porque murió antes de dejar Inglaterra.

Junto a Reed , Vandenberg y Berlitz incluyen en su lista a una serie de personas que no tuvieron absolutamente nada que ver con el descubrimiento de la tumba: el arqueólogo H.G. Evelyn-White, que simplemente había tomado parte, en 1909, en una expedición a la necrópolis tebana; Aaron Ember, egiptólogo estadounidense que murió en Baltimore, en un incendio; la enfermera que asistía a Carnarvon, que murió al dar a luz un niño; John G. Maxwell, que simplemente era amigo y ejecutor testamentario del viejo lord.

¿Por qué habrían de ser golpeados por la maldición estos individuos que nunca entraron en contacto con la tumba y, sin embargo muchos otros que trabajaron en ella día y noche vivieron tranquilamente durante años? Richard Bethell, secretario personal de Carter, jamás participó en los trabajos del descubrimiento de la tumba, y murió debido a un colapso seis años después de su apertura. Su padre, que tenía setenta y ocho años, y no estaba mentalmente del todo bien, se suicidó debido al dolor producido por la muerte de su hijo; pero los sacerdotes de la leyenda lo hacen entrar a la fuerza en la lista de los «malditos», aunque jamás hubiera visitado la tumba. He aquí lo que llega a escribir Phillip Vandenberg:

> Las circunstancias pasaron de ser misteriosas para convertirse en grotescas. El padre de Bethell, el septuagenerio lord Westbury, al recibir la noticia de la muerte de su hijo, se arrojó desde un séptimo piso. El coche fúnebre que llevaba los restos mortales del lord al cementerio, atropelló en un cruce a un muchacho. [13]

Sólo falta que se cuente que un mes después, en aquel mismo cruce, chocaron dos automóviles; y que uno de los ocupantes que sobrevivió al otro, murió diez años después cayéndose por una escalera. ¿Concluirá alguna vez el horror de la maldición?

Arthur C. Mace, el egiptólogo del museo Metropolitan, y George Benedite, el egiptólogo del Louvre, estuvieron en contacto directo con las excavaciones, sin embargo, uno murió al cabo de cinco años, y el otro al cabo de tres.

Mace tenía sesenta y nueve años, y el calor del Valle de los Reyes fue demasiado fuerte para él. Otros dos egiptólogos murieron, Herbert E. Winlock, del Metropolitan, y Pierre Laucau, del Louvre; el primero a sus sesenta y seis años, veintisiete después de la apertura de la tumba; el segundo a los noventa y dos años, cuarenta y dos después de esa misma apertura ¡No hay duda de que se trata de una maldición fulminante!

Douglas Derry, que expuso el cuerpo de Tutankhamon a todos los análisis, murió, según Vandenberg, en 1929. Falso. En realidad murió en 1939, octogenario. Incluso A. R. Callender, el ayudante de Carter, murió, según Vandenberg, en 1929; pero también esto es falso, porque moría en 1939, dieciséis años después de la apertura de la tumba.

Alfred Lucas, químico del gobierno egipcio que llevó a cabo los análisis de los tejidos de la momia y de los objetos de la tumba, moría a los setenta y nueve años, veintisiete después de la apertura de la tumba.

Y continuamos: Gustave Lefèvbre, que había ordenado las colecciones del museo del Cairo, moría a los setenta y ocho años (treinta y cuatro después de la apertura); Alan Gardiner, el filólogo que examinó todo el material escrito, todavía seguía vivo cuarenta y dos años después de que le hubiera golpeado la maldición.

La esposa de lord Carnarvon, lady Almina, moría en 1929 y, por supuesto, fue incluída en la lista de las muertes inexplicables. Inexplicable, cierto, porque el hecho es que lady Almina jamás visitó la tumba, a diferencia de su hija, lady Evelyn Herbert, que estuvo presente en los momentos más importantes y que fue, además, una de las tres personas que entraron en la cámara sepulcral. Murió cincuenta y siete años después de aquel acontecimiento.

Queda, finalmente, Howard Carter, el hombre que, todavía en mayor medida que Carnarvon, que sólo era el financiador de la búsqueda, debería sentir en su persona los efectos mortales de la maldición. Si había alguien que tendría que morir nada más abrirse la primera puerta del sepulcro, ese hombre era él. Por el contrario, Carter siguió trabajando largo tiempo en la tumba, escribió mucho sobre el tema, sin que nunca llegara a recibir el reconocimiento que merecía, y en 1939 murió a la edad de sesenta y seis años.

¿Quién inventó la leyenda?

En conjunto, la «maldición», si todavía debemos creer que una cosa así haya existido alguna vez, no fue una cosa terrible. De los centenares de miles de personas que desde entonces visitaron la tumba y los tesoros de Tutankhamon, parece que solamente una veintena hayan sido afectadas; y, lo que todavía resulta más importante, esas personas murieron, como promedio, veintitrés años después de la apertura de la tumba.

Han sugerido algunos que los rumores sobre la existencia de una maldición se puso en movimiento, después del descubrimiento del sepulcro, quizás por el mismo Howard Carter, para tener así alejados a ladrones y curiosos.

La cosa parece verosímil. Ante todo, Carter no era supersticioso. ¿Cómo hubiera podido, de otro modo, fijar para un viernes 17 el día de apertura de la cámara que contenía el sarcófago del faraón? Pero, sobre todo, habría tenido todos los motivos para querer mantener alejados a un público que cada vez se mostraba más invasor. Veamos algunos párrafos, extraídos de sus memorias, que pueden dar una idea de las dificultades que debía conllevar su trabajo:

> (...) apenas publicó el «Times» la primera noticia sobre nuestro descubrimiento, cuando ninguna potencia del mundo hubiera podido sustraerse a la publicidad que se abatió sobre nosotros (...)

> Inmediatamente la situación se mostró embarazosa. En primer término empezaron a llover los telegramas que llegaban de todas las partes del mundo. Al cabo de un par de semanas le tocó el turno a las cartas (...)

> Después llegaron los amigos periodistas, que bajaban al valle en gran número dispuestos a dedicar todas sus mundanas capacidades —que son considerables— para saciar todos los residuos de soledad o de aburrimiento que pudieran quedar. Ciertamente han desarrollado con tanta capacidad su trabajo, que uno llega a pensar que todos deberíamos enviar cotidianamente algunas noticias a sus periódicos (...)

> Otro inconveniente, quizás el más serio de todos, provocado por la notoriedad de nuestro trabajo, surgía de la inevitable atracción ejercida por la tumba sobre sus visitantes y sus turistas, (...) Si no se hubieran tomado algunas providencias, habríamos pasado la estación entera haciendo de cicerones, sin que pudiéramos desarrollar la menor actividad (...)

> Las molestias nacían cuando se trataba de personas a las que, por uno u otro motivo, había que mostrarles la tumba auténtica y real. Fue ésta una dificultad de la que nos dimos cuenta poco a poco; y durante algún tiempo no nos dimos cuenta de sus inevitables consecuencias, pero al final nuestro trabajo estaba prácticamente parado (...)

> Tal estado de cosas, como es fácil imaginar, nos ponía en una situación bastante desagradable. Había algunos visitantes a los que teníamos que recibir por cuestiones diplomáticas, y a otros a los que no podíamos ponerles objecciones sin que los ofendiéramos, pues entre ellos se encontraban personas recomendadas. ¿Pero hasta qué punto se debía poner fin a esto? Estaba claro que teníamos que hacer alguna cosa pues, de otro modo, y como ya he dicho, el trabajo corría peligro de paralizarse completamente. [14]

Carter mandó cerrar nuevamente la entrada a la tumba durante algunos días, y el flujo de visitantes disminuyó. No resulta improbable pensar que con objeto de desanimar a más inoportunos visitantes, Carter hubiera pensado en recurrir incluso a la leyenda de la maldición.

La hipótesis parece encontrar su confirmación en las revelaciones de Richard Adamson, uno de los encargados de seguridad de la tumba que pasó varias noches en el sepulcro. Sus revelaciones aparecieron en mayo de 1980, en el transcurso de un programa de la cadena de televisión NBC titulado *La maldición del rey Tut.* Adamson, que desde hacía cincuenta y siete años eludía con éxito la muerte, explicó: «Habíamos logrado que, de alguna manera, la historia de la maldición llegase a circular, porque ayudaba a disminuir los riesgos de robos durante la noche. Yo dormí en la tumba durante siete años, cerca del sarcófago dorado y de la momia.» [15]

¿Indemnización a una «víctima» de Tutankhamon?

Las revelaciones de Adamson no impidieron a un espabilado policía de San Francisco que llevara a los tribunales una causa por sentirse víctima de la maldición.

En el mes de septiembre de 1979, la ciudad albergó una exposición itinerante sobre Tutankhamon. Entre los policías asignados para controlar la sala de la exposición también se encontraba George LaBrash. Durante la guardia el policía sufrió un ataque apoplético que atribuyó a la maldición de Tutankhamon. Según LaBrash, el espíritu del faraón se había «lanzado» contra él, por haber disturbado su descanso.

El juez encargado de pronunciarse sobre el caso decidió que al policía no se le iban a conceder los 18.000 dólares que había pedido como imdemnización: «No hay necesidad alguna de considerar en esta causa la supuesta maldición mitológica del rey Tut», dijo el juez. «Incluso los visitantes que han pasado por la exposición habrían podido "molestar" a los muertos. El agente LaBrash, entre otros, ha impedido las posibles profanaciones de los restos.» [16]

La auténtica maravilla

El caso de la «maldición de Tutankhamon» es el enésimo ejemplo evidente de una historia construida sin base alguna, y con la clara intención de beneficiarse de ella. Todos aquellos que escribieron sobre el asunto sin preocuparse de contar la verdad, y entre los cuales no sólo se encuentran Phillip Vandenberg y Charles Berlitz, sino incluso el famosos narrador Edgar Wallace [17] registraron todas las muertes que pudieron encontrar, aunque no las uniera más que un lejanísimo nexo con el descubrimiento de la tumba o con Egipto, y las utilizaron para sostener sus tesis. Exactamente lo mismo que han hecho los autores que han divulgado la leyenda del triángulo de las Bermudas.

Sin embargo hay algo que a todos ellos se les pasó por alto y que constituye el elemento más importante de todo el tema Carter-Tutankhamon; James Randi lo ha explicado con mucha lucidez:

Los faraones del antiguo Egipto deseaban una protección segura para sus restos mortales porque creían en una posible resurrección. Por tal motivo se almacenaban tesoros y provisiones para el feliz viaje. La resurrección, sin embargo, no tenía lugar, en la mayor parte de estos antiguos egipcios sino se les preparaba con el mayor esmero. Esto fue lo que, en parte sucedió con el rey-niño Tutankhamon, un faraón de segunda clase de un periodo ya decadente de la historia egipcia. Sin embargo, no hay nombre alguno entre los de los faraones de Egipto que sea más conocido que el de Tutankhamon. Howard Carter le procuró una notoriedad y resonancia universales, tan grande como el faraón nunca hubiera imaginado en su remoto y sellado sepulcro.

¿No resulta ya todo esto bastante sensacionalista para el público medio sin necesidad de recurrir a la invención de una necia maldición? Las maravillas que existen en la realidad son más extraordinarias que las de cualquier novela. [18]

Espectros y espiritus

La cripta inquieta

*«¿Qué es más probable, que la naturaleza cambie de curso,
o que un hombre diga una mentira?»*

THOMAS PAINE

En la isla de Barbados, una ex colonia británica de las pequeñas Antillas, no lejos de la costa de Venezuela, se encuentra el cementerio de la iglesia de Cristo, que adquirió inesperadamente una gran fama. En su interior hay una cripta de piedra, vacía y abandonada desde 1820, a causa de los misteriosos sucesos que la atormentaron durante cerca de ocho años.

Entre 1812 y 1820 esta fortaleza de la muerte fue violada por «algo» que dispersó y desordenó los ataúdes que allí reposaban. Cada vez que la tumba se abría para introducir en ella un nuevo ataúd, no se encontraba a los anteriores en el lugar que les correspondía; y, sin embargo, las paredes se hallaban intactas y las lajas de cemento que cerraban la entrada, en su sitio.

La tumba había sido mandada construir en 1724 por el honorable James Elliot, y el 14 de mayo de ese año fue depositado en ella el cuerpo de su su esposa Elizabeth. Parece ser que él no fue sepultado allí, y que la tumba no se abrió hasta 1807, cuando se encontró vacía. No se sabe qué es lo que pudo suceder con los huesos de la pobre Elizabeth. En la cripta se depositaron los restos de Thomasina Goddard, miembro de la rica familia de plantadores de Walronds.

Al año siguiente, la propiedad de la cripta pasó a manos de la familia Chase, famosos propietarios de esclavos de la isla. Cuando el 22 de febrero de 1808, se abrió el sepulcro para que recibiera el ataúd de la pequeña Mary Ann Maria Chase, hija de Thomas Chase, el féretro de la señora Goddard estaba en su sitio; pero ambos féretros se encontraron alterados cuando se volvió a abrir la tumba, el 6 de julio, para depositar en ella el cadáver de otra hija de Chase, Dorcas.

El 9 de agosto de 1812, le llegó el turno al ataúd del propio Thomas Chase para ser llevado al sepulcro. Cuando se logró depositar sobre el suelo la pesada losa de entrada, surgió un espectáculo increíble: los ataudes de las dos hijas de Chase estaban apoyados verticalmente sobre el muro del noroeste, con la cabeza hacia abajo.

Un examen de la cripta no reveló nada que pudiera explicar una profanación semejante. Los ataúdes de las niñas fueron colocados junto al de la señora Goddard, que no había sido tocado, y el pesado féretro forrado de plomo de Thomas Chase, llevado por ocho hombres, fue colocado sobre el pavimento. Los familiares se retiraron y los albañiles recubrieron de cemento la losa de mármol de la entrada.

La población blanca de la isla empezó a decir que los esclavos de color hubieran podido profanar la tumba para vengarse de la crueldad de Chase. Parecía, en efecto, que su propia hija, Dorcas, se había dejado morir de hambre dolida por las maldades y, probablemente, por los ataques del padre. Pero todavía faltaba por explicar cómo los esclavos habrían podido entrar en el sepulcro sin dejar ninguna muestra de violencia.

Pasaron cuatro años y el 25 de septiembre de 1816, otro pequeño ataúd, en este caso el de Samuel Brewster Ames, fue llevado a la cripta. Se apartó la losa de entrada y, una vez más, se presentó a la vista de los asistentes un espectáculo horripilante. Todos los ataúdes habían sido movidos y puestos en posición vertical alrededor de las paredes. Una vez vueltos a colocar los ataúdes en su sitio, y revisados los muros, el pavimento y el techo de la cripta en busca de posibles entradas secretas, que no llegaron a ser encontradas, se volvió a sellar la entrada.

Fue necesario reabrirla siete semanas después para depositar en ella el cuerpo de Samuel Brewster, muerto en abril, durante una revuelta de esclavos, y sepultado temporalmente en otro lugar. Una vez más, en la cripta reinaba el caos. Los féretros se encontraban apoyados sobre las paredes, los unos sobre los otros. El ataúd de la señora Goddard, la primera ocupante del sepulcro, estaba destrozado. Se trató de remediar el daño utilizando algunas cuerdas. Se volvieron a colocar los demás ataúdes en sus posiciones originales (colocando algunos sobre otros, dado el espacio reducido de la cripta) y se volvió a recubrir de cemento la losa de la entrada. Esta vez, la convicción general era que se trataba de un gesto de venganza de los esclavos. Pero siempre quedaba por explicar cómo habían logrado penetrar en la cripta. Por su parte, los habitantes de color de la isla estaban convencidos de que la tumba estaba maldita, y que tratándose de una maldición lo mejor que podían hacer era mantenerse alejados.

Pasaron otros tres años y, el 17 de julio de 1812, la muerte de Thomasina Clarke, otro miembro de la familia, requirió la apertura de la tumba. Por aquella época toda la isla había oído hablar del misterioso asunto, y la curiosidad que se había suscitado en esa ocasión era general. Llevó más tiempo del acostumbrado quitar el cemento de la entrada, porque en la última ocasión se había utilizado abundantemente. Cuando, por fin, se pudo limpiar la losa de la capa de cemento, los operarios decidieron correrla sobre el suelo para que, posteriormente, pudiera colocarse nuevamente en su sitio. Tras notables esfuerzos fue posible abrir la cripta, descubriéndose que el pesado ataúd recubierto de plomo de Thomas Chase se encontraba apoyado contra la losa, bloqueándola. El gobernador de la isla, lord Combermer, figuraba entre los primeros que entraron. Pudo observar que todos los

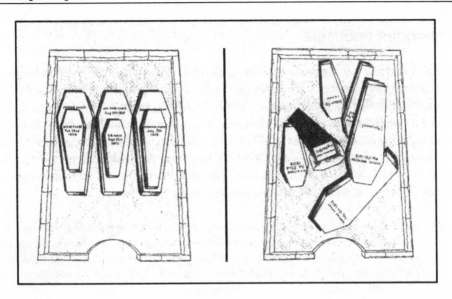

Dos dibujos que muestran las posiciones de los ataúdes cuando la tumba de la familia Chase fue cerrada tras la muerte de Thomasina Clarke, y cuando fue reabierta ocho meses después.

ataúdes estaban movidos, salvo el de la señora Goddard. Ordenó, por tanto, un examen exhaustivo de los muros para descubrir cómo habían podido entrar allí los presuntos vándalos. Pero, una vez más, el examen demostró que no existía la menor traza de violencia. Se transportó al interior el féretro de la señora Clarke y se volvieron a colocar los seis ataúdes: los tres de los adultos sobre el pavimento, que ocupaban por completo, y los tres de los niños colocados encima.. Tanto sobre los ataúdes como sobre el pavimento se echó arena, de modo que se pudiera comprobar posteriormente posibles marcas de quienes pudieran ser los violadores. La losa de entrada se volvió a recubrir de cemento, y el gobernador puso su sello.

Ocho meses después, el 18 de abril de 1820, el gobernador solicitó del párroco que fuera abierta la tumba para comprobar si las precauciones que se habían tomado se mostraban eficaces. Para sobrecogimiento de los presentes se encontraron los féretros diseminados por todas partes; uno de los más grandes se hallaba volcado sobre uno de los lados, y atravesando el pasadizo, de modo que la puerta tenía que ser abierta desde el exterior. El cemento se encontró intacto, con los sellos en su sitio, y la arena del interior seguía en perfectas condiciones. En ese momento, lord Combermer ordenó que se retiraran de allí los ataúdes y que fueran enterrados en otra parte, Desde entonces la tumba permanece vacía, y ninguno de los numerosos investigadores que han escrito sobre este caso parece haber logrado aportar una explicación sobre el misterio de la cripta inquieta.

Versiones opuestas

Existen muchas versiones de este tema; el relato antes citado se basa en las descripciones más comunes y recientes que se pueden encontrar, por ejemplo, en *Los grandes misterios no solucionados* (1987) de John Canning, o en *El libro de los hechos increíbles pero ciertos* (1989), de Charles Berlitz o, incluso, en la *Encyclopedia of Unsolved Mysteries* (1987) de Colin Wilson. Sin embargo, existen tantas versiones de la historia que ya en 1915 sir Algernon Aspinall se lamentaba, en su libro *West Indian Tales of Old*, de que resultaba prácticamente imposible encontrar dos versiones de la historia que estuviesen de acuerdo:

> Si bien las características más importantes de tantas versiones de la *Historia de los ataúdes de Barbados* son las mismas, los detalles varían enormemente. De hecho, la historia se halla distorsionada y modificada para adaptarse al estilo de los distintos escritores, y al gusto de sus correspondientes lectores, hasta el punto que es difícil separar el grano de la paja en sus respectivas descripciones. [1]

Aspinall, por ejemplo, subraya cómo la última vez que se visitó la sepultura fue en 1819 y no en 1820, como muchos informan. Volviendo al tema, resulta que el relato más antiguo del asunto es el del reverendo Thomas H. Orderson, que hace referencia a los primeros casos; los últimos episodios se encuentran descritos en un manuscrito, encontrado recientemente, del honorable Nathan Lucas, que estuvo presente en la última apertura de la tumba. Los dos relatos (en realidad, Orderson no dejó más que uno; sin embargo, cada uno se contradice con los otros) mencionan, en total, siete sepulturas (entre 1807 y 1819) y cuatro alteraciones en la disposición de los ataúdes. Para el resto, en esta primera versión de la historia, faltan muchos detalles en comparación con las versiones sucesivas; por ejemplo, no existe ninguna mención al hecho de que con la última sepultura se cubrió el pavimento con arena. La primera mención de la arena aparece en el relato de 1848 de sir Robert Schomburgk, contenido en la *History of Barbados*. Allí se lee por primera vez que «fue dispersada arena fina sobre el pavimento de la cripta, de manera que si entrara una persona por alguna parte distinta a la normal quedaran sus marcas sobre el suelo». [2]

El relato de Lucas-Orderson contiene, a su vez, numerosas imprecisiones e incongruencias. Por ejemplo, un dibujo realizado por Lucas que mostraba la posición de los ataúdes en el momento de la última apertura, no corresponde a la descripción hecha por el mismo Lucas. En tal dibujo, además, no aparece el ataúd roto de la señora Goddard. Otros dibujos, hechos por otros testigos, no se corresponden los unos con los otros. Si, además, la versión de Lucas-Orderson es, en realidad, «la más creíble», como la han definido muchos, surgen dudas sobre la credibilidad de todo el asunto.

Está claro que o bien la historia no es verdadera, tal como fue contada, o bien es cierta. En este caso, el fenómeno puede tener una explicación natural (incluida la intervención humana), o una explicación paranormal. Naturalmente, la explicación paranormal podría entrar en juego solamente cuando fueran excluídas todas las explicaciones naturales.

¿Gas o terremotos?

En un artículo de 1919, [3] el escritor sir Conan Doyle, creador de Sherlock Holmes y famoso espiritista, propuso, para explicar el movimiento de los ataúdes en la cripta de Barbados, la que pudo considerarse, sin duda como la hipótesis más extrema que jamás se hiciera para este enigma. En su artículo, Doyle explica que el desorden en la cripta se debía probablemente a una substancia que denominó «efluvios». Dichos «efluvios» serían un gas no muy bien identificado que transpiraron las personas de color que transportaban los ataúdes. Al mezclarse con otras improbables «fuerzas» presentes en la cripta sellada, ¡los efluvios habrían provocado una reacción explosiva, suficiente para hacer mover los ataúdes de sus posiciones! John Godwin comentó al respecto; « Sir Arthur fue notablemente modesto al definir la suya como "una teoría provisional". Ciertamente, el gran detective fumador de pipa que él creó la hubiera definido de otro modo.» [4]

Valorando las diferentes hipótesis posibles, Rupert T. Gould toma en consideración los posibles gases producidos por los cuerpos en descomposición, escribiendo en su obra *Oddities* (1928): «...ninguna cantidad de gas que pueda ser concebiblemente generada, aunque se escapase de repente por una pequeña abertura, hubiera podido producir movimiento alguno de los ataúdes en los que hubiera estado contenida, a menos, naturalmente, que este ataúd no se viese libre (de alguna manera) de la resistencia debida al peso y a la fricción. [5] Aunque resulte rídiculo pensar que estos pesados ataúdes pudieran ser trasladados a distintos ángulos de la cripta, y algunos de ellos puestos en posición vertical, gracias, solamente, a improbables «gases propulsores».

Otra hipótesis, que se descartó pronto, fue la de los terremotos. Resulta difícil pensar que movimientos telúricos hubieran podido mover, repetidamente, los ataúdes de una única cripta dejando intactos a los demás del mismo cementerio.

La intervención humana

Fue la primera hipótesis tomada en consideración, ya en la época de los incidentes, pero fue rápidamente descartada cuando se repitió el fenómeno después de que el interior de la cripta fuera cubierto (presumiblemente) de arena, a fin de que pudiera revelar cualquier posible huella, y tras haber sido sellada la entrada por el propio gobernador.

La tumba de la familia Chase, vacía tras haber sido abandonada en 1920.

Todavía en 1975 se volvió a considerar esta hipótesis, cuando Iris Owen, investigadora de la Toronto Society for Psychical Research, llegó a Barbados para pasar unas vacaciones, y aprovechó su estancia en la isla para hacer una visita a la tumba de los Chase. «Cuando se visita realmente la tumba», escribió Owen, «al contrario de lo que sucede cuando uno se limita a leer las descripciones hechas, es posible darse cuenta de un par de elementos que quizá valga la pena añadir al informe final.»

El primero de los hechos de los que se percató la Owen fue la presencia de un sólido muro de escasa altura que rodea el cementerio: «La cripta de los Chase tiene su espalda casi apoyada en este muro: hay apenas unos 38 centímetos de espacio entre la parte trasera de la cripta y el muro. La cripta de los Chase es la única tumba cercana a dicho muro.» La cripta no está completamente enterrada, sino que la mitad de ella se encuentra sobre el nivel del terreno. Por lo que se refiere a su constitución, el examen de Owen ha podido determinar que el techo es un gran pedazo de roca. El interior de la cripta está formado, en sus laterales y techo, por ladrillos pegados con cemento. «Sin embargo», continúa diciendo Owen en su informe, « la parte trasera de la cripta, la que se encuentra situada contra el muro exterior del cementerio, está formada por lo que parece ser una estructura calcárea, o bien una superficie irregular de detritus que, hoy día, aparece rota y a la que le faltan pedazos.»

Owen sugería que, para alguien que quisiera desordenar el interior de la cripta, la entrada más sencilla no sería por la parte delantera, en donde tendría que romper la capa de cemento y finalmente, el sello del gobernador, sino por detrás:

Hubiera resultado un asunto relativamente sencillo quitar algunas piedras del muro que rodea el cementerio, excavar unos pocos centímetros de tierra, y hacer una apertura en la muralla calcárea del fondo de la cripta. Se ha dicho que el honorable Chase era un hombre cruel e insensible. Probablemente fue un patrón muy severo con sus esclavos... El cementerio se encuentra alejado de la carretera principal, y de noche debe ser un lugar muy tranquilo, por lo que parece posible poder trabajar sin ser molestado. En la época en que se produjeron los incidentes debía ser un lugar todavía más tranquilo y obscuro. Pudo haber sido un acto de venganza, con objeto de asustar y hacer que se marchara un amo malvado e insensible; también pudo haber sido un intento de robo, esperando conseguir los objetos de valor que hubieran podido ser enterrados con los propietarios; pero, personalmente, prefiero la primera hipótesis... Por tanto, mi idea es que alguien entró en la cripta para vengarse de un comportamiento malvado. La cuestión de la arena que permaneció intacta es fácilmente explicable: ¡nada hubiera sido más fácil que volver a recubrir el suelo con arena, antes de abandonar la cripta! [6]

Sin embargo, según algunos autores la población indígena de aquella época era demasiado siupersticiosa para profanar una tumba; además, si el motivo de tal profanación fuera la venganza, parece improbable que los profanadores se limitaran a mover los ataúdes sin hacer nada a los cadáveres que estaban dentro de ellos. Incluso la posibilidad de un robo parece algo improbable, porque los difuntos eran todos anglicanos, y difícilmente eran sepultados con objetos de valor.

Si se supone que la intervención humana pueda ser una hipótesis plausible, la única motivación válida parece ser la de asustar a la familia de unos amos que se mostraba particularmente crueles con sus esclavos.

La hipótesis de una inundación

Fue la que se mostró más plausible para explicar los fenómenos de la cripta inquieta. Escribe Rupert Gould que la hipótesis de la inundación:

... proporciona una explicación natural para todo el misterio; proporciona un elemento actuante con la fuerza suficiente para mover los ataúdes, alterar su posición y dejarlos verticales y con la cabeza para abajo; y ello no requiere la ruptura de los sellos exteriores de la cripta, ni la alteración de la arena existente sobre el suelo. [7]

El único problema es que esta hipótesis fue tomada en consideración incluso por quienes entraron en la cripta. No obstante, según el informe de Lucas, no se encontró ninguna señal de agua en la tumba. Además, ya se ha dicho que la tumba se encontraba bajo tierra a tan sólo 60 centímetros, mientras que el resto se hallaba sobre el terreno: 60 centímetros de agua no hubieran podido cambiar los ataúdes del modo en que fueron encontrados. En realidad, ahora sabemos que la tumba se encuentra a unos dos metros y medio bajo tierra, por lo que vuelve a ser plausible la hipótesis de la inundación.

Sin embargo, se ha determinado recientemente que para que fuese una inundación debida al agua presente en el terreno, «la cripta debería encontrarse a pocos centímetros del nivel del mar. En ese caso, las fluctuaciones estacionales del nivel del agua (que habitualmente llegan a un metro) podrían haber causado la inundación».[8] Pero de nuevo nos encontramos ante un nuevo problema; el cementerio se encuentra sobre una colina, a casi 80 metros sobre el nivel del mar. Está claro que en estas condiciones la posibilidad de una inundación debida a las fluctuaciones del nivel del mar debe ser descartada.

Durante su visita de 1975, Iris Owen hizo las siguientes observaciones:

> En la parte posterior de la cripta, la muralla ha cedido por completo en un par de puntos, pudiéndose ver una vieja y arruinada tubería que atraviesa la cripta a todo lo largo.... Esta tubería se encuentra a 15 centímetros bajo el suelo. Parece que, a todos los efectos, este tubo se encuentra allí desde que se construyó la cripta; parece improbable que la tierra cercana a la cripta haya sido removida para enterrar dicha tubería.[9]

Parece que en la época de los fenómenos, como ya se ha dicho, no se descubrieron señales debidas a infiltraciones de agua; no obstante, tales señales estaban presentes cuando Owen realizó su visita:

> Hay muchas señales, incluso evidentes, del filtrado de aguas en la parte posterior de la cripta, procedentes aparentemente de la zona del tubo. La parte más baja de la cripta está visiblemente húmeda y verde de limo. Si el tubo ya existía en el periodo que nos interesa, entonces resulta obvio que o bien debido a una pérdida del propio tubo, o a causa del agua que discurría cerca del tubo, ese agua hubiera podido filtrarse en la cripta, tal vez en gran cantidad, durante la época de los temporales más fuertes. Esta es una zona de huracanes y, de hecho, la misma iglesia quedó destruida por un huracán unos once años depués de que se produjieran los incidentes.[10]

Por tanto, la explicación hubiera podido ser la siguiente: el agua se filtra en la tumba, la inunda de tal modo que eleva del suelo los distintos ataúdes, llevándolos de una parte para otra; cuando finalmente el terreno reabsorbe el agua, los ataúdes quedan depositados en la cripta de otra manera. Si se encontraban bien sellados, de hecho hubieran podido flotar fácilmente.

La señora Owen, a la hora de sostener esta hipótesis, recuerda que, en 1900, el ataúd del actor Charles Coghlan, aunque estaba emplomado, fue encontrado flotando en el agua, después de que un huracán hubiese barrido el cementerio en el que se encontraba y hubiera anegado el terreno. En el libro de Rupert Gould, *Oddities*[11] se encuentra incluso otra referencia a un ataúd de plomo, desenterrado probablemente por una tempestad, que en mayo de 1775 se encontró flotando a lo largo de North Foreland.

Finalmente, Owen comenta que la cripta de los Chase pudo estar peor construída que las otras, aunque fueran mucho más antiguas, existentes en el cementerio de la Iglesia de Cristo; un posible indicio del hecho es que quizás no fuera impermeable ni siquiera cuando se fabricó.

¿Una historia falsa?

El investigador americano Joe Nickell, nada convencido por las posibles explicaciones anteriormente expuestas, decidió llevar a cabo una investigación personal del caso de las tumbas de Barbados. Durante dos años llevó a cabo un trabajo que fue finalmente puiblicado, en 1988, en el volumen *Secrets of the Supernatural*.

¿No podría ser —se pregunta Nickell— que la historia sea simplemente una invención?

Según varios informes, la historia de los movimientos en la cripta se difundió rápidamente por la isla y por las tierras vecinas, hasta el punto de que «una oleada de personas se acumularon» en el cementerio para observar cada nueva apertura de la tumba. Sin embargo, una investigación llevada a cabo por un tal Forster Alleyne sobre los periódicos de la época no ha conducido a la identificación de ningún artículo o referencia sobre los episodios de las Barbados. Además, no existía ninguna referencia al misterio de la cripta, ni siquiera en los registros de la parroquia de la Iglesia de Cristo. En el registro de las defunciones se encontraban todos los detalles relativos a las personas sepultadas; pero no existe la menor traza de que hubiera tenido lugar algún suceso extraño, en relación con tales sepulturas.

Otro hecho insólito es que no se encuentra ninguna referencia a este asunto ni siquiera en el libro publicado en 1842 por Isaac W. Orderson, hermano del párroco de la Iglesia de Cristo, en la época de los incidentes. Algo que resulta tanto más extraño cuanto se considera que el libro se titulaba: *Criollera, sobre escenas e incidentes domésticos y sociales en la Barbados de tiempos pasados.* Un episodio como el de la cripta inquieta no podría haber sido excluído de un informe sobre esas «escenas e incidentes domésticos y sociales» de Barbados. Pero en el prefacio del libro, Orderson dice: «En relación con el contenido del presente volumen, el autor afirma conscientemente que su material está todo (con excepción de un incidente) basado en hechos, que se han reproducido lo más fielmente posible.» [12]

¿Es posible que la historia de la cripta no estuviera incluída en el libro porque fuera, en realidad, una fantasía? «Me parece impensable» comentó Nickell, «que Isaac Orderson no estuviese al corriente de una serie de acontecimientos tan sorprendentes como los desórdenes ocurridos en la cripta de los Chase, especialmente si tenemos en consideración el hecho de que la historia había sido publicada, y que su hermano, presumiblemente, había jugado un papel importante en el asunto. Y, teniendo en cuenta que debiera conocer seguramente la apasionante historia, parece extremadamente improbable que hubiese omitido citarla, a menos que supiese (y lo supiese de primera mano) esto que nosotros solamente podemos suponer basados en indicios, es decir, que la historia de los ataúdes fuera falsa. [13]

LLegado a este punto de su investigación, Nickell advirtió un detalle que lo habría podido llevar a la solución del misterio.

¿Qué entrañan los «masones»?

Mientras que en casi todas las relatos modernos de este asunto se hace referencia a «albañiles», o simplemente a «operarios», a la hora de mencionar a quienes abrieron y clausuraron la cripta, en los relatos más antiguos se habla de *masons*, que en inglés puede significar tanto «albañiles» como «masones». En el memorial de 1824 de Nathan Lucas, por ejemplo, se lee: «I examained the walls, the arch, and every part of the vault, and found every part old and similar, and a mason in my presence struck every part of the bottom with his hammer, and all was solid.» [14] (Examiné las paredes, el arco y todas las partes de la cripta y encontré que todas ellas eran igual de viejas y parecidas; y un masón, en mi presencia, golpeó todas las partes bajas con el martillo, y todo era sólido.) Ahora bien, en el informe de 1833 de sir J. E. Alexander, contenido en el libro *Trasatlantic Sketches,* se lee: «The vault was then regularly closed; the door....was cemented by masons.» (La cripta fue cerrada después normalmente; la puerta... fue cubierta de cemento por los masones.) [15]

Este detalle, aparentemente insignificante, hizo entrar en sospechas a Nickell. Años antes, el investigador había hecho indagaciones sobre una leyenda de Kentucky relativa a las «perdidas minas de plata» de un tal «Jonathan Swift». Debido a que el asunto, como había sido contado siempre, era rico en referencias masónicas y, al mismo tiempo, pobre de datos históricos que se refiriesen a hechos acaecidos realmente, Nickell se puso a estudiar la simbología masónica.

La masonería, al margen de los escándalos financieros y políticos que la rodearon en Italia durante los años setenta y posteriores, se la conoce generalmente por constituir una asociación secreta difundida por todo el mundo, y caracterizada por sus actos de tipo filantrópico y por la ayuda mutua que se prestan sus miembros, procede probablemente de las corporaciones artesanales medievales (ligas). El nombre viene de las corporaciones de los «albañiles libres» (*franc maçons*) que constituían una de las ligas más organizadas. En su forma actual, la masonería nace en Londres en 1717, cuando se funda la Gran Logia. Ésta conservaba en su interior la tradicional subdivisión jerárquica de los tres grados: aprendiz, compañero y maestro. Además, y esto es lo que nos interesa más en nuestra historia, se hallaba caracterizada por el complejo simbolismo del arte mural.

Tras haber descubierto, al ojear un volumern de *A New Encyclopedia of Freemasonery*, que en las historias contadas por los masones «el significado se encuentra en la alegoría y no en cualquier hecho histórico que pudiera esconderse tras ella», [16] Nickell pudo determinar basándose en numerosos indicios, que la leyenda de las minas de Swift era, en realidad, una «fábula masónica» creada a propósito, en 1788, para conmemorar la apertura de la logia masónica de Kentucky. [17]

La misma cosa se repitió cuando Nickell investigó otra leyenda relativa a un tesoro escondido en Virginia. En esta ocasión el elemento clave de la historia era una «cripta secreta», [18] uno de los términos alegóricos típicos de la masonería; y, a la postre, se descubrió que la historia había sido inventada por un masón de Virginia. Llegado a este punto, al encontrarse frente al asunto de Barbados y a una referencia a los masones y a una «cripta», Nickell quiso entender que se trataba de simples coincidencias, o que tras todo aquello pudiera haber alguna cosa más concreta.

La hipótesis... masónica

Nickell empezó a tener en cuenta que, en el simbolismo masónico, la «cripta secreta» incluía tanmbién criptas sepulcrales; consultando un texto masónico, leyó: «La cripta era, en los antiguos misterios, símbolo de la tumba, ya que era también un símbolo de la muerte, único lugar en el que se puede encontrar la Verdad Divina... Como todos los demás mitos y alegorías de la Masonería, la relación histórica puede ser verdadera o puede ser falsa; puede basarse en hechos o en el fruto de la fantasía; la lección siempre es que el simbolismo enseña independientemente de la historia.» [19]

Al examinar nuevamente el informe de Lucas, Nickell encontró numerosas referencias simbólicas típicas de la masonería. El «martillo» que golpea las paredes de la tumba, en el lenguaje masónico, es el instrumento que «ordena la industriosidad, el silencio o la clausura de los trabajos, y todo hermano respeta y honra el suyo». [20] Los «sellos personales» puestos en la entrada de la tumba parecen referirse a los «sellos personales» con los que todo masón debe contraseñar el trabajo propio. En el informe de Lucas también se encuentra una referencia al ataúd de un niño llevado del «ángulo del nordeste» a la esquina opuesta. La masonería deriva mucho de su simbolismo de la geometría; y un símbolo importante, en la ceremonia de iniciación de un maestro masón, es «la piedra del ángulo» que se pone en el cimiento de un edificio «dispuesto en solitario en el ángulo del nordeste». [21]

Nickell, en esa época, estudió muchas otras posibles referencias al simbolismo masónico en el informe de Lucas, el más antiguo de los existentes. Pero antes de proceder a su investigación, comenta: «Quizás el lector pueda sospechar que yo veo demasiadas cosas en este informe, y podría seguir sospechándolo aún cuando yo pudiera trazar (y lo podría hacer fácilmente) numerosos y muy clarificadores paralelismos entre los primeros informes y la masonería. Pero dejemos aparte, por el momento, la interpretación de las frases y tomemos en consideración otras intrigantes pruebas.» [22]

Una de éstas encierra un curioso error. En la parte posterior de uno de los esbozos originales añadidos al informe de Lucas que reproduce las disposición de los ataúdes, se lee el nombre de «J. Anderson, párroco». Se adujo en seguida que se trataba de un error, y que, en realidad, se quería decir: «T. Orderson, párroco». Naturalmente, esto es posible; pero parece una coincidencia realmente improbable cuando se descubre que el tal James Anderson, aunque era párroco, fue una de las figuras más importantes de la historia de la masonería, autor de la *Constitución* de 1723.

Llegados a este punto, si la hipótesis masónica parece más sólida, incluso el artículo de Conan Doyle, en el que el autor sugería la absurda hipótesis de los «efluvios» asume un significado del todo diferente. El término *effluvium* aparece en la ceremonia del Maestro Masón y, no por casualidad, se relaciona con una «tumba». Por consiguiente, si el artículo de Conan Doyle representaba una forma de hacer saber a la comunidad masónica que él había entendido que la historia de la tumba de Barbados era solamente una «alegoría», entonces lo absurdo que parecía tal afirmación adquiere, finalmente, un significado. No está todavía claro si Doyle fue también un masón (si bien para ciertos investigadores, lo fue), [23] pero es seguro que en algunas de las aventuras de Sherlock Holmes se encuentran diferentes referencias a la masonería. En *El ritual de los Musgrave*, por ejemplo, se citan rituales parecidos a los utilizados por los masones, y se indican términos y medidas geométricas que aparecen en ritos semejantes, hablándose también de una «cripta secreta» que contiene un tesoro. En otra historia, *La aventura de Shoscombe Old Place,* uno de los protagonistas se llama míster Mason, y toda la historia gira en torno a una «cripta» en cuyo interior se encuentra un «ataúd emplomado» colocado verticalmente. Unos elementos, estos últimos, que parecen hacer una clara referencia a la historia de Barbados.

Así pues, según Nickell, la historia de la «cripta inquieta» de Barbados no sería otra cosa que una fantasía, una enésima versión de la alegoría masónica relativa a la «cripta secreta». [24] De hecho, resulta interesante apreciar, explica Nickell, que historias muy parecidas de tumbas en las que los ataúdes resultaron misteriosamente cambiados, han sido contadas por notables masones, antes de que sucediera el asunto de Barbados. Entre éstas se encuentra la de Robert Dale Owen, que escribió en sus *Footfalls on the Boundary of Another World* (1869) una historia de unos ataúdes inquietos, que recalcaba en todos los detalles a la de Barbados, si bien en este caso el hecho se desarrollaba en la isla de Oesel, en el mar báltico. [25]

Finalmente, quedaba por comprobar si efectivamente la masonería había llegado a la isla en aquella época. Tras una serie de investigaciones, Nickell pudo determinar que, en efecto, la masonería había llegado a Barbados ya en 1740, y que al menos dos de los presuntos testigos oculares de los incidentes, lord Combermer, el Gobernador de la isla, y sir R. Boucher Clark, eran masones.

Llegados a este punto es necesario aclarar el hecho de que existe una historia más reciente, ambientada en 1943, que hace referencia a que «un grupo de masones» hizo una visita a la cripta del fundador de la masonería en Barbados, Alexander Irvine, descubriendo que su ataúd había cambiado de emplazamiento y se hallaba en posición vertical, apoyado en una pared; cosa que ya no parece representar un nuevo misterio que haya que investigar, tratándose de la versión más reciente de una vieja fantasía simbólica.

La maldición del Titanic

«¡Ni siquiera Dios podría hundir este barco!»

UN MARINERO

Era el buque más grande construído por el hombre, el más veloz y el más lujoso. Para sus elegantes pasajeros de primera clase constituía el máximo de la seguridad y el confort; hasta el punto de que era fácil olvidarse de que uno estaba en el medio del océano, creyendo encontrarse más bien en un lujoso hotel del centro de Londres.

El casco del buque estaba provisto de una serie de dieciséis compartimentos estancos que quedarían automáticamente cerrados al contacto con el agua. Además, aunque estos compartimentos llegaran a inundarse, el buque habría continuado flotando; pero teniendo en cuenta que jamás se había tenido noticia de un accidente que pudiera producir semejantes daños, se consideraba al *Titanic* prácticamente insumergible.

En su viaje inaugural, el 15 de abril de 1912, el *Titanic* entró en colisión con un iceberg y se hundió al cabo de tres horas en las frías aguas del Atlántico.

El hundimiento del *Titanic* representó el fin de una época, el sueño quebrado de la *belle époque*. Al igual que la caída del imperio babilónico, el hundimiento del *Titanic* representó el símbolo del desmembramiento de los orgullosos imperios, con una parecida mescolanza de ricos, burgueses y pobres, todos juntos destinados a hundirse en el abismo.

Era el fin de una leyenda que unía la tecnología con la riqueza, el materialismo con el romanticismo, la ilusión con la fantasía. Pero era también el nacimiento de una nueva leyenda, que inspiraría un imponente número de libros, de relatos, artículos, poesías, canciones y películas.

Por cuanto se refiere a las causas del desastre, mucho se ha dicho sobre la presunción de la compañía naviera, que no consideró útil dotar al buque con un número adecuado de botes salvavidas: una imprudencia que costó la vida a 1.500 personas. Se sabe bien poco de la larga serie de sucesos misteriosos que constelaron la breve vida del *Titanic*. Episodios tan increíbles como minuciosamente documentados, que podrían permitir el llegar a la sorprendente conclusión de que el desastre no sólo se debió a la imprudencia del hombre, sino también a la actuación de fuerzas mucho más poderosas y misteriosas. [1]

Presagios de muerte

A pesar de la enorme seguridad que inspiraba el *Titanic* durante su construcción, hubo ciertas personas que, por alguna razón inexplicable, estaban convencidas de que podría suceder algo dramático en el curso de aquel viaje inaugural. Si bien algunas de estas personas no tenían ninguna vinculación directa con el buque, había otras que ya habían hecho sus reservas para hacer el viaje. Entre éstas últimas hubo algunas que tuvieron un presentimiento tan intenso de lo que pudiera ocurrir que anularon la reserva, prefiriendo viajar en cualquier otro barco, antes que embarcarse en el *Titanic*. Otros, sin embargo, a despecho de lo que se podría haber considerado como claras señales de advertencia, no renunciaron al viaje. Casi todos pagaron su decisión con la vida, cuando el *Titanic* se hundió en el Atlántico.

El naufragio del *Titanic*, si bien fue considerado por algunos como un castigo divino por la arrogante presunción y por la insolencia del hombre, también fue, aparentemente, advertido con anticipación por un grupo de personas tomadas al azar.

A primera vista, las pruebas muestran que las personas que tuvieron presagios de la catástrofe suman algunas docenas, quizá incluso algunos centenares; todos tuvieron visiones misteriosas, sueños premonitorios o presentimientos terroríficos que les visitaron antes de que se produjera la tragedia. El hecho de que tales episodios se produjeran, casi todos, antes del incidente representa hoy para muchos parapsicólgos una de las mejores pruebas a favor de la preconición; es decir, de aquella presunta capacidad que tiene el ser humano para predecir con anticipación acontecimientos futuros.

Uno de estos casos es el de la señora Potter, que se despertó en la noche del 14 al 15 de abril, debido a un sueño muy vívido, que le llevó a despertar también a su marido: «Vi algo que parecía una estructura alta, parecida a un tren elevado. Había mucha gente que se asomaba al exterior, como si quisieran agarrarse con las manos a una barandilla. Algunas de esas personas llevaban ropa de noche, y poco a poco iban soltándose y resbalaban a lo largo del plano inclinado de esa estructura. Sentí que pronto iban a encontrarse con una muerte cierta. Todos estaba aterrorizados y yo llegué a sentir tan intensamente ese terror que me desperté.» Cuando los dibujantes reconstruyeron la escena del naufragio, basándose en los relatos de los supervivientes, la señora Potter dijo: «Eso es precisamente lo que yo he visto».

El señor J. Connon Middleton, un hombre de negocios inglés, hizo el 23 de marzo una reserva de pasaje en el *Titanic*. Cerca de una semana después, diez días antes de la partida, soñó que veía al buque «que flotaba por el mar con el casco dado vuelta, y rodeado por los pasajeros que nadaban a su alrededor». A la noche siguiente tuvo el mismo sueño. Esta experiencia le creo tal «incomodidad» que finalmente canceló su reserva. Sin embargo, sólo tomó esa decisión debido a que había recibido un telegrama de Estados Unidos en el que se le informaba que, por motivos de trabajo, debería posponer la partida algunos días. La esposa declaró que, apartir de ese momento, el marido no volvió a tener más pesadillas, y que ésa había sido seguramente la primera vez que soñaba hechos de esa índole.

Tom Sims era un marino mercante que había solicitado formar parte de la tripulación del prestigioso buque de crucero *Titanic*. Se sintió muy orgulloso cuando la White Star Line aceptó su petición y lo asignó al buque. Sin embargo, la madre de Tom, Elizabeth Sims, no se sentía contenta en absoluto por el embarque de su hijo en el *Titanic*. La señora Sims era mitad galesa, y su familia era conocida por sus «estrambóticas premoniciones» de sucesos futuros. Pero en esos momentos se sentía preocupada por la seguridad de su hijo; estaba absolutamente convencida de que el *Titanic* era un buque maldito, y le insistía a Tom para que siguiera en su viejo buque, y no se trasladara al enorme trasatlántico. Estaba tan segura de que el *Titanic* iba a tener un fin trágico, que se fue a la oficina de la White Star Line para borrar el nombre de su hijo de la tripulación del *Titanic*. Tom Sims decidió hacer feliz a la madre, y no se embarcó en el buque.

En la noche del 14 al 15 de abril, una señora de Nueva York se despertó sobresaltada porque había tenido un sueño muy claro. Despertó al marido y le contó lo siguiente: «He visto en el sueño a mamá que iba en un bote salvavidas, que se bamboleaba sobre las aguas del océano. El bote estaba tan abarrotado de personas que parecía que se iba a hundir de un momento a otro.» La señora explicó al marido, que se burlaba de ella, que no se trataba de un simple sueño, sino de algo mucho más vívido y realista. Al día siguiente, cuando los periódicos publicaron la noticia del hundimiento del *Titanic*, la señora encontró el nombre de su madre entre las personas que formaban parte del pasaje. No obstante, la madre había logrado salvarse; y cuando llegó a Nueva York le explicó a la hija que había hecho la reserva en el *Titanic*, sin decírselo, porque quería darle una sorpresa. Cuando la hija tuvo el sueño, la madre se encontraba exactamente en la situación soñada por aquella, aterrorizada ante el hecho de que el bote pudiese naufragar de un momento a otro. En aquellos momentos su pensamiento estaba puesto en la hija, a la que ya no esperaba volver a ver.

Tal vez más sorprendentes, no obstante, son tres episodios que sacudieron a Sophia Laitinen, una señora finlandesa de treinta y ocho años que hizo reserva para el viaje del *Titanic*, y murió en el desastre.

Unas semanas antes de partir, Laitinen tomó a crédito una cantidad de dinero que quería tener como reserva en el caso de que no tuviese la suerte de conseguir rápidamente trabajo en América. Confió el dinero a una amiga, que debería enviárselo solamente en el caso de que ella se lo pidiera. Las últimas instrucciones que dio Laitinen a su amiga respecto del dinero fueron las siguientes: «Si llego a terminar en el fondo del océano, o en cualquier calle, devuelve el dinero a quien me lo ha prestado.» Se podría hablar de coincidencia, pero la historia de Laitinen no termina aquí.

Antes de abandonar Finlandia para llegar a Southampton, puerto en que se embarcaría en el *Titanic*, Laitinen tuvo un sueño extraño que contó posteriormente a un amigo. En ese sueño se veía cerca de un pozo, con un balde en la mano y en compañía de otras personas. El balde le resbalaba de la mano y caía en el pozo; Laitinen se esforzaba en recuperarlo, pero perdía el equilibrio y se caía dentro del pozo.

«—¿Está siempre tan fría el agua aquí en el fondo?- Preguntaba a los amigos que se encontraban en la superficie.

—Sí— le respondían ellos. —Y fluye».

Cuando, más tarde, el amigo se acordó del sueño de Laitinen, no pudo por menos de parangonar la zambullida en el agua helada del pozo, con aquella otra zambullida en las aguas heladas que acabaron con su vida.

¿Otra coincidencia? Es posible. Pero en otro sueño que Laitinen tuvo antes de partir, había un mensaje claro y preciso, que no podía dejar lugar a la menor duda.

Laitinen trabajaba como doméstica de un comerciante de Helsinki. Cuando una señora anciana que también trabajaba en la casa murió inesperadamente, Laitinen tuvo un sueño que se refería a ella y a otras personas que vivían en la casa. Soñó que otra persona anciana también moriría y que, tras ella, moriría una tercera, más joven. Ciertamente murió otra señora anciana que pertenecía a la familia, poco después de que Laitinen tuviera el sueño; pero la tercera persona, la más joven que también perdería la vida habría de ser la propia Laitinen.

Hay una cierta ironía, si bien atroz, en este episodio. El sueño premonitorio se muestra exacto, pero quien lo sueña no se da cuenta de la advertencia contenida en él, y que se refiere a ella misma.

El naufragio del *Titán*

Más allá de estos episodios muy sugerentes, pero discutibles, se encuentra el impresionante ejemplo de premonición aparente del hundimiento del *Titanic* contenido en el relato de Morgan Andrew Robertson (1861-1915) titulado *Futility* («Vanidad») publicado en Nueva York, en 1898, catorce años antes de que el Titanic zarpase para su viaje a los abismos. El libro fue reimpreso en 1912, después del desastre, en la «McClure Magazine», con el título de *The Wreck of the Titan* (El naufragio del *Titán*). [2] Para darse mejor cuenta de la impresionante semejanza existente entre los dos hechos, puede resultar útil hacer una lista de las principales similitudes (la primera de las cuales, naturalmente, es la del nombre del buque) entre el relato de Robertson y el naufragio del *Titanic*:

- 1. El *Titanic* tenía una eslora de 269 metros (882,5 pies). El *Titán*, 243,84 metros (800 pies).

- 2. Los dos buques estaban construidos enteramente en acero, con tres hélices y dos palos.

- 3. Ambos buques estaban considerados como insumergibles, debido a sus numerosos compartimentos estancos: 19 en el *Titán*, 16 en el *Titanic*. Ambos navíos disponían también de portalones estancos: 92 en el *Titán*, 12 en el *Titanic*.

- 4. Ambos estaban considerados como los dos barcos de pasajeros más grandes, jamás construidos.

- 5. Ambos podían transportar cerca de 3.000 pasajeros. El *Titán* iba al completo. El *Titanic* llevaba 2.235 personas.

- 6. El *Titanic* tenía un desplazamiento de 66.000 toneladas. El *Titán*, 45.000. El peso bruto del primero era de 45.000 toneladas; el del segundo 46.328.

- 7. El *Titanic* tenía 46.000 caballos de vapor. El *Titán*, 40.000.

- 8. Ambos buques llevaban un número insuficiente de botes salvavidas. El *Titanic*, 20; el *Titán*, 24.

- 9. El *Titanic* navegaba a 22.5 nudos cuando chocó contra el iceberg. El *Titán* llegaba a los 25 nudos.

- 10. Ambos buques iniciaron su viaje fatal en el mes de abril. En el relato de Robertson no se especifica el día.

- 11. Ambos navíos chocaron a proa con un iceberg.

- 12. Ambos navíos chocaron con el iceberg en torno a la media noche. En el caso del *Titanic*, la noche estaba clara y no había luna. En el caso del *Titán*, había niebla y brillaba la Luna.

- 13. Ambos navíos hacían la ruta entre Inglaterra y Nueva York. El *Titanic* había zarpado de Inglaterra hacia Nueva York, y era su viaje inaugural. El *Titán* hacía el recorrido inverso y completaba su tercer viaje de ida y vuelta.

- 14. Ambos navíos chocaron con el iceberg en puntos que se encontraban a pocos centenares de millas, el uno del otro.

- 15. Ambos navíos eran propiedad de navieras inglesas, radicadas en Liverpool, con oficinas en América, en Broadway, Manhattan. Los principales accionistas de ambos buques eran americanos.

La principal diferencia entre los dos desastres era que en el relato de Robertson murieron el doble de personas. En el *Titanic* perdieron la vida cerca de 1.500 personas, y en el *Titán* cerca de 3.000, sobreviviendo solamente 13 personas (comprendidas el capitán y el primer oficial).

Para explicar estas extraordinarias similitudes y los diversos presagios de los que hemos hablado en páginas precedentes, el parapsicólogo americano Ian Stevenson ha avanzado la teoría de la «precognición inconsciente». Un colega suyo, W. E. Cox, había llevado a cabo un interesante experimento sobre la posibilidad de experiencias extrasensoriales colectivas. Había intentado demostrar con ellas que en los días en los que se habían producido un cierto número de importantes desastres ferroviarios, la mayor parte de los trenes que los sufrieran llevaban un número de pasajeros inferior al habitual. Cox avanzó la hipótesis de que alguna forma de precognición inconsciente del accidente inminente hubiese podido desanimar del viaje en aquel día a una parte de los pasajeros habituales. Presumiblemente, según ellos, este tipo de precognición trabajaba a nivel inconsciente. Quien recibía el mensaje cancelaba o posponía el viaje sin ser consciente de su propia experiencia extrasensorial; y hasta era posible que ofreciera a los demás razones plausibles de su decisión.

La opinión de Stevenson era que una precognición similar inconsciente pudiera explicar incluso numerosos presagios que precedieron o acompañaron al naufragio del *Titanic*. Al final de su análisis del caso,[3] Stevenson argumenta que nunca podremos saber si quien canceló su pasaje en el *Titanic* lo hizo debido a un miedo supersticioso de los viajes inaugurales, pero, concluye: «... Es posible que alguna de estas personas se comportara de ese modo porque estaban impresionadas (como lo demuestra el naufragio que siguió) por una precognición inconsciente, o bien se pueda atribuir su comportamiento a creencias irracionales.

La maldición del *Titanic*

Hasta el momento nos hemos limitado a examinar aquellos casos increíbles de aparente percepción extrasensorial unidos a la tragedia del *Titanic*, ya que todavía no nos hemos enfrentado al problema de las «verdaderas» causas del naufragio. «Verdaderas», porque es notorio que el *Titanic* se hundió inmediatamente después de haber chocado contra un iceberg, pero... ¿se trató solamente de una trágica coincidencia? Algunos piensan que no.

Hay, al menos, dos teorías poco conocidas que podrían arrojar nueva luz sobre el desastre. La primera es la de la influencia lunar.

Como es sabido, el principio básico de la teoría astrológica sostiene que los cuerpos celestes tendrían una influencia sobre los asuntos terrenales. Uno de los ejemplos más evidentes de la influencia celeste serían los denominados «influjos lunares». Todos los campesinos, por ejemplo, están al tanto de la creencia según la cual todo lo que ha de crecer y desarrollarse debe hacerse con Luna creciente, mientras que todo aquello que debe eliminarse y morir debe llevarse a cabo en luna menguante. Bien conocidos son también los presuntos efectos de la Luna sobre el embotellamiento del vino, o sobre el nacimiento de los niños. Pero el efecto más evidente y más conocido que produce la Luna es el que afecta al mar. Además, y siempre según la astrología, ciertos planetas poseen un efecto benéfico, y otros lo tienen maléfico. Por todo ello, algunas personas se preguntaron si el naufragio del *Titanic* no habría sido causado por una configuración planetaria especial, o más sencillamente, por la posición de la Luna ¿Es tan sólo una coincidencia que la noche del desastre no hubiese Luna, exactamente como debe ser cuando, en agricultura, se quiere limpiar el campo de hierbas dañinas?

Pero como no se han llevado a cabo estudios más profundos sobre esta cuestión, nos vemos obligados a detenernos en este punto.

Sin embargo, existen más posibilidades de especulación con la segunda teoría; aquella, según la cual, el *Titanic* habría sido un barco... maldito.

Se recuerda todavía hoy, en los numerosos volúmenes dedicados al *Titanic*, la afirmación de aquel marinero que, al concluir los trabajos de construcción del monstruo marino, afirmó complacido: «Ni siquiera Dios podría hundir este buque». La nave era más que imponente; todo cuanto tenía que ver con ella resultaba gigantesco. Las calderas eran tan grandes que podría meterse en ellas a un tren completo. El ancla pesaba más de 15 toneladas. El timón era más largo que un campo de cricket, y pesaba 100 toneladas. La revista «Engineering» declaró: «El *Titanic* era en la misma medida, tanto como proyecto como construcción, el resultado de la gran experiencia de una de las más importantes sociedades armadoras, y de uno de los astilleros navales más atrevidos del mundo. Representaba todo lo que el conocimiento y la previsión podían haber seleccionado para hacer al buque inmune a cualquier desastre.»

Resultaba, pues, inevitable que no sólo aquel marinero, sino todos cuantos veían por primera vez el buque quedaran impresionados por su majestuosidad, y reconocieran que nada podría hundir aquel buque. Ni siquiera Dios.

Fue, tal vez, esta clase de autocomplacimiento irreverente, asociado a la ostentación sin límites del lujo que estaba presente en la nave, lo que contribuyó a dotarla de esa aura de mal augurio, de catástrofe inminente. De hecho, no es una casualidad que una de las creencias populares más difundidas aúne la gloria y la exageración con males y desgracias. Baste considerar, por ejemplo, cómo se ha trasladado este hecho a numerosos proverbios populares: «El que sube muy alto puede caer muy bajo», «Quien ríe en viernes, llora en domingo», «El que mucho abarca poco aprieta», y otros de parecida índole. En la misma Biblia se cuenta el proyecto que quisieron llevar a cabo los hombres de la llanura de Sennar, tratando de alcanzar el cielo con la Torre de Babel. Dios castigó su soberbia, confundiendo sus lenguas y dispersándolos.

Por consiguiente, nada tenía de particular que fueran las personas más sencillas, los campesinos y pescadores que venían de los pueblos lejanos, los que se quedaban más maravillados cuando se encontraban frente a aquel buque, cuyos costados parecían escolleras cortadas a pico. «No quisiera viajar en ese barco», le dijo, todavía impresionada, una campesina de Cornualles a su hija: «¡Es demasiado grande!»

Un primer indicio de que había algo inadecuado en aquel buque, lo descubrieron los mismos obreros que trabajaban en los astilleros de Belfast, en los que se construyó el *Titanic*. Algunos de ellos, en efecto, descubrieron que el número de casco de la nave era el 390904; un número que, mirado en un espejo, se transforma en la palabra «NOPOPE», es decir, «No al Papa». Se produjeron protestas entre los católicos irlandeses, pero la Dirección les aseguró a todos ellos que se trataba simplemente de una coincidencia. Pero algunos, sin embargo, fueron de la opinión de que se trataba de una mala señal. Esta convicción se reafirmó muy pronto con la muerte de dos trabajadores, causada por accidentes en el trabajo.

En el puente de primera clase, William T. Sloper, de Nueva Inglaterra, en Connecticut, escuchaba los comentarios de numerosas personas que estaban de acuerdo sobre el hecho de que hablar sobre la fallida colisión era de mal augurio para un viaje inaugural. Entre estas personas, por ejemplo, se hallaba la señora Harris, esposa de un importante empresario americano, que dialogaba con un hombre no identificado.

«—Es un mal presagio— decía el hombre, en tono serio. Y añadió: —¿Usted ama la vida?

—¡Naturalmente!— respondió ella.

—Entonces debería dejar este buque en Cherbourg. Si llegamos allí, eso será lo que yo haga.»

La señora Harris se echó a reír, y le mencionó las numerosas afirmaciones que se habían hecho sobre la «insumergibilidad» del *Titanic*. No volvió a ver a aquel hombre. Probablemente llevó a efecto su intención de desembarcar en Cherbourg.

Pronto se produjo en el buque un nuevo accidente, que estaba destinado a tener consecuencias dramáticas. En la cofa, en donde debía hacer guardia el vigía, no había prismáticos. Los prismáticos eran indispensables para el vigía, y los marineros protestaron alegando que en todos los demás buques siempre había prismáticos; pero, inexplicablemente, siguieron faltando. En una ruta como aquella que iba a realizar el *Titanic* la necesidad de una continua vigilancia y de una atención constante eran de suma importancia. Porque no sólo existía el peligro de la niebla, sino que además el vértice de la ruta penetraba en los límites de la zona donde, durante esa estación en particular, se observaba la presencia de hielos. La falta de unos prismáticos, por tanto, no podía por menos que disgustar a la tripulación.

En Queenstown parece que sucedió otro hecho de mal augurio. En el momento en que un barco de apoyo se acercaba al costado del *Titanic*, algunos pasajeros vieron surgir la cabeza de un fogonero, negra de polvo de carbón, por una de aquellas enormes mangas de ventilación que sobresalían sobre la cubierta de los botes.

El marinero había trepado al interior de la manga para hacer una broma; una broma que, en este caso, no resultó muy acertada. Una señora americana, le confió, de completa buena fe, a Lawrence Beesley, profesor de ciencias del Dulwich College de Londres, que se encontraba de vacaciones, que había visto surgir atemorizada la cabeza de aquel fogonero y que, posteriormente, atribuyó el naufragio del *Titanic* a aquella aparición.

Los rumores de que el buque llevaba con él la desgracia, empezaron a extenderse, cada vez más rápidamente, y no solamente entre los pasajeros. Antes de hacer escala en Queenstown, el segundo comandante, Henry Tighe Wilde, un hombre alto y robusto, de grandes espaldas, escribió a su hermana: «Este buque sigue sin gustarme... Me produce una extraña sensación...» Tenía treinta y ocho años, y ya había sido segundo comandante del *Olympic*, otro gran trasantlántico de la White Star Line. Sin embargo, cuando fue trasladado al *Titanic* no se sintió tan entusiasmado como los otros oficiales. En realidad, estuvo dudando durante algún tiempo antes de aceptar; sólo cuando muchos de sus amigos le dijeron que estaría loco si rechazaba una ocasión como aquella, aceptó a embarcarse, pero no sin sentir cierta aprensión.

Llegados a Queenstown, un joven fogonero, de nombre John Coffey se sintió dominado por un súbito presentimiento de desgracia, y abandonó el buque.

También el joven violinista de la orquesta, Jock Hume, se acordó de cuando, tras haber sobrevivido a una colisión del buque en el que se hallaba embarcado el año anterior, su madre le había rogado encarecidamente que no volviera a embarcarse. Pero el sueldo era bueno y, además, Jock, quería casarse pronto. Por eso decidió embarcarse nuevamente.

Harry Widener, que en una reciente subasta de Sotheby's había conseguido una rarísima segunda edición de *Los sabios*, de Bacon, del 1598, se metió el libro en el bolsillo y, dirigiéndose a su amigo y consejero Bernard Quaritch, le hizo esta observación: «Creo que mantendré guardado en el bolsillo este pequeño Bacon, y si naufrago lo llevaré al fondo conmigo.»

En la noche del jueves 11, después de la cena, un centenar de personas se reunieron en el comedor para cantar himnos religiosos. La selección de los himnos se dejaba al gusto de los fieles pero, extrañamente, la mayor parte de los himnos escogidos aquella noche se referían a los peligros del mar, y comprendían el conocido *Padre Eterno, fuerte para salvarnos... :*

Padre Eterno, fuerte para salvarnos,
que con el brazo detienes las inquietas olas.
Tú que ordenas al poderoso y profundo océano,
que se mantenga dentro de los límites que Tú has marcado,
escúchanos, cuando elevamos a Ti nuestra voz
por aquellos que se encuentran en peligro, en el mar.

Una familia de Cornualles, que no estaba presente en aquel acto, pero que se encontraba sentada en una de las cubiertas de paseo protegidas del viento por cristales, en las que podían jugar los niños, recordaba, muchos años después, el intenso frío que hacía aquella noche. Una señora joven estaba sentada con su niño en las rodillas; a su lado se encontraba la madre, oprimida por funestos presentimientos. Inmediatamente después de caer la noche había oído, o creído oír, el canto del gallo, el cual era considerado presagio de desgracias por las viejas generaciones de Cornualles.

También entre otros pasajeros corrían malos presagios. La señora Brown estaba entreteniéndose con su amiga, una trotamundos de Filadelfia, la señora Bucknell, antes de que las dos se retiraran a sus respectivos camarotes. De golpe repitió una observación que ya había hecho mientras esperaba que zarpase el *Titanic* de Cherbourg. Dijo que había tenido nuevamente como un presentimiento de desgracia. Sin embargo, la amiga se rió de sus aprensiones y, poco después, ambas se retiraron a sus camarotes.

La noche del viernes 12 de abril, en la mesa del comisario de abordo se sentaban algunos de los pasajeros más distinguidos del buque. Entre ellos el periodista W. T. Stead entretenía a sus compañeros con una conversación fascinante. Con su inagotable memoria, la voz alegre, su fino sentido del humor, su vivacidad y brío ininterrumpidos, el viejo periodista se había quedado con el personal desde la primera noche del viaje. Hacia la medianoche, Stead empezó a contar una extraña historia. Se puso a hablar del hallazgo, y de la posterior traducción, de una inscripción existente en el sarcófago de una momia descubierta en una tumba egipcia. La inscripción advertía al que la había descubierto que quien repitiese lo que se decía en sus misteriosos jeroglíficos encontraría con toda seguridad una muerte violenta. Así pues, Stead se puso a contar... [4]

«Para demostrar que no soy supersticioso», dijo para concluir, «quisiera hacer notar que he comenzado a contar esta historia un viernes y que la concluiré, según dice mi reloj, a las trece horas...»

La noche del 13 al 14 un emigrante libanés, Bert John, que había reservado un pasaje de tercera clase, se despertó todo sudoroso: había soñado que sucedía algo en el barco que lo estaba transportando. Había visto hundirse el buque y, después, él mismo era llevado en un ataúd del que lograba salir con mucho trabajo para refugiarse en una lancha salvavidas. Se pasó todo el día siguiente preguntándose si aquel sueño podría significar alguna cosa. Aquella noche se fue a dormir y se despertó a las 11:40 por un ruido; pero al comprobar que los motores continuaban funcionando, se volvió a dormir. Poco después su primo lo despertó nuevamente, gritando: «¡El buque está perdido!, ¡Levántate!» Se vistió a toda prisa y salio a cubierta. Allí le impidieron que saltara a un bote, hasta que no se hubieran acomodado todas las mujeres y los niños. Arrastrado por la desesperación se arrojó sobre una chalupa, agarrándose a las piernas de una mujer y rogando que le permitieran quedarse allí. A punto estaba de que un marinero lo devolviera nuevamente a cubierta, cuando la señora se puso a defenderlo. Gracias a ello John pudo sobrevivir al naufragio.

En medio de la agitación que se creó en el barco, la señora Brown, cubierta con un gran abrigo de terciopelo negro, una estola de marta y un chaleco salvavidas, se unió a la masa alocada que corría hacia la cubierta de los botes salvavidas, en donde se encontró con su amiga, la señora Bucknell, a la que le susurró en tono dramático: «¿No te dije que terminaría sucediendo algo?» La señora Edith Evans se acordó de repente que una echadora de cartas le había avisado en cierta ocasión que «evitara el agua»; sin embargo, cedió su puesto en la chalupa a otra persona y pereció en el desastre.

Pocas horas antes de que la nave chocase contra el iceberg, uno de los pasajeros de primera clase, Charles M. Hays, presidente de la compañía ferroviaria Grank Trunk Railroad, se encontraba en la sala de fumadores en compañía de algunos amigos. Entre ellos estaba el teniente de navío sueco Björnström Steffanson, el mayor Peuchen, Charles Williams, campeón mundial de squash, el coronel Archibald Gracie y Harry Widener. Hablando con Gracie, Hays se puso serio y dijo: «La White Star, la Cunard y la Hamburg-Amerika, se encuentran hoy empeñadas en una lucha sin cuartel para lograr en sus buques la supremacía, en el campo de la decoración. Pero pronto llegará el día en el que el resultado de todo ello será el mayor y más espantoso desastre en el mar.» Más tarde, aquella misma noche, cuando la nave ya había chocado con el iceberg y empezaba a inclinarse, Hays dijo, sin preocuparse, «Este buque no puede hundirse». A las 0:45, una hora después de la colisión, cuando el buque ya tenía inclinada la proa, y cuando el personal ya había lanzado las lanchas de salvamento, Hays afirmó (o se dice que afirmó): «Esta nave tiene al menos todavía para ocho horas.» El *Titanic* se hundió una hora y media después.

Aquel que habría de ser conocido como el mayor monumento a la presunción humana, tocaría rápidamente el fondo del océano y allí reposaría, a unos 4.000 metros de profundidad, durante setenta y tres años.

La expedición financiada por el magnate tejano del petróleo Jack Grimm, en 1980, fue la primera en explorar el lugar del que había partido la señal de radio de socorro del *Titanic*. Para esa operación se sirvió del Sea MARC I, un sonar de mediano alcance para la señalización de amplias zonas, adaptado para la exploración de formaciones geológicas como las franjas submarinas y los sistemas de cañones orográficos. El aparato se situaba a gran profundidad, a unos 200 metros del fondo, en la extremidad de un largo cable y emitía una especie de «flash» sonoro por ambos lados: cualquier objeto golpeado por el sonido daba origen a una especie de «sombra» sonora cuyas características venían a registrarse de rebote. El Sea MARC I podía, en este tipo de búsqueda, cubrir una franja de una longitud de cerca de 2,5 kilómetros sobre el fondo marino. La exploración de la zona no dio resultado. Seguidamente se establecieron una serie de líneas, en dirección norte-sur, para inspeccionar largas franjas del fondo marino con el sonar del Sea MARC I, superponiendo parcialmente siempre una franja a la siguiente. Una técnica que se conoce como «corte de césped».

En 1981 Grimm financió una segunda expedición, que de nuevo falló. En 1983, y por última vez, volvió al océano para localizar los restos, y en esta ocasión la expedición trabajó en zonas todavía inexploradas. Pero, una vez más, Grimm volvió a fracasar

Casi parecía que el buque hubiera desaparecido. O que no quisiera ser encontrado...

Fue tan sólo en 1985, cuando la expedición coordinada por Robert Ballard amplió la zona de búsqueda a 330 kilómetros cuadrados, más una zona adicional, extendiéndose sobre todo hacia el Este, e incorporando en parte la zona anterior, con una extensión de casi 500 kilómetros cuadrados. En esta ocasión, y casi accidentalmente, se encontraron los restos del buque. Las coordenadas exactas eran 41° 43' Norte, 49° 56' Oeste. Pero el lugar del naufragio no correspondía, de hecho, al señalado por la nave hundida.

Finalmente triunfó la tenacidad del hombre, y no sólo se encontró el buque, sino que se pudieron recuperar y sacar a la superficie muchos objetos. En 1996, se trató de sacar a flote un pedazo del casco. A pesar de todos los esfuerzos, el gran trozo de acero no logró volver a tierra firme, hundiéndose nuevamente en el océano.

En este punto se produjo un trágico suceso que, inevitablemente, nos lleva con el pensamiento a los hechos dramáticos que siguieron al descubrimiento de la tumba de Tutankhamon, en 1923. Quiere el mito que la tumba estuviese protegida por una maldición fatal que recaería sobre quien la hubiese violado. Según se cuenta, en el transcurso de pocos años todos los principales protagonistas del descubrimiento murieron en circunstancias misteriosas.

El 10 de septiembre de 1996, diez días después del intento de recuperación de una parte del trasatlántico, Camille Gouzien, el segundo comandante del *Nadir*, la embarcación del IFREMER que participaba en las operaciones de recuperación, desaparecía en el mar en las costas de Terranova sin dejar huella.

Mas, ¡ay! los legados del *Titanic* no habían concluido. En abril de 1997 se debía inaugurar, en el Lunt Fontane Theatre, de Nueva York, un musical dedicado al *Titanic*, anunciado como probablemente uno de los mayores éxitos de Broadway. Pero el espectáculo tuvo que ser aplazado porque, inexplicablemente, el trasatlántico que dominaba la escena no acababa de hundirse. Además, un mes antes, el productor del espectáculo, Michael Braum, moría de improviso. El mismo film colosal de James Cameron, *Titanic*, estuvo plagado, durante su realización, de una serie de incidentes y contratiempos.

¿Nos encontramos nuevamente aquí ante una nueva y trágica maldición? ¿La maldición del *Titanic*?

Los sueños premonitorios

Aquí concluye la (larga) versión «novelada» e inquietante de los sucesos, aparentemente paranormales, ocurridos en relación con el naufragio del *Titanic*. Sin embargo, como siempre sucede, una cosa es la fantasía y otra muy diferente la realidad de los hechos. Tratemos, pues, de entender si todos estos extraños episodios pueden tener una explicación más sencilla que la paranormal, adelantada por muchos en el curso de este último siglo.

Los sueños premonitorios serían, en teoría, sueños anticipatorios a situaciones futuras de la vida real (de acidentes habituales, muertes o catástrofes). Desde siempre el hombre se ha sentido fascinado por los sueños, y siempre ha intentado darles una interpretación. Ya los hombres prehistóricos, probablemente, retenían los sueños de imágenes premonitorias; un modo de que sus dioses se manifestaran y advirtieran a los hombres sobre acontecimientos futuros. Los egipcios, posteriormente, llegaron a realizar un estudio muy bien articulado para la interpretación de los sueños premonitorios que denominaron «oniromancia».

Basándonos en cuanto la moderna neurología y psicología nos han enseñado, hoy quizás podamos comprender mejor la naturaleza de los sueños considerados premonitorios, y comprobar si realmente lo son.

Tomemos el caso de alguien que ha soñado la muerte de un pariente, y al día siguiente descubre que por desgracia ha sucedido el triste suceso. Ante todo es posible que el pariente estuviese enfermo desde hacía tiempo, y que ese pensamiento se hubiese albergado durante semanas, aunque fuera a nivel inconsciente, en la mente del soñador. En ese caso, no tendría nada de insólito que el pensamiento del pariente enfermo reaflorase en algún sueño.

He aquí como explica este proceso la psicóloga Ann Faraday:

> Seguramente, los sueños pueden hacer importantes advertencias prácticas que, sin embargo, pueden casi siempre ser reconducidos directamente al centro del trabajo de investigación del subconsciente, basado en pequeñas impresiones o detalles insignificantes, recogidos normalmente durante el día, pero que la mente consciente estaba demasiado ocupada para registrarlos, o que, quizás, prefería no reconocer. Los sueños que parecen hacer una advertencia de naturaleza más dramática y paranormal «se hacen realidad» sólo en una pequeñísima cantidad de casos; para cada una de las historias misteriosas que terminan apareciendo en los periódicos, hay millares de sueños igualmente realistas que se refieren a amigos que mueren, accidentes aéreos, inundaciones, guerras o presidentes asesinados, que no llegan a producirse jamás. [5]

En segundo lugar, el mismo sueño puede repetirse más veces pero, al no haber sucedido probablemente nada en aquellas ocasiones, es evidente que se tienda a olvidarlo. Sin embargo, en el caso de que se produjese el hecho, resulta fácil interpretar la coincidencia entre el fenómeno del sueño y la realidad como un fenómeno paranormal.

Normalmente, después, se esfuerza uno mucho en recordar los sueños, apenas despertado, ya sea durante unas cuantas horas o, incluso, algunos días después; por tal motivo el que cree haber tenido una premonición puede, con la mejor disposición, «ajustar» un sueño que recuerda muy vagamente, para hacerlo coincidir mejor con la experiencia real.

Si se consideran, en fin, los sueños «premonitorios» según una óptica estadística, quizás se haga posible desenredar todavía un poco más el misterio que los rodea. Es un hecho bien conocido que cada uno de nosotros tiene al menos dos horas de sueños cada noche, y que parte de estos sueños tienen un contenido de tipo violento (accidentes, muertes...) Si, por tanto, pensamos en cuántas horas de sueños se viven en el mundo cada año, y el número relativamente bajo de veces en las que puede verificarse un llamado sueño premonitorio, nos daremos cuenta fácilmente de cómo, estadísticamente, se pueda explicar el fenómeno en términos de pura coincidencia, no muy diferente del caso de un premio en la lotería. Dicho de otro modo, entre tantos jugadores alguno tiene que ganar, pero se trata de una ley estadística, no paranormal.

Ya en la antigua Roma, Cicerón se había dado cuenta de este simple hecho, y comentaba: «¿Quién que se pase todo el día tirando sobre un blanco, no acertará más pronto o más tarde? Dormimos todas las noches, y son pocas aquellas en las que no soñamos; ¿es necesario que nos maravillemos si lo que soñamos se verifica alguna vez?»

No es necesario, pues, sorprenderse si a veces se consideran premonitorios unos sueños que se hacen realidad, tras haberse producido el hecho. [6]

El sueño premonitorio más convincente

En 1882 se fundó en Londres la Sociedad para la Investigación Psíquica (SPR), el primer intento organizado por parte de la ciencia para estudiar los presuntos fenómenos paranormales. Uno de los primeros campos de estudio afrontados por los investigadores de la SPR fue el de los fenómenos espontáneos, como las visiones misteriosas y los sueños premonitorios. A fin de poder recoger el mayor número posible de datos, los investigadores que se ocupaban de ese trabajo, en particular Edmund Gurney y Frederic W. Myers, pusieron una serie de anuncios en los periódicos para solicitar sucesos misteriosos, por parte de los lectores.

A la sede de la SPR llegaron más de setecientos informes, pero uno en particular quedó definido como «la anécdota paranormal más convincente que jamás se haya publicado». Se refería a sir Edmund Hornby, uno de los jueces más respetados de la Corte suprema, hombre de larga y honorable carrera. En 1884, tras haber sido jubilado, Hornby leyó el anuncio de la SPR y envió una breve descripción de un suceso sorprendente del que había sido protagonista algunos años antes.

Hornby se encontraba, en la noche del 19 de enero de 1875, en su estudio transcribiendo un resumen de la sentencia que pronunciaría al día siguiente en los tribunales, y que pensaba facilitar a los periodistas. Al concluir el trabajo, metió el escrito en un sobre que selló y que entregó a su mayordomo, diciéndole que un periodista pasaría más tarde a recogerlo. Hacia medianoche se retiró a su dormitorio para acostarse. Veamos como Hornby continúa su relato:

> Me encontraba durmiendo cuando fui despertado por el ruido de un golpe dado sobre la puerta del estudio; pero creyendo que podía ser el mayordomo —que venía a controlar si el fuego de la chimenea estaba apagado y el gas cerrado— me di media vuelta para volver a dormirme. Pero todavía no lo había logrado cuando escuché un golpe sobre la puerta de mi dormitorio. Pensando que todavía sería el mayordomo... dije «¡Adelante!». Se abrió la puerta y para mi sorpresa entró en el cuarto el señor... Me senté en la cama y le dije: «Se debe haber confundido de puerta; el mayordomo tiene mi discurso, vaya a pedírselo.» Pero en vez de abandonar el dormitorio, el hombre se acercó a los pies de la cama. Así que le dije: «Señor...¡cuide sus modales! Tenga la bondad de salir inmediatamente de aquí. Está usted abusando de mi cortesía.» Parecía pálido como un muerto, pero estaba vestido normalmente, y dijo: «Lamento ser culpable de una intrusión injustificada, pero al ver que no se encontraba usted en su estudio me he atrevido a venir aquí.»
>
> Estaba a punto de perder la paciencia, pero había algo en el comportamiento de aquel hombre que me impedía saltar de la cama y arrojarlo de la habitación por la fuerza. Así que me limité a decirle: «De verdad que me está usted molestando; por favor, abandone inmediatamente esta habitación». Pero él, en vez de obedecer, se sentó lentamente, como si estuviera sufriendo, a los pies de la cama. Miré el reloj y vi que faltaban casi veinte minutos para la una. Le dije: «El mayordomo tiene en su mano el resumen de la sentencia desde las once y media; vaya a recogerlo.» Pero el dijo: « Le ruego que me perdone; si conociera todas las circunstancias, seguro que lo haría. El tiempo es precioso. Por favor, déme los detalles de su discurso y yo tomaré nota en mi libreta.»

Cuando el juez rechazó la propuesta y empezó a protestar acusando al periodista de estar completamente borracho, éste le dijo que nunca había estado borracho, y que ésta era la última vez que el juez le vería. Al observarlo alterado, el juez hizo un resumen de sus sentencia para tranquilizarlo. El periodista le dio las gracias y abandonó la estancia justo cuando el reloj marcaba la una y media.

A la mañana siguiente la mujer del juez le dijo al marido que había escuchado voces que llegaban de su dormitorio, entre media noche y la una. Cuando el juez llegó al tribunal, el ujier le informó de que el periodista con el que se había encontrado, había muerto la noche anterior. La esposa del periodista había encontrado el cadáver sobre la mesa del despacho hacia la una y media. Un médico estableció la hora de la muerte hacia las doce y treinta. El mayordomo del juez confirmó que todas las puertas y ventanas se habían cerrado aquella noche antes de medianoche, y que de ningún modo habría podido entrar nadie en la casa.

Parecía el perfecto caso para establecer ya fuera la existencia de los fantasmas o la de los sueños premonitorios o paranormales. Resumiendo los hechos: 1) El narrador era una persona fiable, un juez de la Corte suprema y, por tanto, un testimonio creíble. 2) No había motivo alguno para inventarse una historia de ese tipo. 3) La historia tenía una apariencia bastante realista. 4) La historia había sido confirmada por la señora Hornby, que había sido despertada por las voces. 5) Las correspondencias horarias resultaban extremadamente significativas. 6) Estaba la prueba de la libreta del periodista que contenía una referencia al discurso que el juez Hornby habría hecho al día siguiente. 7) Estaba el testimonio independiente del mayordomo y de los demás. 8) Estaban las pruebas de la investigación llevada a cabo sobre la muerte del periodista, que confirmaban los principales detalles.

Llegados a este punto, solamente había tres hipótesis: 1) El juez Hornby había mentido, y se estaba burlando de todo el mundo. 2) Hornby era víctima de una ilusión y de un fallo de memoria. 3) Se había producido un fenómeno paranormal en el momento descrito, y el juez Hornby había sido visitado por un fantasma, o bien había tenido un sueño premonitorio. Para los investigadores sólo resultaba plausible la tercera posibilidad, que la consideraron una de las mejores pruebas en favor de lo paranormal.

Sin embargo, otro investigador curioso, Frederick H. Balfour, decidió hacer una pequeña investigación sobre la historia del juez Hornby. Ante todo, descubrió que el periodista en cuestión, el reverendo H. L. Nivens, había muerto efectivamente en la fecha en cuestión, *pero a las 9 de la mañana, no a la una.* Balfour descubrió también que: 1) No se hizo ninguna investigación sobre la muerte de Nivens. 2) El juez Hornby se habría casado unos meses después del incidente (por tanto, su mujer no habría podido constituir ningún testimonio de aquella noche. 3) No existía ninguna referencia, ni tampoco registros en el tribunal, de sentencias que el juez debiera pronunciar al día siguiente, y que pudiera corresponder con la que, presumiblemente, había dado el periodista. Todo esto demostraba, por tanto, que la memoria le había jugado una mala pasada al juez Hornby, que recordaba cosas que no se habían producido en la realidad.

Cuando se le participaron los puntos descubiertos por Balfour, el juez se quedó boquiabierto y declaró: «Si no hubiese creído..... que cada una de las palabras de mi historia era verdad, y que mi memoria era fiable, jamás la habría contado como una experiencia personal».

Nos hemos alargado sobre esta historia porque demuestra perfectamente como todos podemos alterar los recuerdos, con la mejor intención. La investigación psicológica sobre el testimonio ocular y sobre la memoria confirman que los sueños «premonitorios» se realizan después de que se ha producido el suceso crucial.

Cuando se dispone de todas las informaciones, se puede alterar involuntariamente un sueño para adecuarlo al suceso real. En el futuro se tenderá a recordar el sueño como si encerrase todos esos detalles que, en realidad, se le han añadido después.

Las premoniciones y el *Titanic*

Dicho esto, veamos si los casos que hemos tomado en consideración anteriormente pueden ser explicados según esta lógica, o no.

Consideremos, por ejmplo, el caso de Sophia Laitinen, la señora sueca que soñó que caía en un pozo, y que seguidamente soñó la muerte de dos personas, antes de morir ella misma en el *Titanic*. O bien, el de la señora Potter, que soñó con personas que estaban colgadas de una especie de verja. Sus sueños nada tienen que ver con el *Titanic*, y se vuelven significativos solamente después de ocurrido el suceso; es decir, cuando se puede asociar el agua del pozo con la del Atlántico, la muerte del sueño con la de la persona que sueña, o la verja con la nave que se hunde. Solamente de esta forma parecen tales sueños premonitorios.

Por otro lado, es posible que en su sueño, Laitinen estuviese reviviendo miedos reales, como el temor a ahogarse en su inminente viaje por mar.

Del mismo modo, el miedo sentido por el señor Middleton, de que el buque pudiese tener un accidente en el mar y se hundiese, puede quedar manifestado en sus sueños. El miedo a que un barco chocase contra un iceberg se encontraba muy extendido en aquella época; y es posible que muchas otras personas hubiesen tenido el mismo tipo de sueño por idénticas razones.

Otros casos resultan, sin embargo, menos convincentes, como el asunto de la señora de Nueva York, que soñó ver a su madre en un bote de salvamento. La fuente original de este relato es un libro que se titula *El misterio de los sueños* (de 1949), en el cual el autor, W. O. Stevens, no indica el nombre de los protagonistas, con lo que se vuelve imposible hacer cualquier tipo de verificación.

Por tanto, y en total, de los cinco sueños que se han considerado como premonitorios por los parapsicólogos (y subrayemos el hecho de que éstos no representan una selección, sino *los únicos* sueños aparentemente premonitorios, legados para esta ocasión por los que tenían conocimiento de los mismos), dos de ellos se muestran como tales, sólo después de producido el susceso, por el bien conocido principio de la selección de las coincidencias significativas; otros dos reflejan miedos y temores racionales que pueden trasladarse de forma natural a los sueños; y el quinto sueño carece de datos que puedan confirmar su veracidad. Demasiado poco, pues, para poder hablar de una oleada de sueños premonitorios vinculados al naufragio del *Titanic*.

Presagios de muerte

Con respecto a los presuntos sueños premonitorios, existen incluso diversos episodios que en el curso de los años se han considerado como posibles pruebas de presagios de la inminente tragedia.

En uno de éstos, a un tal señor Goldsmith algunos amigos le hicieron un regalo antes de su partida, pero le dijeron que el regalo se había de perder en el naufragio. Parece tratarse de una simple broma, típica del humor un poco negro que todavía hoy precede a viajes largos y, en cierto sentido, peligrosos. La razón, nada desdeñable, de semejante humorismo es probablemente la creencia supersticiosa de que con eso se conjuraba cualquier posible peligro. Como se hace con el autor que está a punto de comenzar un nuevo espectáculo teatral al que no se le hacen augurios de buena suerte, sino que se le vaticina romperse una pierna.

El temor de la señora Sims, cuyo hijo estaba a punto de embarcarse en el *Titanic*, puede también reflejar, una vez más, los naturales miedos que solemos albergar cuando se está a punto de realizar nuevamente un viaje largo. Es algo parecido al caso de la madre que se preocupa por el hijo que sale en la moto por la noche, y que tiene miedo de que le pueda suceder algún accidente grave; si no sucede nada, se olvida ese miedo; pero si el hijo tiene un accidente, el miedo normal que siente la madre cada vez que el hijo coge la moto, puede parecer a una persona sugestionable una demostración palpable de un presagio paranormal.

Incluso las premoniciones del mayor Archibald Butt, ayudante militar del presidente de los Estados Unidos, Taft, se podrían considerar un caso de legítimas preocupaciones. Hacia finales de febrero de 1912, Butt escribió a su cuñada para hablarle de sus proyectos de viaje: «No te olvides de que todos mis documentos están en el depósito», le escribió, «si el viejo barco llegara a hundirse, encontrarás todos mis asuntos en perfectas condiciones.»

Una persona que ocupa una posición relevante, y que por consiguiente no puede arriesgarse a que lleguen a perderse documentos importantes, en el caso de una muerte imprevista, habría utilizado las mismas palabras que Butt, antes de partir para un largo viaje. Hay que anotar que el buque al que se refería Butt en su carta era el que habría de llevarle a Europa, no el *Titanic*, en el cual se embarcaría para regresar a los Estados Unidos, casi dos meses después. Si esto no fuera todavía suficiente, el mismo Butt redimensionó su advertencia precisando en esa misma carta: «Dado que te escribo esto siempre que hago un viaje a cualquier parte, espero que no te preocupes en esta ocasión por mis presentimientos.»

La coincidencia del *Titán*

El único caso, verdaderamente sorprendente, de aparente preconición entre todos los que se han citado es seguramente el de *Futility* , el relato de Morgan Robertson que describía el naufragio del *Titán*. Robertson era un conocido escritor americano, especializado en relatos de aventuras ambientadas en el mar. Su padre era capitán de un buque, y él mismo, a los dieciséis años había entrado en la marina mercante, en la que permaneció durante diez años. Este profundo conocimiento de la vida del mar lo convirtió en uno de los autores americanos de relatos marineros más leídos de América. Murió a causa de un infarto en 1915, a los cincuenta y cuatro años.

La semejanza entre los datos del *Titanic* y los del Titán, tal como se han descrito en páginas anteriores, son tan sorprendentes que resulta fácil comprender que el relato de Robertson se haya podido presentar como una prueba de previsión paranormal. Según algunos parapsicólogos, existen muy pocas posibilidades de que se haya tratado solamente de puras coincidencias. Pero nos preguntamos, ¿en realidad, hasta qué punto eran tan poco probables tales semejanzas?

Martin Gardner, famoso escritor de ciencia y de juegos matemáticos, y crítico experto en temas paranormales, examina este mismo problema en su libro *The Wreck of the Titanic Foretold?* [7] («¿El naufragio del *Titanic* fue previsto?»). Ante todo, explica, es imposible responder a la improbabilidad de las similitudes, porque se trata de una pregunta mal formulada. No existe modo alguno de estimar, aunque sea de manera aproximada, las probabilidades más relevantes. Sin embargo, las semejanzas se vuelven menos milagrosas si uno se imagina entrando en las entretelas de Robertson, cuando escribió *Futility*. Estamos a punto de concluir el siglo. Usted es un famoso escritor de relatos marinos y ha decidido escribir una aventura centrada en el más grande desastre naval que pudiera imaginarse. ¿Cómo construiría la trama?

Ante todo se inventaría el buque de crucero más grande que se pudiera concebir en aquel tiempo. Y estando al tanto de los últimos hallazgos en la técnica de construcción naval, se imaginaría un barco más grande que cualquier otro que se hubiera hecho hasta entonces, pero siempre dentro de la capacidad tecnológica de la época. Gracias a los compartimentos y a las puertas estancas, el buque sería catalogado, sin duda, como imposible de hundir; y una convicción de este tipo posiblemente habría añadido ironía y amargura a la tragedia. ¿Cómo llamaría a una supernave como ésta? Un nombre como Titán no resultaría, de ninguna manera, inapropiado.

EL desastre debería tener lugar en periodo de paz y, por consiguiente, ¿qué hubiera podido hundir un buque tan monstruosamente grande si no fuera el choque con un iceberg asimismo enorme? Usted, naturalmente, sabe muy bien que todos los años distintos barcos se encuentran con pequeños icebergs en el Atlántico Norte, y que se han producido desastres que han involucrado incluso a trasatlánticos.

En 1856, el *Pacific* se hundió por culpa de un iceberg; en 1897, el *Arizona* chocó contra un iceberg, pero logró llegar a Islandia, si bien con la proa destrozada; le sucedió algo similar a otros buques, como al *Concordia* , en 1907, o al *Columbia* , en 1911. El riesgo de encontrarse con un iceberg era seguramente el peligro más temido por la tripulación de un buque que debía atravesar el Atlántico Norte. Tanto periodistas como escritores eran sensibles al problema, y ponían en guardia contra este tipo de peligros, previendo, antes o después, que pudiera producirse un gran desastre debido a dicho peligro. El periodo en el que debería desarrollarse su historia habría de coincidir con el de mayor probabilidad de encontrarse con un iceberg, es decir, el inicio de la primavera, cuando el clima más cálido empieza a romper los hielos polares, dando lugar a la deriva hacia el sur de grandes icebergs.

Una vez que usted hubiera decidido las características fundamentales de su historia, todos los otros detalles (longitud y desplazamiento del buque, cantidad de pasajeros, número de hélices, etc...) se podrían establecer fácilmente. Además, usted sabe, por sus años de experiencia, que para causar el mayor daño posible a un buque, el choque con el iceberg debe producirse de lado y no frontalmente. De hecho, el propio Robertson escribe: «Si el impacto se produjera sobre una superficie perpendicular, la resistencia elástica de las paredes hubiera permitido que el choque no produjese a los pasajeros más daño que el causado por un fuerte golpe. El buque hubiera sido rechazado por la colisión, pero hubiera podido llevar a término el viaje a una velocidad más reducida; se hubiera podido reparar con el dinero de la compañía aseguradora y todo ello hubiera beneficiado, finalmente, su fama de indestructibilidad.»

Por lo que se refiere a las lanchas de salvamento, usted querría poner en evidencia la enorme arrogancia de los armadores y, por consiguiente, dotaría al buque de un número insuficiente de chalupas. Por otra parte, esto constituía una mala costumbre muy extendida ya en aquella época, hasta el punto de que el mismo W. T. Stead , que pereció en el desastre del *Titanic*, había escrito en 1880 un relato en el que la mayor parte de los viajeros morían por ese motivo. «Esto es», había escrito Stead, «exactamente lo que puede suceder, y que sucederá, si un trasatlántico sale al mar con un número insuficiente de botes de salvamento». Por tal motivo usted haría perecer prácticamente a todos los pasajeros, a diferencia de lo que habría de suceder posteriormente con el *Titanic*.

Dicho esto, recordemos que el mismo Ian Stevenson, el parapsicólogo que recogió los presuntos casos de precognición referidos al *Titanic*, admite en su primer artículo del «Journal» de la American Society for Psychical Research que, al evaluar la «previsión» real del relato de Robertson, no se puede «excluir la existencia de una forma de inferencia»:

A finales del siglo XIX la fe en la capacidad de la ingeniería tenía pocos límites ante los cuales se pudieran detener sus posibles éxitos. Las novelas de Julio Verne y de H. G. Wells predecían posteriores y extraordinarios descubrimientos. Esta ciencia ha llegado a superar la ciencia ficción que todos nosotros conocemos. Pero sabemos también que el progreso de la ingeniería se desarrolla por impulsos, y que el campo de acción de la ciencia, de tanto en tanto, supera su propia comprensión. Surgen obstáculos imprevistos y son éstos los que crean desastres hasta que otros nuevos métodos se arriesgan fionalmente a superarlos. Tal es la historia de los primeros aviones a reacción lanzados desde Inglaterra, tras la segunda guerra mundial. Y podemos suponer que desastres semejantes siguen produciéndose ahora, antes de que sean reconsiderados por los amos de los vuelos espaciales. Un escritor de los años 1890, que estaba acostumbrado a ver la repetida soberbia del hombre, podía inferir razonablemente que sería posible llegar más allá de las propias limitaciones en la construcción de los trasatlánticos, que eran, conjuntamente con los rascacielos y los aviones que comenzaban a aparecer, las maravillas máximas de la ingeniería. Admitido esto, una aguda conciencia del progreso del hombre y una fe excesiva en la ingeniería naval podían permitir a una persona dotada de capacidad de reflexión, que infiriese los detalles de una tragedia que podría llegar. Un gran trasatlántico habría tenido, probablemente, una gran potencia y una gran velocidad; el nombre *Titán* había significado poder y seguridad durante miles de años; el exceso de fe habría hecho descuidar la importancia de los botes de salvamento; la imprudencia habría hecho enviar un navío a la zona por donde estaban pasando los icebergs atlánticos; éstos descendían en primavera, haciendo del mes de abril el más idóneo para una colisión.

Martin Gardner, experto en matemáticas y en el estudio de coincidencias, concluye su estudio del caso subrayando que a la hora de la evaluación de las formidables coincidencias es necesario encuadrarlo en el más amplio contexto de las posibilidades combinatorias:

Parece increíble, por ejemplo, que en el salmo 46 de la Biblia la palabra cuadragésimosexta sea *shake*, y que la cuadragésimosexta palabra del final sea *spear*, y que Shakespeare tuviera cuarenta y seis años cuando se terminó la traducción (de la Biblia) del rey Jacobo. Tomadas en solitario, coincidencias semejantes parecen paranormales. Pero debemos darnos cuenta de que en un libro tan extenso como la Biblia la probabilidad de encontrar alguna coincidencia extraña es muy grande. Es como encontrar una larga serie de números consecutivos en la infinita expansión decimal de la letra griega *pi* (π). Cuando se publican millares de historias referentes a desastres imaginarios —terremotos, incendios, aluviones, batallas, erupciones volcánicas, desastres en el mar, en tierra o en el aire—, ¿no es probable quizás que alguno de ellos muestre sorprendentes paralelismos con auténticos desastres del futuro? El relato de Robertson es el mejor ejemplo conocido de una «probable improbabilidad» en el inmenso universo combinatorio de las posibilidades de la fantasía.

Además, recientemente ha salido a la luz un nuevo hecho que hace que la coincidencia del *Titán* sea menos «titánica». John P. Eaton y Charles A. Haas, autores del libro *Titanic: Destination Disaster* [8] han reeditado un suelto publicado en el «New

York Times» del 17 de septiembre de 1892, es decir, seis años antes de la publicación de la novela de Robertson. Reproducimos enteramente el breve artículo:

> Londres, 16 de septiembre. La compañía White Star ha encargado a los grandes constructores navales de Belfast, Harland & Wolf, la construcción de un buque de crucero para el Atlántico que batirá todos los records de medidas y velocidad.
> Ya ha sido bautizado con el nombre de *Gigantic*, tendrá una eslora de 700 pies (cerca de 213 metros), una manga de 65 pies y 7 pulgadas y media (cerca de 20 metros) y tendrá unos 45.000 caballos de vapor. Se calcula que podrá viajar a 22 nudos a la hora, con una velocidad máxima de 27 nudos. Tendrá tres hélices, dos sistemas como el *Majestic* y la tercera en el centro. Deberá estar listo para zarpar en el mes de marzo de 1894.

Los datos relativos a esta nave en proyecto son más cercanos a los utilizados posteriormente por Robertson en su novela. El *Gigantic* tendría una eslora de cerca de 213 metros, con 45.000 caballos de vapor, tres hélices, y podría viajar a una velocidad comprendida entre los 22 y los 27 nudos marinos. El *Titán* tenía una eslora de 269 metros, con 40.000 caballos de vapor, tres hélices y navegaba a 25 nudos cuando se encontró con el iceberg.

El *Gigantic* jamás llegó a ser construído, pero en la época en que Robertson escribió su novela, la White Star ya había realizado una serie de majestuosas naves: el *Oceanic* (1871), el *Britannic* (1874), el *Teutonic* (1889) y el *Majestic* (1889), Era una característica de la compañía el añadir siempre un «ic» al nombre. En los años siguientes se realizarían por la White Star: el *Celtic*, el *Cedric*, el *Baltic*, el *Adriatic*, el *Olympic* y el *Titanic*.

Al llegar a este punto se hace más fácil dar una explicación a las sorprendentes coincidencias que se presentan en la novela de Robertson. Conociendo los planes de la White Star para el *Gigantic*, Robertson decidió muy probablemente modelar el buque de su historia sobre aquel otro. ¿Y qué nombre podría dar a una nave de este tipo, después de que ya se hubieran utilizado los de *Oceanic, Teutonic, Majestic* y *Gigantic*? La selección más certera tenía que aparecer casi de inmediato: *Titanic*. Sin embargo, para evitar cualquier posible identificación con los navíos de la White Star, Robertson deicidió suprimir la «ic» final, y bautizó a su barco imaginario con el nombre de *Titán*.

Las influencias lunares

Vamos seguidamente a discutir los episodios misteriosos que han llevado a algunos a elucubrar sobre las posibles causas «reales» del desastre del *Titanic*. Comencemos por las así llamadas influencias lunares.

Con la intención de hacer más misteriosa la exposición, al hablar de esta teoría he hecho como todos los que alimentan de forma acrítica todo tipo de misterios, y dando por descontado muchas cosas que, en realidad, no debieran serlo. Ante todo, digamos que la teoría astrológica no tiene ninguna validez científica; nadie ha demostrado jamás que los planetas ejerzan realmente algún tipo de influencia sobre la vida de los seres humanos; más bien, numerosos experimentos han demostrado repetidamente lo contrario; o también, que no es posible describir el carácter de una persona, o predecir el futuro, basándose en sus características natales. [9]

Por lo que concierne a la Luna, el discurso es muy parecido. Ella, debido a su proximidad a la Tierra influye sobre las mareas. Se trata de fenómenos complejos que se generan principalmente por la atracción conjunta de la Luna y el Sol sobre los océanos. La diferente fuerza gravitatoria que actúa sobre puntos muy lejanos entre sí determina el movimiento de la masa fluída. Incluso la luminosidad de la Luna, en tanto que depende de la solar, parece que provoca ciertos movimientos (tropismos) en algunas especies vegetales. Además, parece que ciertos organismos marinos tienen un comportamiento reproductivo que se halla influenciado por la luz lunar. Estos son los influjos comprobados que la Luna puede tener sobre la Tierra. Todos los demás, como el que se refiere a la agricultura o al embotellado del vino, no han estado demostrados y, en todo caso, resultan un poco improbables. [10] Incluso se han realizado experimentos para comprobar si la Luna posee alguna influencia sobre los nacimientos, pero los resultados se han mostrado negativos.

Asimismo se han mostrado negativos los resultados de un examen sobre la eventual correlación entre las fases lunares y los desastres marítimos. El matemático Richard L. Branham Jr. ha examinado 1.475 desastres marítimos acaecidos entre 1573 y 1976. [11] De esta selección ha excluído los desastres provocados por la guerra, porque frecuentemente las operaciones militares se planifican teniendo en cuenta los efectos provocados por la luz lunar o por las mareas. Haciendo un contraste entre el día en que se produjeron todos los desastres y el momento de la correspondiente fase lunar, sacó en conclusión que no existía ninguna correspondencia y que, por tanto, no se podía establecer ningún efecto, benéfico o maléfico, de la Luna sobre la navegación. Pasemos, finalmente, a examinar la teoría considerada como «la maldición del *Titanic*».

La maldición del *Titanic* explicada

¿Existe verdaderamente una «maldición del *Titanic*» que no sea diferente de la considerada como «maldición de Tutankhamon»? A esta sencilla pregunta se le puede contestar con una igualmente sencilla respuesta: no. Y por dos motivos: a) Porque la «maldición de Tutankhamon» no ha existido más que en la fantasía de algún periodista, como ya hemos visto en páginas anteriores. b) Porque tampoco «la maldición del *Titanic*» ha existido jamás: me la he inventado yo cuando escribí el libro *La maldición del Titanic*.

¿Por qué lo hice? Para demostrar lo fácil que resulta inventarse una teoría pseudocientífica con un «algo» de misterioso, y con algo que también pudiera parecer verosímil. Para hacerlo me he servido de las mismas técnicas y estrategias de las que se han valido en el pasado otros escritores, a fin de promover las ideas y teorías más extravagantes e improbables que presentaban, sin embargo, como hechos reales. Baste recordar, además de la historia de la maldición de Tutankhamon, la leyenda del triángulo de las Bermudas, otra de las invenciones totalmente falsas. Veamos los elementos comunes a estos temas, que incluso yo he tomado para elaborar «la maldición del Titanic», y que cualquiera podría utilizar si, como ejercicio, quisiera inventarse un nuevo «misterio».

1) Escoger un argumento famoso —mejor si pertenece al pasado, y se encuentra dotado de una historia documentada— que atraiga el interés del público y que conserve, hoy en día, un halo de misterio.

Esto es lo que ha hecho, por ejemplo, durante los años setenta Erich Von Däniken, el escritor suizo que dando la vuelta al mundo y revisando libros de arqueología ha recogido un amplio elenco de hechos extraños del pasado (construcciones, artefactos, pinturas...), los ha extrapolado del contexto en que se encontraban insertados y los ha unido de alguna manera, unos con otros, para formular una teoría de ciencia ficción, según la cual seres extraterrestres habrían visitado la Tierra en el pasado, trayendo la vida y dejando por doquier huellas de su paso. La teoría, al ser sometida a un análisis profundo, hacía agua por todas partes, pero en superficie parecía algo creíble; hasta el punto de que un amplio sector del público la tomó por verdadera, y los libros de Von Däniken se vendieron en todo el mundo por millones de ejemplares.

2) Seleccionar un motivo semiplausible que dé fundamento a la idea de una actividad paranormal y que explique de forma fantástica unas muertes, un desastre o actividades misteriosas, tratando de esconder, al mismo tiempo, lo más posible, o poniendo en segundo plano las causas verdaderas de esos accidentes. Es todo lo que he hecho incluso yo con la historia del *Titanic*; describiendo al buque como un ejemplo de desafío arrogante a la divinidad que no sería ignorado, en vez de un ejemplo de la presunción y de la estupidez de ciertos hombres que ignoraron evidentes peligros. Charles Berlitz hace lo mismo; y de ese modo, escondiendo informaciones sobre algunos barcos y aviones, alterando otras e inventándose por cuenta propia otras hizo famosa la leyenda del triángulo de las Bermudas, una misteriosa sede de OVNIS y de inexplicables fuerzas paranormales submarinas. En el caso de Tutankhamon, el motivo semiplausible de las sucesivas muertes (por otro lado, completamente naturales) de algunos de sus protagonistas fue la sacrílega «violación de la tumba».

3) Recoger el mayor número posible de «pruebas» que confirmen la hipótesis paranormal, añadiendo algunos hechos reales e inventándose otros *ad hoc*. En mi caso me limité a recoger frases de personas supersticiosas, temores legítimos expresados por quienes estaban a punto de partir, interpretados, sin embargo, como

si fueran «presagios» misteriosos; episodios debidos más a la falta de atención humana (como la falta de los prismáticos en la cofa del buque) que a una bromita de la divinidad; y, naturalmente, a las coincidencias inevitables que siempre se comprueban en cualquier momento, y que pueden ofrecer siniestros significados si se interpretan solamente según una óptica predeterminada. Las dos muertes acaecidas durante la construcción del buque, por ejemplo, representan una media muy baja con respecto a los accidentes laborales de aquellos tiempos; lo mismo que los incidentes ocurridos en la producción de la colosal película de Cameron, que resultan episodios naturales debidos al gran número de personas involucradas en su producción, y a tantos imprevistos que se producen siempre en semejantes situaciones.

Los libros de Berlitz o de Von Däniken están llenos de ejemplos de este tipo.

Las responsabilidades reales

A fin de no dejar el menor margen a las dudas, tratemos de hacer un resumen de cuales fueron las causas y las responsabilidades reales que condujeron a la tragedia del *Titanic*.

Ante todo, el peligro de los hielos en la zona del naufragio era algo bien conocido. Numerosos buques los habían esquivado, y otros habían sido declarados desaparecidos, tras haber entrado en esa zona. El *Titanic*, en el transcurso de la última parte de su viaje, recibió varios boletines que le informaban de la presencia de hielos; pero tales boletines fueron, por uno u otro motivo, ignorados. Incluso media hora antes del impacto, el *Mesaba* le comunicaba al *Titanic* la pesencia de una masa inmensa de hielo que marchaba directamente sobre aquella ruta. Pero ese mensaje no llegó jamás al puente, sino que permaneció sobre la mesa de la oficina de telégrafos, en donde el telegrafista, ocupado en otras cuestiones, lo había dejado apartado.

El objetivo nada secreto de la White Star Line, al igual que el del resto de las compañías navales de la época, no era solamente el de que el buque llegase en su fecha a Nueva York, sino el de hacerlo llegar con anticipación, batiendo así todas las marcas. La presencia de Ismay en el buque no facilitó probablemente las cosas, en el sentido en que el capitán pudo haberse sentido sometido a control y, por tanto, pudo haber transgredido las reglas normales de seguridad para no llegar con retraso al puerto de destino. Sin embargo, y en vista de la alta velocidad que se pretendía mantener, debieran haberse tomado las mínimas precauciones, como hubieran sido las de aumentar el número de vigías y examinar todos los boletines que se referían a la presencia de icebergs. No se tomaron ni una ni otra de estas precauciones.

Esto todavía sorprende más cuando se llega a saber que ésta no era la primera vez que algún buque de la White Star Line se encontraba con un iceberg; y tampoco era la primera vez que uno de sus buques provocaba el mayor desastre naval en tiempos de paz. El *Royal Standar* chocó con un iceberg el 4 de abril de 1864; afortunadamente no hubo víctimas. El 1 de abril de 1873, el *Atlantic*, un buque mercante de la White Star, tuvo que enfrentarse a una tormenta y se estrelló contra los escollos al sur de Halifax, en Nueva Escocia (Canadá). En el desastre murieron 546 personas, entre las que había 200 niños. Una encuesta estableció que la tragedia fue culpa de una mala navegación, de un capitán imprudente (que en el momento del choque dormía tranquilamente en su camarote) y, naturalmente, de la velocidad

Sobre este punto puede resultar muy útil la lectura del libro *Falling Star*, de John P. Eaton y Charles A. Haas [12] en donde están recogidas todas las prácticas dudosas e ilegales, la insolencia, los incidentes y desastres que caracterizaron la infeliz historia de esta compañía.

Volviendo al *Titanic*, uno no puede quedar mas que sorprendido al constatar la imprudencia de los responsables de la compañía, que seguía mostrándose inalterable, pese a las terribles experiencias pasadas. ¿Cómo podría considerarse de otro modo la decisión de seguir navegando a una velocidad de 22,5 nudos, pese a las escasas condiciones de visibilidad, la presencia de icebergs en el mar, y la lentitud con la que el buque respondía a la maniobra?

Cuanto más que el barco podía considerarse insumergible, pero sólo en ciertas condiciones. En particular, no se hubieran producido graves problemas si el impacto con el iceberg o con otro buque se produjese frontalmente. Pero otra cosa muy diferente sería si la colisión se hubiera producido de costado; una posibilidad considerada casi improbable por los constructores de entonces. Pero fue esto lo que sucedió en realidad: la nave chocó lateralmente con un iceberg que provocó una enorme grieta a lo largo de todo un costado, dañando muchos compartimentos estancos y provocando una imprevista inundación del buque. Los daños hubieran sido, con mucho, menos graves si la colisión se hubiese producido a una velocidad menor.

A esto hay que añadir que, por culpa de los anticuados reglamentos, los buques disponían de un número de botes de salvamento proporcionado a su desplazamiento y no al número de pasajeros. Debido a este fallo, a la falta de ejercicios prácticos y al mezquino comportamiento de algunos pasajeros, sólo llegó a salvarse el 32 % de las personas que estaban a bordo, en vez del 53 % que hubiera podido salvarse si todas las chalupas se hubieran ocupado de forma adecuada. Sin contar que principalmente se salvaron los pasajeros de primera clase; de hecho, el número de hombres de primera clase superaba al doble de los niños de tercera clase que fueron embarcados en los botes. [13]

Debemos concluir diciendo que a la hora de señalar a los responsables del desastre es indudable que la mayor responsabilidad se encuentra en el comportamiento arrogante y presuntuoso de algunos hombres, que creyeron en realidad que podía existir un navío insumergible, y que ése era el *Titanic*.

Personajes misteriosos

Nostradamus y el secreto de la naturaleza

«He aquí la maravillosa presunción del mundo. Que cuando nos hallamos a mal con la Fortuna, lo cual acontece con frecuencia por nuestra propia falta, hacemos culpables de nuestras desgracias al sol, a la luna y a las estrellas; como si fuésemos villanos por necesidad, locos por compulsión celeste; pícaros, ladrones y traidores por la voluntad de los astros; beodos, embusteros y adúlteros por la obediencia forzosa al influjo de los planetas; y como si siempre que somos malvados fuese por empeño de una voluntad ultraterrena...»

SHAKESPEARE, *El rey Lear*

Estas son dos de las más famosas «cuartetas» proféticas de Nostradamus, seguidas por las interpretaciones de otros tantos intérpretes «oficiales»:

Centuria I, cuarteta 35

El joven león al viejo desmontará
en campo bélico y en duelo singular
en la caja de oro los ojos de él agujereará
dos heridas con una, después morirá de muerte cruel.

1559. El emblema leonino de Montgomery se enfrenta nuevamente contra el rey en un duelo singular. En el choque, la lanza adversaria golpea la dorada coraza real, astillándose y golpeando así la parte derecha del casco e hiriendo el ojo de Enrique II. Dos heridas con un solo golpe. El rey muere de una muerte cruel. [1]

Centuria I, cuarteta 51

La sangre del justo se cobrará en Londres
Devastada por el fuego en el año 66
La vieja señora caerá de las altas esferas
Y muchos de la misma secta serán muertos.

Nostradamus predice, no sin exactitud, el año del gran incendio de Londres, acaecido en 1666. [2]

Se dice que Nostradamus ha sido el más grande de los videntes que haya existido jamás, que había previsto todos los sucesos más importantes de nuestra historia pasada y de la que vendrá, desde la Revolución francesa a la ascensión de Napoleón y Hitler; de la invención de los globos aerostáticos a la guerra del Golfo; de la caída de la Unión Soviética a los atentados del 11 de septiembre de 2001. Pero ¿cuánto hay de verdad en estas afirmaciones? ¿Es posible que un hombre que vivió hace quinientos años pueda haber previsto hechos y personajes tan lejanos a él?

Vida de Nostradamus

Nacido en St. Remy de Provenza, Francia, el 24 de diciembre de 1503, Michel de Notredame era hijo de una familia hebrea convertida al cristianismo. Hacia los dieciséis años empezó a estudiar ciencias humanísticas en Avignon; después cambió esos estudios por los de medicina, en la universidad de Montpellier. Una vez graduado, a los vientidós años tan sólo, cambió su nombre latinizándolo «Nostradamus». El cambio de nombre era una práctica habitual en la época para muchos médicos y estudiosos, con objeto de distinguirse claramente del vulgo y hacer notar, sin dar pie al menor engaño, su posición social.

Se ocupó con éxito de los enfermos de peste en distintas partes de Provenza; pero su mujer, desposada en 1532, y sus dos hijos sucumbieron al terrible flagelo. Tras la desgracia sufrida emprendió una larga peregrinación médica, que lo llevó a asistir a los apestados de Francia e Italia.

En 1547 regresó a Provenza, estableciéndose en la pequeña población de Salon, donde volvió a casarse con Anne Ponce Gemelle, una rica viuda que le dio seis hijos, tres varones y tres hembras, y la tranquilidad económica que le permitió dedicar todo su tiempo a la astrología. Fue entonces cuando empezó a realizar profecías que habrían de ser incluídas en sus almanaques, el primero de los cuales se publicó en 1550. Asimismo escribió otro libro que, todavía hoy, recuerda el nombre de Nostradamus: las *Centurias*.

Compuestas en versos rimados de cuatro líneas (cuartetas) y agrupadas en series de cien (de aquí el nombre de «Centurias»), las profecías de Nostradamus se publicaron en tres tandas, en 1555, 1557 y 1558. La obra completa se compone de diez Centurias con un total de 942 cuartetas, ya que la quinta Centuria sólo contiene 42.

Los escritos de Nostradamus alcanzaron, ya en su época, un éxito notable, hasta el punto de que fue enviado a la corte de Catalina de Médicis, reina de Francia, que sentía curiosidad por conocerlo. Mientras tanto empezaban a circular sobre la figura de Nostradamus una serie de anécdotas que, muy probablemente, estaban privadas de todo fundamento.

Una imagen de Nostradamus.

Una de las historias más notables refiere que Nostradamus, siendo huésped de uno de sus clientes, Monsieur de Florinville, fue retado por éste para que predijera el futuro de dos cerdos, uno blanco y otro negro:

—Vos comeréis el negro; un lobo consumirá el otro—, respondió el vidente.

Queriendo tener la última palabra, el señor de la casa ordenó al cocinero que matase y cocinase para la cena el cerdo blanco. Aquella noche, al término del opíparo banquete, de Florinville se declaró vencedor. Sin embargo, Nostradamus sostuvo que su profecía era acertada. A fin de resolver la cuestión, el señor de la casa hizo llamar al cocinero; éste tuvo que admitir que aquella misma tarde había entrado un lobezno en la cocina y había devorado el cerdo blanco. El hombre, por tanto, se vio obligado a preparar para la cena el cerdo negro.

La historieta es divertida y, si fuera cierta, nadie tendría dificultad en imaginarse que al día siguiente el cocinero se hubiera tomado unas copas con Michel de Notredame. Sin embargo, la misma historia, más o menos arreglada, ha estado circulando durante muchos años referida a este o aquel personaje. [3]

Nostradamus vivió cómodamente hasta su muerte, acaecida en 1566, cuando el profeta contaba sesenta y dos años.

El arte secreto de la profecía

A un profano la lectura de los escritos de Nostradamus le resulta inevitablemente ardua. Incluso sus admiradores parecen tener algunos problemas. En 1562, por ejemplo, un tal Francois Bérard, escribió: « He leído lo que habeis escrito sobre el anillo, pero no entiendo nada. ¿Podríais ser un poco más claro?» [4]

«¡Pero naturalmente!», responden rapidamente los diversos intérpretes del profeta, que parece que sean centenares, cada uno de ellos convencido de haber descubierto la única y verdadera «clave» para interpretar los mensajes de Nostradamus. «Son necesarios años y años de práctica antes de poder comprender todos los significados ocultos». En efecto, leyendo los libros de estos «expertos» uno se queda impresionado por la aparente precisión de las profecías contenidas en las *Centurias*, una vez que éstas quedan limpias de todos los oropeles y dobles sentidos que las hacían inaccesibles.

Sin embargo, es posible que las cosas sean de otro modo, y que la verdadera razón de la obscuridad del lenguaje de Nostradamus resida en la simple razón de que, muy probablemente, él no deseaba ser entendido. Resulta evidente, de hecho, que con toda buena fe el profeta se daba claramente cuenta de que sus vaticinios podrían resultar fallidos. Por tanto, y para preservar su reputación de posibles sorpresas desagradables, Nostradamus puso en su trabajo una buena dosis de histrionismo y teatralidad.

En un artículo de 1920, el profesor Eugene Parker, de la universidad de Cambridge, describe el método profético de Nostradamus como tripartito:

> Ante todo, (Nostradamus) toma los acontecimientos del pasado, los proyecta en el futuro y los recubre con un tejido que los hace irreconocibles. En otras ocasiones, describe una serie de probabilidades bien seleccionadas, basadas en situaciones contemporáneas, y las trata como ya hemos dicho. En fin, hace una serie de previsiones casuales, todas ellas improbables pero siempre posibles. [5]

Existen diversas técnicas y estrategias, transmitidas a lo largo de los siglos, que debe seguir el que quiera adquirir sin esfuerzo una radiante reputación de profeta. A ella no solamente se ha acogido Nostradamus, sino todos los más célebres videntes, incluída aquella que los americanos calificaban como «uno de los oráculos más poderosos de la historia», la señora Jeanne Dixon.

James Randi, que ha dedicado al profeta de St. Remy una exhaustiva y reveladora biografía [6] divide en ocho preceptos fundamentales el *modus operandi* que es necesario seguir para tener algún éxito en el campo de la profecía.

Las reglas del juego

I.
HACED MUCHAS PREVISIONES
Y ESPERAD A QUE ALGUNA RESULTE CIERTA.
SI ESO SUCEDE, EXHIBIDLA CON ORGULLO.
IGNORAD LAS RESTANTES.

En una investigación llevada a cabo sobre las profecías publicadas en el transcurso de cuatro años por el «National Enquirer», uno de los periódicos americanos más amarillistas, sólo resultaron acertadas cuatro de 364 que habían sido realizadas.

Incluso el editor de Nostradamus, Jean Brotot, se lamentaba de la verbosidad de su autor, y le invitaba a que fuera un poco más conciso.

II.
SED VAGOS Y AMBIGUOS.
LAS DECLARACIONES PRECISAS PUEDEN RESULTAR EQUIVOCADAS
MIENTRAS QUE LAS EXPRESIONES QUE INCLUYEN TÉRMINOS COMO:
CREO QUE, VEO LA IMAGEN DE, PUDIERA SER QUE, QUIZÁS,
ME PARECE RECIBIR... SIEMPRE PUEDEN SER REINTERPRETADAS.

Para explicar la difícil comprensión de los escritos proféticos de Nostradamus, sus sustentadores han proporcionado el siguiente razonamiento paradójico: «Resulta obvio que si todo fuese claramente comprensible antes del suceso, éste podría ser prevenido y modificado, impidiendo de este modo a las profecías manifestarse como tales. Por tanto, nunca habría manera de verificar lo que las profecías vaticinaban.»

Sin embargo, como se dijo anteriormente, existe otra interpretación de las auténticas razones de la obscuridad de Nostradamus; es decir, que el profeta habría descubierto, a su costa, que el ser demasiado explícito podría resultar peligroso. De hecho, cuando hizo profecías detalladas sobre sucesos específicos, que se pudieron comprobar en poco tiempo, se encuentran notables errores.

Es el caso, por ejemplo, de una carta datada el 14 de marzo de 1557 y dedicada a Enrique II, rey de Francia. En ella, el profeta alaba al rey y le anuncia una vida larga y brillante. La epístola comienza con estas palabras: «Al más invencible, más poderoso y más cristiano rey de Francia, Enrique II. Michel de Nostradamus, su más humilde, su más obediente siervo y súbdito, le augura victoria y felicidad.»

Enrique II moriría en duelo poco tiempo después de que la carta empezara a circular en forma de manuscrito, e incluso antes de fuera impresa.

Además, los únicos casos que Nostradamus llegó a poner fecha a sus profecías, se hallan totalmente equivocados. En uno de ellos predecía la destrucción de la raza humana en 1732; en otro la culminación, en 1792, de una larga y salvaje persecución religiosa. En un tercero, el fin del mundo en 1999. Adviértase como todos estos acontecimientos fueron establecidos en un tiempo en que, naturalmente, Nostradamus sabía que ya estaría a seguro en su tumba.

III.
USAD MUCHO SIMBOLISMO. SED METAFÓRICOS.
UTILIZAD IMÁGENES DE ANIMALES, NOMBRES E INICIALES.
LOS CREYENTE PODRÁN COMBINARLOS DE MUCHAS MANERAS.

Un biógrafo de Nostradamus, John Hogue, sostiene, por ejemplo, que una referencia clara a Neptuno por parte del vidente, significa Inglaterra. Naturalmente, hace notar el escritor, también el león puede indicar Inglaterra, o tal vez pueda significar la realeza, en general. O la ciudad de Lyón, en Francia. Otro «nostradamiano», James Laver, escribe que «obviamente, el leopardo significa Inglaterra». Y así por el estilo...

IV.
TRATAD UNA SITUACIÓN QUE ENTRAÑE DOS POSIBILIDADES
Y ESCOGED AQUELLA QUE SE MUESTRE COMO LA MANIFESTACIÓN
«REAL» DE VUESTRA PREVISIÓN.

Un ejemplo típico de esta forma de actuar se encuentra en las profecías de la astróloga americana Jeanne Dixon, que se hizo famosa por su «previsión» del asesinato de John. F.Kennedy. Pues bien, si tratamos de ver lo que, en realidad, dijo la Dixon, descubriremos que las cosas son un poco diferentes de como se cuentan. En 1953 y, posteriormente, en 1956, ella afirmó que un candidato del partido demócrata sería elegido presidente en 1960 —un resultado fácilmente intuible en aquel momento— y que sería asesinado o, en todo caso, moriría durante su mandato. Resulta interesante hacer notar que fueron varios los presidentes americanos que, hasta aquel momento, habían encontrado la muerte, bien por homicidio o durante el desempeño de su cargo. En 1960, la Dixon declaró que el nuevo Presidente tendría el cabello castaño y los ojos azules, pero especificó que ¡John F. Kennedy no sería el que ganase esas elecciones! Lo que predecía, por tanto, no era la muerte de Kennedy sino de cualquier otro candidato. En un determinado momento de la campaña electoral, la Dixon dijo que el vencedor sería Richard Nixon... [7]

V.

INDICAD SIEMPRE UN ORIGEN DIVINO
PARA VUESTRAS PREDICIONES.
DE ESE MODO,
LOS DETRACTORES DEBERÁN HABÉRSELAS CON DIOS.

Más que por Nostradamus, es ésta una regla seguida sobre todo por la Dixon y por muchos otros videntes que, de este modo, preparan a sus seguidores para cualquier eventual fallo.

VI.

NO IMPORTA N LOS ERRORES QUE COMETAIS. SEGUID ADELANTE.
LOS CREYENTES NO TOMARÁN EN CONSIDERACIÓN
VUESTROS FALLOS
Y SEGUIRÁN CREYENDO EN VOSOTROS

Continuemos examinando las profecías de Jeanne Dixon: ¡es toda una verdadera mina de fallos! El presidente Nixon sobrevivirá al Watergate y regresará a la escena política en 1976. Rusia será la primera nación que pondrá un hombre en la Luna. El sistema bipartito desaparecerá de los Estados Unidos en 1980; Rusia invadirá Irán en 1953, y Palestina en 1957. China comunista desencadenará la tercera guerra mundial en 1958, pero será admitida en la ONU en 1959. Fidel Castro perderá su poder en 1961, y morirá probablemente en 1966. La guerra de Vietnam terminará el 5 de agosto de 1966, etc.etc. La lista es larguísima, y estos no son más que algunos ejemplos, pese a lo cual la Dixon continuó, hasta su muerte, teniendo la fama de ser «el más grande oráculo viviente». [8]

VII.

PREDECID CATÁSTROFES. SE RECUERDAN MÁS FACILMENTE
Y SE CONVERTIRÁN, CON MUCHO, EN LAS PROFECÍAS
MÁS CÉLEBRES.

Las profecías de Nostradamus se refieren, casi todas, a guerras, enfermedades, inundaciones, carestías, soldados y caballeros. Los terremotos constituyen las predicciones más seguras, a menos que se deba precisar el lugar y el tiempo en que acaecerán. La corteza terrestre se encuentra constantemente en movimiento y da origen a millares de grandes y pequeños temblores todos los años, con una media de uno grande cada dos o tres semanas, en alguna parte del mundo. En 1989, por ejemplo, se produjeron ocho grandes terremotos.

VIII.

CUANDO HAGAIS LAS PREVISIONES TRAS EL SUCESO,
PERO QUERAIS HACER CREER QUE LA PROFECÍA
HABÍA PRECEDIDO AL ACONTECIMIENTO
EQUIVOCAOS UN POCO, PARA QUE SE MUESTREN
UN TANTO INCIERTOS LOS DETALLES EXACTOS.
UNA PREVISIÓN DEMASIADO BUENA ES SOSPECHOSA.

Una clamorosa aplicación de esta regla tuvo lugar hace algún tiempo. El 30 de marzo de 1981, los periódicos y la televisión de todo el mundo dedicaron amplio espacio al intento de asesinato del presidente americano Ronald Reagan, por parte de un hombre, de nombre John Hinckley. Al día siguiente, sin embargo, se prestó casi tanta atención por parte de los medios de comunicación americanos a una vidente de Los Ángeles, una tal Tamara Rand que, aparentemente, había predicho el suceso con dos meses de anticipación, en el curso de una entrevista televisiva. La Rand había dicho que el intento de asesinato tendría lugar hacia la última semana de marzo, por obra de un hombre cuyo nombre probable era Jack Humley.

La fecha y el nombre se mostraban bastante cercanos a la realidad, pero no eran exactos. La técnica era la clásica. Como se descubrió enseguida, la predicción era falsa. La «vidente» había realizado el video, con la complicidad de un periodista, el día posterior al suceso, y había hecho algunas alteraciones, para empeorarlo, a fin de dotar de su justo sabor de autenticidad a la profecía. [9]

Los nostradamianos

La fama de Nostradamus no hubiera podido llegar hasta nuestros días, y seguir gozando de éxito, si no hubiera sido por el entusiasta trabajo promocional llevado adelante por tantos de sus admiradores, los «nostradamianos». Se trata de aquellas personas que, en el transcurso de los siglos, han interpretado o aceptado las interpretaciones de las disertaciones proféticas de Nostradamus.

Veamos lo que piensa James Randi:

> Creo que muchos celosos y activos intérpretes de los trabajos de Nostradamus se merecen un análisis en profundidad por parte de los estudiosos de la psicología de las anomalías. Ignorando alegremente, sean cuales fueren, las objecciones a sus propias nociones, penetran con libertad en su país de las maravillas con ojo lúcido y paso decisivo. Sus fijaciones pueden resultar divertidas para algunos y preocupantes para otros; pero representan un ejemplo del mismo tipo de obsesiones que impide la investigación del conocimiento útil y arruina las mentes en vías de desarrollo, que habrían podido llegar a ser los Curie y los Einstein de una generación. [10]

Todo intérprete pretende ser considerado «la única autoridad fiable», y define sus propias interpretaciones como «definitivas». Naturalmente, resulta prácticamente imposible encontrar a dos autores que concuerden sobre el significado que se ha de dar a las profecías que todavía no se han visto realizadas. Por el contrario, sobre aquellas atribuídas a sucesos pasados, es más fácil encontrar interpretaciones comunes —debido, en gran parte, a que estos singulares estudiosos se copian recíprocamente—, aunque no siempre suceda así.

A título experimental, tratemos de confrontar el trabajo de cuatro distintos intérpretes: Renucio Boscolo, Erika Cheetham, John Hogue y Henry Roberts; las cuartetas que siguen a continuación han sido tomadas de la primera colección de las *Centurias*.

Cuarteta 9

De Oriente vendrá el corazón Puúnico
a irritar Adria y a los herederos de Rómulo,
y acompañado de la flota Líbica
hará temblar Malta y las vecinas islas desiertas.

Boscolo: «De Oriente vendrá una voz que engañará a los italianos (el Adria= pueblo afincado sobre el Adriático; herederos de Rómulo = romanos). Esta voz, esta fuerza, sostenida por la flota libia vaciará y ocupará Malta y las islas vecinas»[11] Y siempre Boscolo, pero en otro libro: «La amenaza de las represalias "púnicas" por parte de Libia y de los árabes fundamentalistas contra Italia.»[12]

Cheetham: «Los versos 1-2.... se refieren... a Enrique IV. El hombre que causa problemas del Este y el duque de Parma... Los versos 3-4 se refieren muy probablemente al asedio de Malta de 1565.»[13]

Roberts: «Una descripción extraordinariamente profética del rol del emperador Haile Selassie durante la segunda guerra mundial».[14]

Cuarteta 29

Cuando el pez terrestre y acuático
por fuerte ola sobre la playa será el mensajero,
su forma extraña suave y horrible,
del mar a las murallas muy pronto llegarán los enemigos

Roberts: «Un claro relato del día de la invasión de Normandía, con una descripción exacta de los carros armados y de los medios de desembarco anfibios utilizados por los Aliados.»[15]

Cheetham: «Es ésta una descripción perfecta de un misil balísitico Polaris.»[16]

Cuarteta 87

Fuego imperecedero en el centro de la tierra
hará temblar en torno a la ciudad nueva;
dos grandes rocas desde hace mucho se harán guerra
después Aretusa arrojará nuevo fuego.

Hogue: «Nostradamus quizás quiera decir que de la ciudad de San Francisco o de Los Angeles, en vilo por la famosa falla de San Andrés, subirá el "gran golpe", esperado ya desde hace mucho tiempo, para finales de los años ochenta.» [17]

Boscolo: «Del Centro de la Tierra... se desprenderá del ombligo del mundo hasta el Ennea o del Enna sitio (ciudad), o del monte Etna habrá aviso... Dos grandes *rochets*, o dos grandes bloques, el del Este y el Oeste, en guerra durante *long-temps* (límite-tiempo). [18]

La única cosa que resulta clara de las confrontaciones de este tipo es que, al igual que en las célebres «manchas de Rorschach», en las que cada uno ve lo que proyecta su personalidad, también en las profecías de Nostradamus los distintos intérpretes proyectan significados que están presentes solamente en sus propias mentes.

Dirijamos ahora nuestra atención a aquellas cuartetas, entre las más famosas, sobre cuyo significado están de acuerdo más de un autor, a fin de que podamos llegar a saber si Nostradamus fue en realidad el más grande vidente de la historia o, simplemente, un hábil simulador con un cierto gusto por la filosofía, y con buen oído poético.

La jaula de oro: muerte de Enrique II

Empecemos por las dos cuartetas con las que abrimos el capítulo. He aquí el texto original de la primera, Centuria I, quarteta 35:

Le lyon jeune le vieux surmontera,
En champ bellique par singulier duelle,
Dans caige d'or les yeux luy creuera:
Deux classes une, puis mourir, mort cruelle.

Que, traducido al castellano, dice así:

El león joven al viejo superará
En bélico campo por duelo singular,

En la jaula de oro los ojos le atravesará
Dos tumultos uno, después morir, muerte cruel.

Se trata de la cuarteta más famosa de Nostradamus que, ya en su tiempo, lo convirtió en uno de los videntes más respetados de Europa. Para comprenderla plenamente debemos encuadrarla en su contexto histórico.

En el verano de 1559, se celebró en Francia un matrimonio doble en la corte: el primero, entre una hija del rey Enrique II, Elizabeth y Felipe II de España; y el segundo, entre una hermana del rey, Marguerite, y el duque de Saboya. Tras los festejos previstos, se celebra un torneo en el que nobles caballeros, y en primer término el rey, se desafían en una espectacular prueba de habilidad. En el curso de ese desafío en carrusel, entre Enrique II y Gabriel de Lorges, conde Montgomery, el rey resultó gravemente herido en la cabeza, sobre el ojo derecho, por una astilla de la lanza del conde que se rompió y traspasó el yelmo [19] Enrique murió diez días más tarde.

Fueron muchos los que inmediatamente empezaron a buscar cualquier profecía que pudiese haber previsto el suceso, y fueron varios los que se mostraron convencidos de haberla encontrado en la cuarteta 35 de la primera Centuria de Nostradamus.

«El joven león al viejo superará», como aquí se sugería, podría referirse verdaderamente al conde de Montgomery y al rey, si bien el primero era tan sólo un año más joven. Por lo que se refiere al término «león», es ésta una imagen que los distintos intérpretes han tenido que adaptar a este caso: al no ser el león el símbolo heráldico del rey de Francia, ni haberlo sido nunca, algunos propusieron que se refería al símbolo heráldico del conde de Montgomery, y otros ¡al signo zodiacal del rey o de Francia!

«En bélico campo por duelo singular.» Enrique II no fue muerto en batalla ni en duelo, sino en un torneo en el que normalmente no se esperaba que se produjeran acidentes.

«En la jaula de oro.» Muchos nostradamianos han sostenido que la «jaula de oro» se refería al yelmo de Enrique; sin embargo, es extremadamente improbable que alguna vez se haya fabricado un yelmo de oro, no tanto por su coste sino por la blandura de este metal. De hecho, un yelmo de oro no habría protegido la cabeza de su propietario más que un yelmo de estaño o de cartón.

«Los ojos le atravesará.» Ningún relato histórico habla de heridas en los ojos; la astilla perforó la cabeza de Enrique por encima del ojo derecho.

«Dos tumultos en uno, después morir, muerte cruel.» El término «tumultos», «desórdenes» sería la traducción de la voz francesa antigua *classes*. [20] Al no tener demasiado sentido, se trató de hacer coincidir la cuarteta con la muerte de Enrique II; sin embargo, los nostradamianos prefieren traducir por lo general este término al griego (!), en el que significa «heridas». Pero la traducción sigue siendo desafortunada, porque la herida fue tan sólo una.

En suma, parece que la cuarteta no coincide demasiado bien con los hechos reales; y, según algunos, eso queda explicado por el hecho de que con ella tal vez Nostradamus hubiera querido predecir cualquier otra cosa. Louis Schlosser, en su *La Vie de Nostradamus,* sugiere que se traslade el escenario de los hechos a Inglaterra, y que se tenga en consideración cuanto sigue. El rey Enrique VIII de Inglaterra. cuyo símbolo era indudablemente un león, a la edad de cuarenta y ocho años mandó encarcelar a sir Thomas More (de cincuenta y ocho años) en una prisión real muy especial (¿Jaula dorada?), la Torre de Londres. Este fue el resultado de una prolongada batalla entre los dos por el control del liderazgo religioso de Inglaterra. La lucha era entre dos «clases», la Sacra Romana Iglesia y Enrique VIII. Venció Enrique y, después de que tuviera lugar un proceso-farsa hizo decapitar a More. Todo esto tuvo lugar veinte años antes de que Nostradamus escribiese la cuarteta 1-35. Parece como si nuestro amigo estuviese siguiendo con mucho cuidado la regla número VIII anteriormente citada...

El gran incendio de Londres

He aquí el texto original de la cuarteta 51 de la Centuria II:

Le sang du juste à Londres fera faulte
Bruslés par fouldres de vint trois les six.
La dame antique cherra de place haute:
De mesme secte plusieurs seront occis.

Y la traducción al castellano:

La sangre del justo en Londres vendrá a faltar
Quemados por los fulgores de veintitrés y seis.
La dama antigua caerá de un lugar alto:
De la misma secta muchos resultarán muertos.

En 1666 Londres quedó devastada por una pavoroso incendio que destruyó gran parte de la ciudad y, según los nostradamianos, esta cuarteta lo habría predicho. La primera línea, en general, nos deja un poco perplejos; se da por buena la ciudad de «Londres». Por lo que se refiere al año, por lo general, se obtiene tomando «tres», de «veintitrés», y poniéndolo al lado del «seis»: tres-seis= 666 (falta el 1 pero, siempre según los nostradamianos, en aquellos tiempos estaba de moda no usarlo...) Los «fulgores», naturalmente, representan el incendio. Por lo que respecta a la «dama antigua», los nostradamianos aseguran que en aquella época era ese el sobrenombre de la catedral de St. Paul, que quedó destruída por el incendio. La última línea indicaría que también otras iglesias (sectas) quedaron destruídas (muertos). En realidad no existe ninguna fuente histórica que confirme la afirmación según la cual la Catedral se denominó alguna vez «dama antigua».

James Randi, que ha realizado un magnífico trabajo sobre ésta y otras nueve famosas cuartetas en su obra *La maschera di Nostradamus,* revela que, en realidad, la cuarteta se refería a un suceso que había tenido lugar en el periodo en que la compuso Nostradamus.

1) En 1555, en Inglaterra, la feroz reina católica, que ha llegado a conocerse con el sobrenombre de María «la Sanguinaria», inició una violenta persecución contra los protestantes que no querían convertirse al catolicismo; 2) el 22 de enero de 1555, se empezó a quemar en la hoguera a los herejes en grupos de seis; 3) estas atrocidades continuaron durante tres años, hasta que María, vieja, enferma y arteriosclerótica, murió; 4) su persecución costó la vida a 300 protestantes.

Confrontemos ahora estos hechos con la cuarteta en cuestión, en un castellano más comprensible:

1) La sangre del justo será un error en Londres.

2) Quemados en los fulgores, del 23, los seis.

3) La vieja señora perderá su alta posición.

4) Muchos otros de la misma secta serán muertos.

Los atentados del 11 de septiembre de 2001 [21]

Pocas horas después de los trágicos atentados terroristas del 11 de septiembre de 2001, empezaron a circular en Internet los rumores de que Nostradamus ya los había previsto. Al parecer son más de una las cuartetas que habrían vaticinado aquella tremenda jornada. La 97 de la Centuria VI es la que más ha entusiasmado a los nostradamianos, porque establecería, según dicen, la indicación de la latitud en la que se encuentra Nueva York.

Cinq et quarante degrez ciel bruslera
Feu appocher de la grand cité neuue
Instant grand flamme esparse sautera
Quand on voudra des Normans faire preuue.

«Singular», dice un periódico italiano a propósito de esta cuarteta, «e incluso explícita referencia que hace Nostradamus a la ciudad de Nueva York, definida como la gran ciudad destruida por el fuego, a cuarenta y cinco grados, que corresponde exactamente a la latitud de la metrópoli estadounidense». [22]

Cuando se hacen interpretaciones tan aproximativas no resulta difícil encontrar increíbles confirmaciones y revelaciones estrepitosas; sin embargo, bastaría con abrir un atlas geográfico para descubrir que la latitud de Nueva York no es de 45°, sino de 40° 43'. Ciertamente no faltan grandes ciudades que se encuentran sobre el grado 45° de latitud norte: Lyón (45° 46'), Milán (45° 27'), Turín (45° 4'), Otawa (45° 0'), Krasnodar (45° 1'), Montreal (45° 30').¿Hemos de esperar, pues, que los nostradaminaos indiquen cuál será el escenario futuro de la devastación vaticinada en la cuarteta?

Veamos la traducción literal de esta profecía:

Cinco y cuarenta grados el cielo arderá
El fuego se acercará a la gran ciudad nueva
Al instante una gran llama difusa saltará
Cuando se querrá de los Normandos hacer prueba.

«La interpretación corriente del primer verso», explica el estudiosoo crítico de Nostradamus, Paolo Cortesi, «considera los "cuarenta y cinco grados" como latitud (¿norte o sur?) de la localidad terrestre en la que "arderá el fuego"; pero tampoco resulta inverosímil una interpretación distinta: los 45° son los del cielo (*degrez ciel*) sobre los que Nostradamus señaló la procedencia del fuego, no el punto de su impacto sobre la tierra.»

«Cuando el vidente de Salon escribió esta cuarteta, en 1556», prosigue Cortesi, «todavía se encontraba viva la discusión sobre la expectativa de un cataclismo que habría de destruir la tierra. Dos eran las tesis que se contraponían sobre ese tema: la que predecía el fin del mundo a causa del agua, en un segundo y último diluvio universal; y la que consideraba la posibilidad de un inmenso remolino de fuego que habría engullido y puesto punto final al mundo. Nostradamus era un decidido defensor de esta segunda hipótesis.» [23]

«En las *Propheties,* el "fuego del cielo" se cita dieciocho veces como elemento de destrucción; por tanto no es única la situación prevista en la VI:97, en la cual, además, hay un detalle muy significativo, sobre el cual los nostradamianos no dicen nada: ¿quiénes son los Normandos del último verso? ¿Y qué prueba darán ellos con ocasión del cataclismo vaticinado? El término Normandos (*les Normands, les Normans*) aparece seis veces en las Profecías (VI:16, VI:97, VII:10, IX:7, IX:30, X:51). Es probable que Nostradamus utilizase este término para referirse a la casa de Orleans, cuyas principales y más antiguas posesiones eran las ciudades de Eu y Drieux, en Normandía.»

Otra cuarteta utilizada por los nostradamianos para indicar la previsión de los atentados, es la 72 de la Centuria X. En realidad se trata de una profecía «jolly», a la vista de que los nostradamianos la han reciclado en diversas ocasiones (entre ellas, en 1999 para predecir el fallido fin del mundo):

L'an mil neuf cens nonante neuf sept mois,
Du ciel viendra un grand Roy d'effrayeur:
Resusciter le grand Roy d'Angolmois,
Auant apres Mars regner par bon-heur.

La traducción más adecuada al texto es:

El año milnovecientosnoventaynueve siete meses,
Del cielo vendrá un gran Rey de terror:
Resucitará el gran Rey de Angolmois,
Antes de que Marte después reine por felicidad.

«El único elemento que se presta a ser comparado con la tragedia de Nueva York», continúa Cortesi, «es la mención del gran terror que vendrá del cielo, punto en el que los nostradamianos encuentran la imagen de los aviones que se arrojan contra los rascacielos. A parte del hecho de que no apoya la precisión de Nostradamus el haber definido "Gran Rey del terror" a los dos aviones comerciales. quisiera llamar la atención de los lectores sobre el hecho de que nuestro astrólogo ha utilizado siempre el término Rey (*Roy*, adjetivado de distintas formas) refiriéndolo siempre a personas, pero jamás a cosas. Y además: ¿es resucitado el Rey de Angolmois (?) con ocasión de la llegada del Rey del terror? La pregunta se hace inevitable, ¿al afirmar la veracidad de la primera parte de la cuarteta, se ha de olvidar la segunda mitad? Y, para concluir, los nostradamianos deberían admitir que su profeta se ha equivocado en un par de años al vaticinar la fecha del suceso.»

Pero la profecía que verdaderamente ha impresionado a quienes la hayan leído es otra, la 92 de la Centuria II. Véamosla traducida al castellano:

Fuego de color oro visto del cielo sobre la tierra
Lanzado por una nave aérea creará estupor.
Será hecho prisionero el gran sobrino. Grandes estragos humanos
Espectáculo de muerte, huye el orgulloso.

Ciertamente impresionante. Parece como si no faltara nada: la «nave aérea» que se lanza en una nube de fuego, los grandes estragos, el orgulloso que huye (¿Bin Laden?), el espectáculo de muerte difundido por la televisión... Sólo hay un fallo: que esta traducción ha sido manipulada. De hecho, la cuarteta original se lee así:

Feu couleur d'or du ciel en terre veu:
Frappé du hault, nay, faict cas merueilleuz:
Grand meurtre humain; prins du grand le nepueu,
Morts d'expectacles eschappé l'orguilleux.

Que traducido al castellano suena de este modo:

Fuego color de oro del cielo en tierra visto:
Golpeado de lo alto, nacido, hecho caso maravilloso:
Gran muerte humana; hecho preso del grande el sobrino,
Muerte de espectáculos huido el orgulloso. [24]

La traducción literal es ciertamente desilusionante, al ver que desaparece aquella misteriosa «nave aérea» que tanto había sorprendido a los periodistas y a la televisión. [25]

Las otras cuartetas

Cuando alguien, como James Randi o Paolo Cortesi, se toma el trabajo de ponerse a releer las cuartetas de Nostradamus en la versión más antigua (como ya se ha visto no es posible fiarse de las traducciones de sus «intérpretes»), trata de traducirlo sobre la base del francés antiguo y trata asimismo de estudiar las referencias más logicas adecuadas a la época del «vidente» y, a fin de cuentas, realiza un trabajo de investigación nada indiferente, el resultado es siempre el mismo: quizás Nostradamus fuera un poeta pero, de seguro, nunca vaticinó nada. Su fama se basa únicamente en lo que sus fieles han querido ver en sus frases, vagas y ambiguas.

¿Qué decir entonces de todos los otros acontecimientos de los que, según la leyenda, Nostradamus habría hablado en sus escritos? ¿Acaso no había citado a Hitler, Napoleón, Montgolfier y Gorbachov, mencionados en algunas de sus cuartetas? No, en absoluto. La referencia a Hitler, en realidad, se dirigía al río Danubio en Austria que, en latín, se llamaba *Hister*. Por lo que se refiere a Napoleón, los nostradamianos se han tomado un poco más de trabajo. De hecho, el nombre lo dedujeron estableciendo anagramas, quitando ciertas letras y añadiendo otras, en una referencia que Nostradamus hace a tres ciudades francesas: Pau, Nay y Oloron. Es el mismo tipo de trabajo que los nostradamianos reservan a una referencia al monte Gausier, para establecer el nombre de Montgolfier, el inventor del globo aerostático. Otra profecía que hace algunos años causó verdadero estupor era la que parecía describir con detalle el golpe de la Unión Soviética y la deposición de Gorbachov. El estupor se desvaneció cuando se vio que en el texto original no se hacía ninguna referencia al ex líder soviético, sino a alguien «con el rostro salpicado de sangre» (salpicaduras que los nostradamianos interpretaron como la famosa mancha que Gorbachov tenía sobre la frente) «que se habría puesto a muerte por la novia».

Conclusiones

En conclusión, puede ser útil reproducir la clasificación realizada por Randi, [26] en la que todos los versos de Nostradamus encuentran su colocación sin molestarse en buscar poderes paranormales, como la precognición, de la cual nada, hasta hoy, ha logrado demostrar de forma inequívoca la existencia.

a) Cuartetas del primer tipo: no tienen llímites temporales, por tanto, pueden adjudicarse al pasado o proyectarse en el futuro; Si los hechos nunca suceden, será muy difícil que alguien pueda descubrirlo.

b) Cuartetas del segundo tipo: fueron escritas inmediatamente antes de que se produjera un suceso muy probable. En otras palabras: las circunstancias históricas sugirieron a Nostradamus que ciertos eventos se verificarían de allí a poco, y él, inteligentemente, se aprovechó de ello.

c) Cuartetas del tercer tipo: son aquellas más seguras, escritas después de que se produjera un determinado acontecimiento.

d) Cuartetas del cuarto tipo: complicados enredos semánticos y lógicos de sentido confuso; resulta imposible recabar de ellos algún sentido lógico.

e) Cuartetas del quinto tipo: describen sucesos y circunstancias normales en la época de Nostradamus. En realidad, no se trata de profecías sino, más bien, de comentarios editoriales o de relatos folcóricos.

f) Cuartetas de tipo equivocado: en estos casos la realidad se comportó de forma completamente distinta a lo que había sido profetizado por Nostradamus, ya fuera cuando todavía estaba vivo, o bien después de su muerte.

Podemos estar seguros de que la leyenda de Nostradamus, al ser infundada, sobrevivirá durante centenares de años. De hecho, igual que lo que sucede con la astrología, Nostradamus responde a una necesidad humana muy precisa y difundida: la de saber con anticipación las cosas importantes. Charles J. Cazeau ha escrito: «Allá en domnde existan dudas e incertidumbres encontraremos ansiedad y miedo, tanto si estamos hablando del hombre prehistórico como del urbanita hombre moderno de negocios. La necesidad de protegerse de un futuro incierto ha existido siempre». [27] Es sin duda en esto, probablemente, en donde reside el secreto del éxito de Nostradamus.

Los secretos de Houdini

«Finge una virtud. Si no sabes fingirla, no puedes ser rey.»

LUIGI PIRANDELLO, *Liolà*

Si preguntáis a la primera persona que encontréis por la calle el nombre de un mago, casi con toda seguridad que la mayor parte dirá: «Houdini». A los setenta y seis años de su muerte, Houdini sigue siendo el más grande ilusionista de todos los tiempos. Pero ¿cómo lograba tener éxito en sus aventuras imposibles, cómo podía realizar sus increíbles evasiones? Lo maniataban y encerraban desnudo en una celda y lograba escapar. Lo encerraban atado en un baúl sellado que depositaban en el fondo del mar, y él lograba salir. ¿Cómo era posible? ¿Podía, de verdad, materializar el cuerpo, como sostenía sir Arthur Conan Doyle, el padre de Sherlock Holmes? ¿O, tal vez, había trucos? Houdini era el primero en admitir que era tan sólo un ilusionista, ciertamente el más grande que jamás se hubiera visto, pero nada más que un artista que se servía de trucos para realizar sus números. Trucos espectaculares, ingeniosos, que requerían una enorme habilidad y concentración en algunos casos, pero que no dejaban de ser trucos. Houdini jamás pretendió poseer dotes supranormales e, incluso, en los últimos años de su vida luchó intensamente para desenmascarar mediums y charlatanes que empleaban los trucos de prestidigitadores para embaucar al prójimo.

Entonces, ¿cómo se pueden explicar sus fugas? ¿Qué trucos se pueden hacer para lograr escapar de un depósito llena de agua, sellada exteriormente con cadenas y cerrojos, dentro de la cual estaba Houdini encerrado y atado de los pies a la cabeza?

Hay una serie de trucos que Houdini se llevó a la tumba. Parte del mérito se debe, seguramente, a su destreza y fuerza física, y también a la potencia de sus pulmones, unida a la agilidad con la que podía mover los dedos de los pies, prácticamente prensiles. Pero, como es natural, para abrir las cerraduras tenía que servirse de ganzúas, de duplicados de llaves y de otro tipo de herramientas utilizadas por los cerrajeros. El problema, además, estribaba en saber dónde podía esconderlos, teniendo en cuenta que casi siempre se exhibía desnudo, con un grupo de personas de control que lo vigilaba a muy pocos pasos de él.

¿Hemos de contentarnos, pues, con quedarnos en la ignorancia? ¿Están para siempre perdidos los secretos de Houdini? No. Para nuestra suerte existen una serie de evasiones y de fugas espectaculares que el mismo Houdini pensaba explicar en breve pero que, debido a su prematura muerte, no tuvo tiempo de hacer públicas. Es de ellas de las que vamos a hablar en las próximas páginas. [1]

El mago más grande del mundo

Harry Houdini, considerado de forma unánime como el más grande ilusionista de todos los tiempos, nació en Budapest en 1874 (su verdadero nombre era Ehrich Weis), y emigró cuatro años después a los Estados Unidos con su padre, un rabino, la madre y cuatro hermanos. Durante muchos años pasa privaciones, pero su carrera se va a mostrar, aunque lenta, imparable. En 1899, los periódicos hablan de él: Houdini se deshace de todo tipo de ataduras y cerrojos presentados por el público. Houdini logra salir, en pocos minutos, de las prisiones más seguras. Houdini logra librarse de un par de esposas fabricadas por un famoso cerrajero de Birmingham, una pieza única, fruto de cinco años de trabajo. [2]

No hay desafío que él no acepte y que, al final, no logre vencer. Su éxito es planetario: América, Europa, Rusia y Australia le tributan un auténtico triunfo a toda nueva empresa; como sucede cuando maniatado y encadenado, se arroja desde el puente de la ciudad que visita y resurge totalmente libre de un río helado, en lugar de morir congelado o ahogado. O como cuando inventa la más espectacular fuga de todos los tiempos: el número de la Pagoda de la tortura china: un gran contenedor de vidrio, lleno de agua, en el cual Houdini es sumergido por completo, con los pies atados a la tapa, que a su vez se encuentra cerrada por la parte exterior con dos candados. Al cabo de algunos minutos Houdini está fuera, y la Pagoda se encuentra a sus espaldas totalmente cerrada como la habían dejado los espectadores.

En años sucesivos, Houdini triunfa en el cine, rodando cinco películas, y bate otro record al convertirse, en 1916, en el primer hombre que vuela sobre las alas de un avión, en Australia. En los últimos años de su vida pone todo su empeño en desenmascarar a mediums y espiritistas que, aprovechándose de los trucos del mago, engañan al público.

Incluso su muerte se halla rodeada de misterio. La leyenda y las películas nos cuentan que Houdini murió realizando el terrible número de la Pagoda de la tortura china. Es falso. De hecho, Houdini había presentado aquel número sin problemas durante quince años, cuando murió.

La verdad es que en una noche de 1926, antes de uno de sus espectáculos, un estudiante le retó a contraer los músculos del estómago de forma que pudiera soportar el golpe de sus puños. Houdini aceptó el desafío, pero no tuvo tiempo de preparar los músculos y resultó herido. Al día siguiente acusó fortísimos dolores en el bajo vientre. Fue visto por un médico y operado de urgencia: peritonitis. El 31 de octubre, la noche de Halloween, Houdini murió. Pero su leyenda apenas había comenzado. Como dijo un amigo suyo: «Houdini podía escapar de cualquier cosa, pero nunca podrá huir de nuestra memoria.»

La evasión de las esposas

Una mañana de invierno de 1894, cuando Houdini tenía que trabajar duramente en las ferias de los estados norteamericanos, Bess, la mujer del mago, se despertó y leyó un anuncio que estaba pegado a una de las paredes de la habitación, y que la dejó de piedra: «¡DESAFÍO! Yo, el abajo firmante he depositado en manos del director de este teatro cien dólares ($100) que se entregarán inmediatamente a cualquiera que pueda apresarme con unas esposas de las que yo no sea capaz de liberarme.» El abajo firmante era Harry Houdini, que se autoproclamaba «Rey de las esposas». Bess estaba horrorizada: ¿De dónde habría logrado sacar cien dólares, cuando no conseguían reunir el dinero necesario para hacer una comida decente?

Harry estaba confiado. Había llevado a cabo experiencias secretas con esposas y candados. De hecho, durante todos sus viajes no había perdido ocasión de visitar al herrero local para estudiar nuevas cerraduras y, también, nuevas maneras de abrirlas. Una de las primeras cosas que había aprendido, por ejemplo, era el hecho de que todas las esposas de un mismo modelo se podían abrir con la misma llave. Hoy se da por sentado que todo par de esposas tiene una única llave, diferente a todas las demás, pero en aquella época las cosas no eran así. Por lo que aunque Harry hubiese tenido las muñecas atadas con varios pares de esposas, le hubiera bastado con una sola llave para abrirlas todas (siempre que todas ellas fueran del mismo modelo).

La primera vez que Houdini llegó a Inglaterra, en 1900, se presentó en Scotland Yard desafiando a la policía a que lo manitara con un par de esposas. El jefe de policía le pidió que se abrazara a una pilastra, cerrándole las muñecas con un par de esposas. «Así es como hacemos con los criminales yankis», le dijo riendo. Pero apenas había tenido tiempo de darse la vuelta para volver a su despacho, cuando escuchó a sus espaldas un golpe sobre la pilastra. El guardia se dio la vuelta y vio a Houdini libre, con las esposas abiertas en la mano: «Y así es como nosotros, los yankis, nos liberamos.» ¿Cómo había logrado Houdini librarse tan rápidamente de aquellas esposas? Había estudiado todos los modelos existentes, y había descubierto que las inglesas eran las más fáciles de abrir; era suficiente darles un golpe contra el muro en un cierto punto para que se abrieran inmediatamente. Hoy ya no se utiliza ese tipo de esposas, pero los artistas de la fuga de nuestros días son capaces de librarse incluso de las esposas más sofisticadas utilizadas por la policía.

La evasión de la caldera

En 1907 Houdini realizó una prodigiosa evasión de una caldera de hierro, atornillada por fuera. Una hora después de haber sido encerrado, Houdini aparecía con la ropa destrozada, sucio, sangrante, débil, pero libre. Houdini había triunfado. Convencidos de que se trataba de un sosias, los operarios que habían construdio la caldera rompieron la tapadera, todavía sellada, y vieron que, efectivamente, se hallaba vacío el interior.

El método utilizado en esta evasión se hizo público en los años cincuenta en un periódico americano, por un mecánico amigo de Houdini. Dada su rareza y su dificultad, este número no ha vuelto a ser realizado por ningún otro ilusionista, por lo que es posible revelar aquí este secreto de Houdini que, además de un método ingenioso, demuestra la agilidad de espíritu y el ingenio del gran artista.

Antes del espectáculo, Houdini y el mecánico comprobaron la caldera y decidieron realizar copias idénticas de los tornillos que se utilizarían para cerrar la caldera. Una vez encerrado en la caldera, Houdini se habría servido de un minúsculo cortafrío, que habría guardado previamente en su ropa (en esta ocasión se encontraba vestido), para cortar el trozo de los tornillos que sobresalía por la parte interior de la caldera. De este modo habría podido levantar la tapa y, una vez fuera, sustituir los tornillos cortados con las copias realizadas por el mecánico.

La noche del espectáculo, sin embargo, Houdini se enfrentó a una imprevista y grave dificultad, aunque el público nunca llegó a conocerla. Apenas había cortado el primer tornillo se dio cuenta de que había quedado encajado un pequeño trozo de hierro que le impedía al tornillo saltar fuera. Cubierto de sudor, Houdini lo probó todo para liberar el tornillo, sin lograrlo. Pasaba el tiempo, los ayudantes de Houdini observaban, cada vez más ansiosos, la cabina en la que se encontraba la caldera, y la orquesta se veía obligada a repetir por tres veces la misma música. Finalmente, Houdine tuvo una iluminación: desmontó un segmento de las estructura metálica y utilizó un pedazo de ella a modo de clavo y otro como martillo; de este modo logró hacer saltar el tornillo.

Los periódicos del día hablaron después de la victoria de Houdini en su «test supremo». El mismo Houdini escribió en su diario. «Este desafío representa mi límite. Es la prueba más grande que jamás haya tenido que superar.»

Fuga de la camisa de fuerza

Una de las fugas más famosas de Houdini era aquella en la que lograba liberarse de una camisa de fuerza, mientras colgaba cabeza abajo desde la cornisa de un palacio. Ciertamente, en semejante postura resultaban visibles para todo el público

Houdini, atado y supendido por los pies
de una cadena, trata de liberarse de una
camisa de fuerza.

las contorsiones necesarias para liberarse, dado lo extenuantes y difíciles que resultaban, pero eso no restaba nada de la maravilla que constituía aquel espectáculo. Como en la mayoría de las hazañas de Houdini, lo que verdaderamente contaba
no era tanto el *modus operandi* como las presentaciones que las acompañaban. «El
secreto de un espectáculo válido», escribió Houdini, «no consiste tanto en lo que
realmente haces, sino en lo que el público, amante del misterio, recuerda que has
hecho.»

Houdini se preocupaba tan poco por revelar el truco de la camisa de fuerza que
en 1908, años antes de que lo perfeccionara, publicó una descripción en las páginas de la revista para prestidigitadores que él mismo dirigía, «The Conjurer's Magazine»:

> La camisa está hecha de tela de cáñamo o del tejido empleado para hacer velas, y
> tiene un cuello alto de cuero y puños también de cuero. Los puños se hallan cosidos
> al fondo para formar una especie de saco en el que se meten los brazos. Las costuras
> están cubiertas con tiras de cuero, a las que se hallan pegadas correas de cuero con
> hebillas de acero que ciñen a la persona aprisionada y atan su espalda por detrás.
> Las mangas de la camisa son tan largas que cuando se introducen los brazos y se
> cruzan sobre el pecho, los puños de las mangas que están atadas por las correas y
> hebillas, se encuentran, sobreponiéndose, en la espalda. La abertura de la camisa de
> fuerza se encuentra en la parte posterior, que está cerrada con correas y hebillas.

Lo primero que hay que hacer para librarse es situar el codo —cuya mano correspondiente se encuentra sobre el codo opuesto— sobre algún punto de apoyo sólido, y con un gran esfuerzo físico ejercer sobre ese codo una presión que lo vaya empujando de forma gradual hacia la cabeza. Después, con otro prolongado esfuerzo, se puede empujar la cabeza bajo el brazo más bajo para llevar ambos brazos hacia la parte delantera del cuerpo.

Una vez que los brazos se encuentran ya sobre ese punto, es decir, delante del cuerpo, se pueden desengachar con los dientes las hebillas de los puños; después, se sueltan las hebillas de la espalda con las manos todavía encerradas en las mangas de tela, y se quita la camisa de fuerza.

Como testimonio del hecho de que esta evasión conseguía siempre asombrar al público y regalar a Harry la primera página de los periódicos, basta con recordar lo que sigue. El 19 de abril de 1916, el *Times* de Washington titulaba: *La ruptura con Alemania a causa de los U-Boat es inminente.* Ello significaba que si bien hasta entonces para América la guerra en Europa parecía hallarse a años luz de distancia, ahora se encontraba a punto de entrar en el conflicto. Era conocido el hecho de que los submarinos alemanes, los U-Boat, habían empezado a atacar a los buques mercantes americanos para intentar cortar el abastecimiento a Europa. El presidente Woodrow Wilson no podía aceptar más ataques y, en un discurso al Congreso, advertía a Alemania que en el caso de que se produjeran nuevas provocaciones, se rompería la paz entre ambos países.

Pese a la dramática crisis, el *Times* no podía por menos de encontrar espacio, en su primera página, para un artículo titulado: *Houdini se libera de una camisa de fuerza a una altitud de 100 pies (más de 30 metros).* Artículo que continuaba en segunda página a ocho columnas, y con fotografía incluida, que mostraba a «la mayor muchedumbre registrada en una zona de Washington, si se exceptúa la ocasión del nombramiento del nuevo presidente.

La zambullida en el río «helado»

Ya desde pequeño, Houdini era un apasionado nadador y, a punto de cumplir los treinta años, había vuelto a ejercitarse. Nadaba en todas las ocasiones en que tenía posibilidad de hacerlo; en los ríos, en el mar, en las piscinas de los gimnasios y en el hotel. Quería ponerse en forma y aumentar su capacidad pulmonar con el ejercicio. En su casa de Nueva York se había hecho construir una inmensa bañera empotrada en el pavimento. Todas las mañanas a las siete, se despertaba y se preparaba para una extenuante serie de ejercicios físicos. Quería, ante todo, habituar su cuerpo a temperaturas cada vez más bajas; y, después, tenía la intención de aumentar su capacidad de permanencia bajo el agua sin respirar.

Para conseguir el primer objetivo, todos los días se sumergía en la bañera, cuya agua se mantenía cada vez más fría, mediante una cantidad progresivamente mayor de hielo. En su diario iba registrando las pruebas preparatorias, de la siguiente forma: «7 de enero, ¡cáspita! ¡me doy un baño frío!», «9 de enero, me doy un baño a diez grados», «10 de enero, me doy un baño frío a nueve grados», «16 de enero, baño frío, ¡a cinco grados!: accidentes por el frío.» «18 de enero, el agua a casi dos grados». Al llegar a este punto, su médico le prohibió seguir bajando la temperatura. «Para mí ya constituye una hábito», escribió en su diario, «me siento bien sólo después de uno de esos baños».

Además de esto, se ejercitaba también en contener la respiración bajo el agua. Con Bess que lo cronometraba, logró alcanzar un impresionante record de casi tres minutos en apnea. Sin embargo, en esos casos el agua estaba a temperatura normal; y el máximo que llegó a alcanzar sin respirar, en aguas heladas, fue de treinta y ocho segundos.

Todo esto le servía a Houdini para una nueva evasión espectacular: la zambullida en el río, maniatado y encadenado.

La zambullida en el río, inspirada en el mismo gesto que tenían muchos suicidios, era una evasión realmente peligrosa, que, en el curso de los años, le costaría la vida a varios imitadores imprudentes. [3] Pero Houdini se había preparado durante meses, y había estudiado todos los particulares hasta sus mínimos detalles. A pesar de encontrarse en pleno invierno, Houdini decidió que había llegado el momento de presentar este nuevo y peligroso número. Seguidamente, vamos a relatar esta historia, según la ha novelado Harold Kellock, en la primera biografía realizada sobre el ilusionista, y que, posteriormente, ha sido repetida durante años.

Llegado a Detroit, en noviembre de 1906, para una serie de espectáculos, Houdini decidió estimular el interés del público, en lugar del número de la evasión de la prisión local, con un espectáculo gratuito muy particular: se zambulliría, maniatado y encadenado, desde el puente de Belle Island, A pesar de que se le comunicó que el agua del río estaba helada y que no podría zambullirse, Houdini no se dio por vencido.

«—¿Cómo? ¿Que no puedo zambullirme?— preguntó Houdini.

—El río se heló ayer noche; ahora el hielo se encuentra demasiado duro, y usted no lograría romperlo para poder zambullirse en el agua. ¿No le sería posible escoger otro número, que resultara también atractivo?

—El número del río se puede llevar a cabo— rebatió Houdini. —Basta con que usted encargue a alguien que haga un agujero bajo el puente.

—De acuerdo, pero...

—Ningún pero— le interrumpió el ilusionista. —Haga lo que le he dicho y verá que el número tendrá lugar, como estaba previsto.»

En el puente de Belle Island, de Detroit, se había congregado una inmensa muchedumbre; otras muchísimas personas se alineaban a lo largo de la ribera del río Detroit, para ver al gran Houdini en acción.

El prodigioso ilusionista había prometido dejarse maniatar, y después de que le pusieran cepos y cadenas en los pies, arrojarse al agua helada. Posteriormente se liberaría de las cadenas en menos de dos minutos. Parecía algo imposible. ¿Pero quién, si no el gran Houdini, habría arriesgado la vida en un número como ése, de tan alta acrobacia?

Houdini llegó puntualísimo al puente. Con una sonrisa confiada se fue despojando de toda la ropa, hasta quedar en traje de baño. Después, un policía cerró las esposas y los cepos. Houdini sonreía y saludaba agitando las manos, mientras que la muchedumbre le aclamaba, y otros policías controlaban las cadenas para asegurarse de que estaban bien cerradas. Finalmente llegó el gran momento de la zambullida. Houdini se inclinó hacia la multitud, se lanzó desde un lateral del puente, y con un ruido sordo desapareció en el agujero hecho en el hielo.

Bajo el agua se liberó rápidamente de las esposas y, después, de las cadenas y cepos. Apenas quedó enteramente libre se dispuso a emerger.

¡Pero algo no estaba funcionando como era debido! Por encima de su cabeza no había ninguna apertura hacia el aire libre, sino tan sólo un muro de hielo sólido.

Houdini siempre estaba preparado para enfrentarse a una situación de emergencia. Siguiendo sus órdenes, se hallaba en el puente un hombre provisto de una gruesa cuerda, dispuesto a intervenir en el caso de que algo no marchara bien.

El hombre que debía ayudarle empezaba a impacientarse y no dejaba de mirar su reloj. ¡Houdini ya llevaba bajo el agua dos minutos! Tenía que haberse librado de las cadenas, ¿qué estaba pasando?

Si Houdini no aparecía a los tres minutos, su ayudante tenía la obligación de atar la cuerda al puente y arrojar la otra punta al agua.

Empezó a extenderse entre la multitud un murmullo de confusión. El ayudante volvió a comprobar su reloj: habían transcurrido ya tres minutos... Se dirigió hacia el parapeto con la cuerda en la mano, pero sus dedos se movían de forma tan torpe a causa del frío, que no lograba anudar debidamente la cuerda.

Mientras estaba sucediendo todo esto sobre el puente, Houdini intentaba salir a la superficie en el punto en el que se había zambullido, pero sobre su cabeza no había más que hielo. Durante un rato nadó siguiendo la corriente; miró hacia arriba: ¡hielo! ¿Podría haberse helado el agujero en tan poco tiempo? Trató de abrirse paso rompiendo el hielo, pero la capa era demasiado gruesa. ¡Tenía que hacer algo! Le faltaba el aire y tenía necesidad urgente de salir a la superficie.

Al cabo de un instante tuvo una idea: se dejó llevar lentamente hacia el hielo; ahora se encontraba justo entre la superficie del agua y la gruesa capa de hielo, y allí había una delgada bolsa de aire. Flotando sobre su espalda y aplastando la nariz contra el hielo podía respirar; sin embargo, sabía muy bien que no podría continaur así durante mucho tiempo. El agua estaba verdaderamente helada, y el cuerpo empezaba a sentir su zarpazo.

Tras haber llenado sus pulmones de aire, Houdini hizo una nueva tentativa para hallar el agujero. No logró encontrarlo. Había estado alejándose tanto del agujero que no podía ver la cuerda; esto significaba para él una muerte segura por congelación.

Empezó a temblar. ¿Cuánto tiempo llevaba bajo el agua? ¿Qué le había sucedido a su ayudante? Estaba seguro de que llevaba sumergido más de tres minutos.

Mientras tanto, la muchedumbre esperaba en silencio, observando cómo el ayudante ataba la cuerda al parapeto del puente. Millares de ojos estaban fijos en el punto en que Houdini había desaparecido.

Los cronistas habían enviado mensajes a los periódicos diciendo que, probablemente, el ilusionista había realizado su último número; los médicos invitados a asistir al espectáculo se hallaban convencidos de que Houdini se había ahogado.

Llevaba más de seis minutos bajo el agua, y ésta estaba muy fría, helada...

Cuando el hombre del puente logró finalmente lanzar la cuerda al hielo, la multitud se puso a gritar «¡Rápido!» «¡Rápido!».

La soga se hundió en el agua. Mientras tanto, Houdini sentía como el sopor se iba adueñando de brazos y piernas; trataba de mantenerse tranquilo, pero cada vez le resultaba más difícil poder respirar. Se pegó nuevamente al hielo para procurarse un poco de aire, y después se zambulló en busca del agujero.

Algo brilló delante de él.

Se puso a nadar hacia aquel objeto que parecía flotar en el agua, pero los brazos le dolían mucho por la torpeza que ya los dominaba; el mero hecho de moverlos representaba un enorme esfuerzo. Poco a poco fue acercándose a aquella cosa que flotaba... ¡Era la cuerda!

La aferró con ambas manos y dio un fuerte tirón.

La multitud aplaudió frenéticamente cuando el ilusionista fue saliendo del agua; los espectadores habían visto más de lo que esperaban ver. Houdini temblaba de frío, pero aún así se esforzó en saludar e inclinarse. Después se sonrió pensando que el hallarse todavía con vida era una gran suerte. ¡Había permanecido bajo el agua ocho minutos! [4]

El relato, debidamente novelado, parece verosímil. Los periodistas lo creyeron y también lo creyó el público Se convirtió en la más famosa exhibición al aire libre de Houdini. Pero, efectivamente, había podido suceder alguna cosa, más o menos extraña. Se sabía, por ejemplo, que ciertas personas que habían caído en el hielo habían logrado salvarse respirando el aire existente entre la superficie del agua y las capas heladas. [5] Sin embargo no era propio de Houdini llevar a cabo algo peligroso sin haber calculado antes todos los riesgos.

Cuando contaba esta historia (y la contó hasta el fin de sus días) Houdini sostenía que había tenido lugar el 2 de diciembre de 1906; en realidad la evasión del río Detroit se había producido el 27 de noviembre de aquel año. Finalmente alguien

Cartel del último espectáculo de Houdini,
una versión espectacular (¡y más segura!) del
número del «sepultado vivo».

encontró un recorte del periódico de Detroit que contaba cómo habían sucedido
realmente las cosas aquel día:

> Atado a una cuerda de ciento trece pies, maniatado con dos pares de las mejores es-
> posas del departamento de policía de Detroit, con el coraje de un león...... Houdini,
> el hombre de las maravillas que ahora exhibe su espectáculo en el Temple Theater,
> se ha lanzado al agua desde el puente de Belle Island, hacia la una del mediodíia de
> hoy, se ha liberado de las esposas bajo el agua, después ha nadado hacia la barca
> que lo esperaba, ha presentado las esposas abiertas y ha saltado a bordo.[6]

Dicho con otras palabras, Houdini había realizado así una hazaña sensacional:
se había zambullido maniatado en las aguas de un río frigidísimo y había surgido a
la superficie completamente libre; pero el río no estaba helado y Harry tenía una
soga que le unía a la vida.

Si bien era ésta la zambullida de la que Houdini hablaba más, la que, en realidad, consideraba más importante era la primera, realizada algún tiempo antes, en
Nueva York. De hecho, aquel día se encontraba incluso su madre entre el público.
«Quería que estuviese cerca de mí», escribió, «porque era mi primera zambullida
con las manos atadas. Temía que me pudiera suceder algo». Y después, en una
anotación entusiasta, añade: «¡Mamá me ha visto saltar!»

¡Sepultado vivo!

Desde siempre atraído por los cementerios y las tumbas, Houdini encontró en
1916 el modo de llevar al escenario su obsesión. En Los Angeles anunció que se

encerraría en un ataúd y que estaría sepultado vivo bajo tres metros de tierra. De esa manera es como debería intentar la imposible fuga. Setenta años antes, Edgar Allan Poe había escrito, en *La sepultada viva:*

> Ninguna circunstancia se halla más terriblemente adecuada para producir la idea de la suprema angustia física y mental, que un enterramiento antes de que se produzca la muerte. La insoportable opresión de los pulmones, los morbosos humores de la tierra húmeda, el sudario pegado al cuerpo, el abrazo rígido del angosto ataúd, la obscuridad de la noche absoluta, el amenazante silencio que parece un mar que está a punto de sumergirte, la palpable pero invisible presencia del Gusano Conquistador... estas sensaciones, a mi juicio, desgarran el corazón que todavía palpita, con una mordedura de terror tan enorme e intolerable que no puede ser concebida ni siquiera por la imaginación más férvida. No existe en toda la Tierra nada más alucinante.

En los planes de Houdini, esta experiencia «alucinante» que venía estudiando desde hacía cuatro años, debería constituir el nuevo espectáculo publicitario al aire libre, que sustituiría al de las zambullidas desde el puente. En un principio, Houdini lo estuvo experimentando haciéndose maniatar y enterrar bajo 30 o 40 centímetros de tierra. Según sus cálculos, la fuga debería desarrollarse en estos términos:

> Me hago encerrar en una caja de embalaje y enterrar en una fosa de dos metros de profundidad que, posteriormente, se recubrirá de tierra o de arena.

> La caja debe estar hecha de forma que se abra por una lado, a fin de que yo pueda (salir) arrastrarme hacia el aire libre.

> Es necesario que la fosa en la que se va a enterrar la caja sea grande de modo que al salir no me encuentre contra la tierra compacta, sino que pueda arrastrarme entre la arena o la tierra que se ha depositado sobre la caja dentro de la que estaba. Es necesario hacer antes una prueba para ver qué cantidad de aire puedo contener en los pulmones.

Sin embargo, al hacer un ensayo con ese número, a 3 metros de profundidad, comprendió que sería la última vez que lo intentaría. Cuando se encontró bajo tierra, y logró salir de la caja, quedó cubierto por la tierra que le entraba en la boca y le tapaba la nariz. Le faltaba el aire, y se dejó llevar por el pánico durante un instante, sintiéndose perdido. Después se calmó y encontró fuerzas para salir. Tuvo que arrastrarse como un gusano, excavando con los dedos y destrozándose las uñas, para poder llegar, completamente exhausto a la superficie y ver de nuevo el azul del cielo. En sus apuntes, escribió: «He probado el "sepultado vivo" en Hollywood y casi (?) no lo logro. Muy peligroso; el peso de la tierra es mortal.»

El faquir sepultado

Sin embargo, un año después, Houdini recuperó la idea de la sepultura para hacer un gran espectáculo, el último de su carrera, del que se hablaría en todo el mundo.

En mayo de 1926, convertido ya en un auténtico enemigo de los charlatanes del espiritismo y de lo paranormal, Houdini dirige su atención hacia una nueva maravilla, importada en los Estados Unidos por Hereward Carrington, un estudioso de los fenómenos paranormales, con el que Houdini se había encontrado muchas veces en el pasado.

La «atracción» de Carrington, aquel mayo, era un tal Rahman Bey, un faquir egipcio de veintiséis años, que había debutado con un espectáculo en el Selwyn Theatre, de Nueva York. Durante su número, que era presentado y comentado durante toda la actuación por Carrington, Bey se clavaba alfileres en el cuerpo, se hacía partir una piedra sobre el pecho, se tumbaba sobre un lecho de clavos y llevaba a cabo toda una serie de los números típicos de los faquires. Sin embargo, su número fuerte era una variante del de la sepultura en vida; se hacía encerrar en un ataúd sellado que se enterraba en la arena. Bey resistía bajo tierra durante unos diez minutos, después se recuperaba y explicaba que podía llevar a cabo ese número gracias a una misteriosa «catalepsia anestésica».

Houdini no se sintió en absoluto impresionado. Conocía muy bien los trucos utilizados por Bey, que él mismo había descrito en su libro *Miracle Mongers and Their Methods*.[7] Lo que había inducido a Houdini a tomarse el trabajo de investigar sobre este nuevo charlatán era, por un lado, las afirmaciones de Bey según las cuales sus demostraciones eran posibles gracias a misteriosos poderes de la mente; por otro, el apoyo que le prestaba Carrington.

A primeros de julio, Bey presentó una variante del número de la sepultura; en vez de hacerse enterrar en la arena, se sumergiría dentro de su ataúd de bronce en el río Hudson, de Nueva York. Prometió que permanecería bajo el agua y sin aire durante una hora. Sin embargo, apenas el ataúd tocó el agua empezó a sonar un timbre de alarma que iba sujeto al ataúd. Se necesitó un cuarto de hora para que los operarios lograran abrir la caja sellada. Bey dijo que no se acordaba de haber hecho sonar el timbre porque se encontraba «en trance»; no obstante, pudo vanagloriarse de haber resistido durante veinte minutos.

Houdini lanzó su desafío: «Garantizo», escribió en el *Evening World* «que puedo pernanecer en un ataúd, como hizo el faquir, durante todo el tiempo que él estuvo encerrado sin necesidad de ningún trance catiléptico.»

Sin embargo, pocos días después, Bey anunció que intentaría la prueba de nuevo durante una hora, en una piscina pública. Una vez sellada la tapa del nuevo ataúd de cinc, Bey fue sumergido en el agua de la piscina y fue recuperado, vivo, al cabo de un hora exacta del momento en que había sido encerrado. La hazaña tenía algo de milagrosa.

Así pues, Houdini se encontró con que tenía que hacer frente a un desafío lanzado, quizás, demasiado apresuradamente. En el pasado Harry había demostrado al mundo su habilidad para evadirse de cajas de todo tipo, y de poder permanecer sin respirar más tiempo que cualquiera. Ahora, sin embargo, la prueba era distinta: no se trataba de escapar velozmente de una caja, sino de permanecer en ella el mayor tiempo posible. Además, Houdini tenía cincuenta y dos años, y su físico estaba más gastado que veinte años atrás.

Lo primero que Houdini decidió comprobar era si verdaderamente una caja como la que había utilizado Bey sólo contenía aire suficiente para sobrevivir tres o cuatro minutos. Así que se hizo construir una caja idéntica a la suya y, con gran secreto, se aprestó a hacer su prueba. Hizo adaptar un timbre de alarma y también un teléfono, de modo que pudiera comunicar sus sensaciones a los ayudantes que lo aguardaban fuera. Cuando comenzó a ejercitarse para descubrir cuanto tiempo podría resistir sin aire, se encontró con que se cansaba mucho a la hora de hacer resistir a sus pulmones.

En la primera prueba de la caja sellada resistió cuarenta y cinco minutos, al cabo de los cuales empezó a sudar y le falló la respiración: pidió que lo sacaran. Se necesitaron todavía casi veinte minutos para romper las soldaduras; así pues, en su primera prueba Houdini ya había batido el record de Bey. Pero Houdini no se confió. No se había sentido todo lo débil que debiera haberse sentido, y sospechó que tal vez entrara aire en la caja.

En la segunda prueba mandó a los operarios que hicieran unas soldaduras más seguras, a prueba de aire. Al cabo de los primeros cincuenta minutos empezó a hacer respiraciones profundas, pero dijo que se encontraba todavía bien. La caja tenía una cobertura de cristal que le permitía mirar lo que estaba pasando fuera, y poder controlar de ese modo a sus ayudantes. «Me fastidiaban los movimientos», escribió en sus notas, «estaba molesto por los balanceos que hacía uno de mis asistentes cerca de la caja.» Pensó que se trataba de un problema de nervios. Al cabo de una hora y diez minutos pidió que lo sacaran. Ahora ya estaba preparado para el desafío.

La demostración pública debería tener lugar el 5 de agosto de 1926, en la piscina del hotel Shelton. Houdini envió invitaciones a los principales periodistas de Nueva York; cuando llegó al lugar se encontró con que la piscina estaba llena con un centenar de periodistas y curiosos. Inesperadamente el ambiente se mostraba más cálido de lo que él había previsto, y temió que esa circunstancia pudiera provocarle problemas. Se había hecho construir para la ocasión un nuevo ataúd de hierro y cinc, de dos metros de largo, uno de ancho y otro de alto. Algunos de los médicos presentes estimaron que el oxígeno del interior de la caja se consumiría rápidamente, y que el anhídrido carbónico expulsado por Houdini habría llenado el ataúd al cabo de tres o cuatro minutos.

Houdini, que llevaba puesto unos pantalones deportivos obscuros, pasó varios minutos haciendo ejercicios respiratorios; después se preparó para entrar en la caja. «Si muero», dijo, «será por voluntad de Dios, y por mi inconsciencia». Cuando la caja estuvo completamente sellada era mediodía. En el momento en que la sumergieron, algunos asistentes tuvieron que levantar los pies, porque la caja estaba bajo el nivel del agua.

Jim Collins se comunicaba con el jefe mediante un teléfono de batería que tenía dispuesto todo el tiempo. Houdini se sentía más irritable de lo que había estado durante las pruebas, debido al calor excesivo existente dentro de la caja. Los asistentes agitaban, de vez en cuando, la caja para mover el aire que había en el interior, y en más de una ocasión Houdini estuvo a punto de gritar para que se estuvieran quietos. Al cabo de unos cincuenta minutos empezó a boquear: el aire estaba demasiado caliente y la única comodidad de que gozaba era un pañuelo húmedo que tenía. Finalmente sonó la hora, pero Houdini dijo que quería permanecer un poco más.

Parece ser que en un determinado momento el agua empezó a entrar en la caja. Cuando Collins le llamó para decirle que ya llevaba una hora y doce minutos, Houdini decidió permanecer todavía tres minutos más, para batir el record de Bey en quince minutos exactos. Con el pecho que se le alzaba y abatía como un acordeón, dijo que todavía podía resistir tres minutos más. Permaneció quieto hasta que llegó a la hora y veintiocho minutos; después empezó a ver luces amarillas delante de los ojos, y se sintió desfallecer. Pidió entonces que lo sacaran. Cuando finalmente se abrió una puertecilla en el lateral de la caja para que entrase aire mientras se desmontaba la tapadera, Houdini extendió un brazo para que le pudieran medir las pulsaciones. Antes de la prueba tenía 84 al minuto, ahora alcanzaba los 142 latidos. Cuando salió, cubierto de sudor y pálido, se sentía muy débil y tenía en la boca el sabor del metal, pero como más tarde titularía el «New York Times» ¡había vencido! A los cincuenta y dos años, había batido a un hombre que tenía la mitad de su edad, habiendo permanecido en la caja durante una hora y treinta y un minutos.

Entusiasmado por sus resultados, Houdini comunicó los detalles de su experimento al doctor W. J. McConnell, médico del departamento de minas americano, considerando las informaciones útiles desde un «punto de vista humanitario». El doctor McConell las encontró verdaderamente válidas, ya que podrían salvar la vida a mineros atrapados en las minas. Houdini explicó que quien moría rápidamente en tales condiciones era la persona que no lograba controlar el pánico; si se lograba mantener la tranquilidad, explicó, era posible resistir tiempo necesario hasta que llegaran socorros. [8]

Algunos colegas, entre los que se contaba el propio Carrington, insinuaron que Houdini había recibido suministro de oxígeno a través de un tubo, incluso por el mismo cable de la línea telefónica. Houdini escribió a un amigo: «Hay algunos que dicen que la cosa ha estado trucada. Te doy mi palabra de honor de que no he hecho nada, excepto mantenerme acostado y permanecer en calma. Durante semanas he estado ejercitándome en el agua para habituar los pulmones a combatir la

Intenso primer plano de Houdini.

falta de aire; al cabo de una hora empecé a fatigarme, y pienso que logré resistir sólo gracias a mi entrenamiento. Puedes estar seguro de que no es una invención y que no ha habido ningún truco; mantente tranquilo en el ataúd haciendo respiraciones breves. Lo he comprobado dos veces en un ataúd con tapa de vidrio, para ejercitarme. No tengo ninguna duda de que lo puede hacer cualquiera.» [9]

El secreto más grande

Asi pues, en la carrera de Houdini hubo una gran habilidad técnica, una espectacular capacidad para crear sucesos memorables y un raro talento para hacerse publicidad; pero tambien dispuso de una notable agilidad mental, mucho ejercicio y, naturalmente, una buena dosis de los «trucos» del oficio.

No obstante queda por explicar el secreto más grande: ¿Cómo es posible que un hombre que ha desaparecido hace setenta y seis años se encuentre todavía tan «vivo» entre nosotros, sin que su leyenda parezca decrecer, sino que más bien se amplía siendo motivo de los nuevos libros y películas que se le dedican? ¿Cuál es el verdadero secreto de tanto éxito?

Probablemente ha sido la mujer del propio Houdini, Bess, la que lo intuyó cuando dijo sencillamente que «el secreto de Houdini es el propio Houdini». Cualquiera que quisiera hacerlo podría repetir sus proezas de ilusionismo y sus fugas más famosas, y así lo han hecho muchos prestidigitadores e ilusionistas. Pero, evidentemente, eso no basta, porque ninguno, con excepción de Houdini, logró jamás ganarse un puesto perpetuo en la imaginación colectiva. Sólo hubo un Houdini, y no podrá haber otro.

Sobrenatural

El enigma de la Síndone

«Dubitando ad veritatem pervenimus
(Dudando, llegamos a la verdad).»

CICERÓN

Sobre dos altares de la catedral de San Juan Bautista de Turín, detrás de una reja de hierro, en una caja también de hierro, conservada dentro de un recipiente de madera, cerrado con tres cerraduras distintas, se guarda un pedazo de tela de lino, envuelto en seda carmesí. Desde hace seis siglos es uno de los objetos más famosos y discutidos del mundo: [1] se trata del sudario, o como se dice en griego, la «Sindone» de Turín. Según muchos, se trataría del lienzo en el que fue envuelto el cuerpo de Jesucristo, cuando fue bajado de la Cruz.

Se trata de un objeto rico en misterios. Sobre él aparece la imagen tenue y desvaída de un hombre; sin embargo, no se trata de una imagen en positivo, como podría ser la que se obtuviera haciendo un dibujo sobre la tela, sino que dicha imagen está en negativo. Esto se descubrió en 1898, cuando fue fotografiada la Síndone por primera vez. Al observar los negativos de la fotografía apareció la imagen real del cuerpo de un hombre barbado, de un metro setenta y siete centímetros de estatura, cubierto de heridas, crucificado y con una herida en el costado. Todo parecía corresponderse con la historia de Cristo narrada en los Evangelios. ¿Podría tratarse entonces del auténtico lienzo sagrado, que hubiera sobrevivio a casi dos mil años de traslados, robos e incendios?

Cuando lo permitieron los avances técnicos, en 1988, la Síndone fue sometida a la prueba del «carbono 14», una técnica utilizada para lograr la datación segura de los descubrimientos arqueológicos. El resultado demostró que la Síndone había sido fabricada entre 1260 y 1390, casi 1300 años después de Cristo.

¿Entonces se trataba de una falsificación? Y si lo era, ¿quién la habría falsificado? ¿Con qué técnicas? ¿Quién era el hombre representado en el lienzo? ¿Y si, por algún motivo desconocido, la técnica de datación se hubiera equivocado?

Para responder a esta y a muchas otras preguntas, se abrieron una serie de informes de los estudios realizados sobre la Síndone en el curso de los años, que seguramente ha podido consultar el lector. No obstante, yo he preferido pedir a mi querido amigo y compañero de fatigas, Luigi Garlaschelli, que lleve a cabo esta investigación y que, después, nos diga sus resultados. Además de ser químico en la universidad de Pavia, Garlaschelli se ha labrado en los últimos años fama de experto en el campo de lo «religioso paranormal».

Este calificativo de lo «religioso paranormal» ha sido propuesto por el mismo Garlaschelli para indicar diversos fenómenos que, técnicamente definibles como paranormales, han vivido unas circunstancias vinculadas, más o menos directamente, a alguna instancia religiosa. En tal sentido el calificativo podría comprender lo que comúnmente se suele definir como «milagros»; por ejemplo, curaciones milagrosas, imágenes que lloran, reliquias sagradas, levitaciones de santos, visiones, apariciones, estigmas, bilocaciones, y muchas otras. «Por otra parte, cada uno de estos fenómenos», observa Garlaschelli, «ha sido producido en circunstancias no vinculadas a lo religioso, y que se ha comprobado como fruto de la prodigiosa capacidad de personas sensitivas o mediums. El recurso a la religión ha sido una manipulación de charlatanes que afirman que sus presuntos poderes proceden de Dios. Así pues, el criticarlos (o desenmascararlos) no es un legítimo derecho a la duda, sino que se convierte en un acto impío. Este punto de vista se halla actualmente muy difundido en los Estados Unidos, gracias a los llamados "televangelistas", y a los sanadores carismáticos.»

Lo religioso paranormal es un campo de investigación particularmente difícil; los fenómenos paranormales «clásicos» que son estudiados por los parapsicólogos, si realmente existieran, violarían las leyes establecidas por la naturaleza; pero se espera —de forma más o menos explícita— que también deban obedecer a leyes y reglas propias. Esto significa que, una vez que son comprendidos, deberían ser estudiables y reproducibles en las adecuadas condiciones. Por eso se dice, alguna que otra vez y de forma paradójca, que si lo paranormal existiese y fuese comprensible, se volvería «normal». En el campo de los religioso paranormal, el fenómeno dependería por el contrario, como ya se ha dicho, de una divinidad, o bien de un ser personal dotado de voluntad propia (no necesariamente comprensible para el intelecto humano) que ordenase y alterase a su gusto las leyes naturales creadas por él. Por ejemplo: decidiendo no hacer «milagros» en presencia de investigadores animados por curiosidad profana, y haciéndolos solamente en presencia de fieles, o realizándolos de un modo aparentemente caprichoso.

Garlaschelli ha llevado a cabo muchas investigaciones sobre presuntos prodigios y reliquias consideradas milagrosas: tanto la de la sangre de san Genaro, una de sus más famosas indagaciones, como las de otras reliquias de sangre (san Lorenzo, san Pantaleón), la del «milagro de Bolsena», la de las estatuas de las Madonas que lloran, de las estatuillas hindúes que parecen beber leche, de los prodigios de los faquires y santones hindúes, y muchas otras. En lo que respecta a la Síndone ha recogido sus consideraciones y pesquisas en un libro, *Processo alla Sindone* (Avverbi, 1998). Las páginas siguientes son, por tanto, una exposición completa y puesta al día sobre todo cuanto conviene saber en relación con la Síndone.

LA SÍNDONE ENTRE LA CIENCIA Y LA PSEUDOCIENCIA
Por Luigi Garlaschelli

La tela que hoy conocemos como la Síndone de Turín, apareció inopinadamente en una pequeña iglesia colegiata de Lirey (Champagne) en Francia, alrededor de 1356, propiedad de un pequeño señor feudal, Goffredo de Charny, soldado de valor probado, que llevó una vida guerrera. El 24 de junio de 1346 participó en la liberación de Esmirna contra los turcos, y fue nombrado caballero del rey.

No existe ninguna referencia anterior a esta particular «reliquia», y ni Goffredo ni sus descendientes llegaron a explicar jamás con exactitud cómo habían llegado a poseerla. En una carta del 28 de mayo de 1356, el obispo de Troyes, Enrique de Poitiers, alaba la fundación de la colegiata pero no hace el menor comentario sobre la Síndone, la cual tanto le preocupó más tarde.

El 19 de setiembre de 1356 muere Goffredo en la batalla de Poitiers contra los ingleses. Parece, pues, que en realidad la primera manifestación sobre el lienzo se hiciera en su ausencia, o inmediatamente después de su muerte.

Pierre d'Arcis (obispo sucesor de Enrique de Poitiers), en un posterior memorial, escribió que fue el decano de la colegiata (Robert de Caillac) quien se procuró tal Síndone (el hijo de Goffredo, Goffredo II tenía, a la sazón, once años).

La aparición de la Síndone en Troyes suscitó un avispero de polémicas poco conocidas, que vale la pena relatar. Del memorial de Pierre d'Arcis (1389) al papa Clemente VII, tomamos toda la historia posterior a la primera manifestación, y a las acciones realizadas por su predecesor, Enrique de Poitiers:

> «Hace algún tiempo que en esta diócesis de Troyes, el decano de una iglesia colegiata, es decir, la de Lirey, mediante falsedad y engaño, y consumido por el fuego de la avaricia y de la avidez, sin ánimo de devoción sino de lucro, afirmó que tenía en su iglesia una cierta tela pintada artificialmente, sobre la cual se había dibujado de forma ingeniosa la imagen de un hombre, tanto la parte delantera como la posterior, declarando y fingiendo falsamente que aquello era el verdadero Sudario en el que nuestro Salvador Jesucristo fue envuelto en el sepulcro, y sobre el que toda la efigie del mismo Salvador, con las heridas que había sufrido, permanecía así impresa. Esto fue divulgado no sólo por todo el reino de Francia sino también por el mundo entero, de modo que de todas partes vinieron gentes (a Lirey). Y para seducir a tales gentes, y poder con notorio ingenio apropiarse de su dinero, fingía mendazmente la realización de milagros por parte de ciertos hombres, posiblemente pagados, que decían haber sido curados durante la manifestación del mencionado Sudario, que todos consideraban como el Sudario del Señor. Al constatar esto, el señor Enrique de Poitiers, de ilustre memoria... hizo diligentes indagaciones para que se descubriera la verdad de estos hechos, siendo muchos los teólogos y otros hombres sabios los que aseguraron que ese lienzo no podía ser realmente el Sudario del Señor, con la efigie impresa del mismo Salvador, dato que de una semejante impresión (imagen) el santo evangelio no hace mención alguna, mientras que si eso

fuera verdad no sería verosímil que hubiese sido omitido por los santos evangelistas, ni que hubiera estado callado y oculto hasta nuestros días. Por ello se han llevado a cabo meticulosas indagaciones, y tras haber recogido informaciones sobre la cosa, finalmente se descubrió el fraude, y en qué modo había sido pintada artificialmente la tela, y hasta fue descubierto el artista que la había pintado, lo que demostraba que todo había sido hecho por trabajo del hombre, y no milagrosamente producido o concebido. En consecuencia... empréndase la institución de un proceso formal contra el antedicho decano y sus cómplices, para extirpar el antedicho error. Los cuales, viendo descubierto el propio engaño, ocultaron y escondieron el dicho lienzo...; y desde entonces lo han tenido siempre escondido durante casi treinta y cuatro años, hasta el año presente.» [2]

Sucedió, de hecho, que en 1389 Goffredo II, siguiendo el consejo del nuevo decano, Nicola Martin, expuso nuevamente la Síndone, saltándose la autoridad del obispo y pidiendo directamente permiso al legado papal (Pedro de Thury), que pasaba por la región en aquellos días, pero ocultándole las mencionadas polémicas.

Pedro concede «que se ponga o coloque en la antedicha iglesia la antedicha *representación o simbolización* del Sudario del Señor (sin exhibirlo). Por el contrario, se reinician las exhibiciones con gran pompa, gracias a una autorización obtenida del rey Carlos VI. Pierre d'Arcis, al ver que se han superado los límites de la concesión hecha por el legado papal, prohibe nuevamente las ostentaciones. El decano de la Colegiata acude al papa (Clemente VII), mientras Goffredo II obtiene una autorización del rey Carlos VI. Entonces Pierre d'Arcis le pide al rey que revoque el permiso, cosa que hace Carlos VI.

Mientras tanto, los canónigos se desplazan a Avignon y obtienen del papa, proporcionándole probablemente informaciones parciales, una carta (28 de julio-3 de agosto de 1389) en la que se concede a Goffredo II el derecho de exponer «dicha *figura o representación*», aunque en contra de la voluntad del obispo, al cual se le obliga a guardar «silencio perpetuo».

Es entonces cuando Pierre d'Arcis escribe al papa el largo memorial que ya hemos citado, resumiendo todos los detalles de la historia.

Clemente VII pone fin a la larga controversia mediante cuatro bulas (6 de enero de 1390) con las cuales permite las exhibiciones, pero sin solemnidad, y ordena que en todas las ocasiones, y en presencia del público, «se diga en alta voz, para acallar cualquier fraude, que la mencionada representación o figuración no es el verdadero Sudario de Nuestro Señor Jesucristo, sino una pintura o tabla hecha a imitación o representación del Sudario».

Cesan las exhibiciones, y en 1418 los canónigos confían la Síndone a Umberto de la Roche, que se ha casado con Margarita, la hija de Goffredo II de Charny. Ellos redactan una declaración en la que se describe a la Síndone como «figuración o representación del Sudario de N. S. J. C.».

La Síndone no volverá más a las manos de sus propietarios. Margarita sólo ofrece dilaciones, se empeña en conseguir ciertas sumas de dinero (que jamás fueron embolsadas), e inicia unas giras por Europa organizando exhibiciones pagadas. En 1419, en Chimay (Bélgica), tras una de estas echibiciones, el obispo local, Juan de Heinsberg, ordena una investigación, al cabo de la cual Margarita ha de mostrar las bulas de Clemente VII, en las que se habla sólo de una obra de arte. Es entonces cuando se prohibe la exhibición y Margarita es expulsada.

En 1453 Margarita, con gran enojo por parte de los canónigos de Lirey, vende el lienzo a los duques de Savoya; en 1457 es condenada a la excomunión, y muere al cabo de dos años. Desde entonces la Síndone perteneció a Saboya, que primero la transfirió a Chambery, y después a Turín.

En 1532, en Chambery, se incendió la capilla en la que estaba la Síndone y el propio lienzo sufrió graves daños; incluso hoy se pueden apreciar las quemaduras y los agujeros causados por una astilla de metal fundido que cayó del relicario que la contenía.

A fines del Cuatrocientos y principios del Quinientos, los duques de Savoya enviaron unas catorce peticiones a los papas para obtener un mayor reconocimiento para el lienzo: la construcción de un santuario, el traslado de la tela con gran pompa y con la asistencia del obispo, la institución de una hermandad de la Santa Síndone, una fiesta litúrgica (1506), y otros beneficios. Y es a partir de ese momento cuando se empieza a olvidar la historia originaria de la tela, y nace la pretensión de su autenticidad.

El reconocimiento de la autenticidad de la Síndone, confirmado por Julio II, es el más explícito. El documento pontificio se refería a la reliquia como a la *praeclarissima Syndonem, in qua ipse Dominus Noster Jesus Christus in monumento positus involutus fuit.*

De todos modos, todavía en 1533, tras el incendio que la dañó, un reconocimiento ordenado por Celemente VII la define como: «...el paño llamado Síndone de nuestro Salvador Jesucristo, como piadosamente se cree...»

Incluso Calvino, en su *Tratado sobre las reliquias,* obra aparecida pocos años más tarde, al hablar de la Síndone, que había sobrevivido milagrosamente al incendio, la consideraba una falsificación.

En 1578, la Síndone fue expuesta en Turin, tras la transferencia de la capital de los duques de Aosta a aquella ciudad.

Si bien los panegíricos y las alabanzas se volvieron más retóricas durante el Seiscientos, el hecho es que la Síndone vivió en Turin un periodo de gloria tranquila, tras algunas breves exposiciones en determinadas ocasiones de importancia, hasta su gran exhibición de 1898.

Reliquias

En la Edad Media se difundieron miles de reliquias, a cada cual más grotesca. Fuente de prestigio para la iglesia que las poseía, veneradas por el vulgo, meta de peregrinaciones, fuente de indulgencias, dotadas de propiedades milagrosas, muchas de ellas eran tenidas, ya en su época, por falsas por los estudiosos e, incluso, por la misma Iglesia que, por otra parte, permitía su culto.

Encontramos entre ellas: la palangana en la que Jesús lavó los pies a los apóstoles, y el paño con que los secó: el cáliz y otros objetos de la última Cena; la columna a la que le ataron para azotarlo (aunque la columna no se mencione explícitamente en los evangelios), y el mismo látigo; la corona de espinas, además de algunas espinas sueltas; el manto de púrpura y el cetro que le colocaron en son de burla; la túnica, el cíngulo y las sandalias que llevaba puestas antes de ser crucificado; los clavos con que lo atravesaron; el madero de la misma cruz, y el cartel que se colocó en ella; la caña utilizada para acercarle a la boca la esponja empapada en vinagre; la lanza que le abrió el pecho, y la sangre que vertió; la pieza de mármol sobre la que se extendió el cuerpo cuando fue descendido de la cruz, con las señales de las lágrimas vertidas por la Virgen; la piedra que se puso en la tumba bajo la cabeza de Jesús; la lámpara que iluminaba el sepulcro; y, finalmente, telas y vendas sepulcrales de distintas dimensiones.

Al no ser posible disponer de partes del cuerpo de Jesús, había, no obstante, ejemplares del cordón umbilical, del pequeño prepucio cortado en la circuncisión, de los dientes de leche, además de fragmentos de las uñas y pelos de la barba.

Las Síndones no eran, pues, una novedad; eran telas «mondas» o «no figurativas» (es decir, carentes de toda imagen) que constituían las vendas sepulcrales de Cristo.

Además existía una tradición de otro tipo de imágenes: la impronta del rostro de Cristo viviente, dejado sobre una toalla. Eran las «verónicas» (*vera icon*). Una de las primeras y más famosas se encontraba en Edesa (hoy Urfa, en Turquía) desde el siglo VI o VII; y narra la leyenda que la hizo el mismo Cristo para el pintor enviado por el califa Abgar. Llevada posteriormente a Constantinopla en 944, permaneció allí hasta el saqueo de la ciudad en 1204.

En Occidente, los *mandilion* (toallas, telas para secarse la cara) se difundieron con el nombre de verónicas. Según una leyenda un poco diferente, habían sido hechas por Cristo que sudaba sangre en Getsemaní, o por una mujer de nombre Verónica, camino del Calvario, etc. Entre las verónicas más famosas está la de Génova y la de Roma (de las que hablaron Dante y Petrarca), meta de las peregrinaciones del jubileo de 1350. Estas imágenes estaban hechas sobre telas pequeñas y tenían los ojos abiertos.

Así pues, la Síndone de Turín nace tras el jubileo de 1350, que había hecho célebre la verónica romana, como unión de dos conceptos: la impronta de Cristo y su lienzo sepulcral.

Antes del Doscientos, existía en Besançon una Síndone, probablemente blanca que, tras ser destruida por un incendio en 1349, fue sustituida por una nueva, con figura, a finales del Trescientos (1377 ?). También esta Síndone tenía una fiesta en su honor, hacía milagros, era exhibida en procesiones, etc., contemporáneamente a la de Chambery. Quedó destruida por los revolucionarios, a finales del Setecientos.

Desde la época de la Contrarreforma la Iglesia ha mantenido siempre una postura de neutralidad sobre el problema de la autenticidad de las reliquias. Por un lado se permitía que una reliquia fuese objeto de culto por parte de los fieles; pero, al mismo tiempo, no se proclamaba explícitamente su autenticidad; de este modo se sobreentendía, de forma implícita, que la reliquia podía ser falsa, pero eso no impedía que los fieles la veneraran.

La Congregación de las Indulgencias y de las Santas Reliquias, instituida en 1670, debía ocuparse de la Síndone, remitiéndose a la forma cautelar *ut pie creditur* (como píamente se cree).

Entre 1899 y 1903, Ulises Chevalier, canónigo católico, historiador y erudito, sacó a la luz toda la documentación sobre los orígenes no nobles de la Síndone. Ante tales revelaciones la congregación quedó encargada del problema de la Síndone. Indiscreciones muy fundadas indican que el dictamen fue un *non sustinetur* (no se sostiene la autenticidad). El papa (León XIII) ignoró, sin embargo, la sentencia que él mismo había solicitado y marginó la cuestión, sin que la congregación pudiera hacer pública su conclusión; y absteniéndose de hacer una condena y de pronunciarla oficialmente.

Pero después de las primeras fotografías hechas por Secondo Pia en 1898, nacía la «sindología»; y uno de los papas siguientes, Pío XI, ya se declaraba convencido «de las razones de la ciencia» sobre la autenticidad del lienzo.

Desde entonces fue la Iglesia la que promovió la fortuna de la Síndone, y a partir de 1983 quedó en su posesión legal.

La tela y sus características físicas

La Síndone de Turín es una tela de lino, de 4,36 metros de largo, por 1,10 de ancho. La imagen es poco visible, y sólo se puede entrever a cierta distancia. Las fotografías de la Síndone que estamos acostumbrados a ver son reproducciones con un contraste acentuado.

Sobre la tela son perfectamente visibles quemaduras y rasgaduras debidas al incendio de Chambery de 1532 (con otras más pequeñas y anteriores), y halos debidos al agua utilizada para apagarlo. Toda la Síndone se halla superpuesta a una segunda tela blanca que cubre su lado posterior. Hasta 1997 la Síndone se conservaba en la capilla de los Guarini, entre el duomo y el palacio Real de Turín, enrollada sobre un rodillo de madera cubierto de terciopelo.

La textura de la tela es la de «espina de pescado» (tres hilos de trama por uno de tejido, en vez de uno por uno). Prácticamente no existen ejemplos de este tipo de textura. Este hecho ha generado desde siempre escepticismo en todos los peritos textiles, a la hora de establecer la edad de la tela. Recientemente se han realizado tentativas, por parte de los sindólogos, para echar por tierra ese punto de vista buscando, entre los millares de hallazgos del s. I d.C. algunos ejemplos de ese tipo de textura. Sin embargo, el sindonólogo Baima Bollone sólo se atreve a citar ocho fragmentos de lana y dos cintas ornamentales. [3]

La imagen y su congruencia con los Evangelios y la historia

Los Evangelios hablan del lienzo sepulcral de Cristo. Sin embargo, no citan que hubiera alguna imagen impresa en él; y ésta es, como ya se ha visto, la principal objección que se hace a la autenticidad de la Síndone, establecida ya por Henri de Poitiers y, posteriormente, por Calvino.

En los evangelios sinópticos se llama al lienzo *sindon*, que significa lino, o tela de lino, que podía usarse para distintos fines, entre los que estaba la preparación para la sepultura. Pero no sólo para ésta última. Por ejemplo, el joven que huye de Getsemaní durante el prendimiento de Jesús, llevaba una *sindon*. (Marcos 14: 51-52). Véase Marcos 15:46; Lucas 23:53; Mateo, 27:59; Juan, 19:40.

Más tarde, cuando se encuentra el sepulcro vacío, Juan (20:6-7) utiliza el plural para indicar más telas (*othonia*): «Pedro entró en el sepulcro y vió las vendas tiradas por tierra, y el sudario que estaba sobre la cabeza de Jesús, no se encontraba tirado por tierra con las otras vendas, sino doblado en un ángulo a parte.»

Los términos utilizados para describir cómo se hallaba envuelto Jesús, y Lázaro, no parecen consistentes con la forma en que habría debido disponerse la Síndone (simplemente extendida sobre el cuerpo y doblada en la parte superior). Juan utiliza el término *deo* (atar, con significado de aprisionamiento), y Marcos usa el término *eneileo* (envolver, confinar).

Junto a las telas se encontraba un pañuelo que sólo cubría el rostro. [4] *Sudarion* significa de hecho pañuelo, o servilleta para secarse el sudor. No existe otro significado que el de una tela pequeña. El uso de un pañuelo facial en las sepulturas está citado expresamente en la *Mishnah* (la primera parte del Talmud hebreo), escrita sobre el siglo III.

La utilización de un pañuelo sobre la cara, en este contexto, es importante, porque si hubiera sido usado habría impedido la presencia de la impronta del rostro sobre la Síndone de Lirey. Esto es algo que siempre ha sido admitido por los estudiosos (McDowell-Stewart, [5] Barbet), [6] aunque desde hace algún tiempo los modernos sindonólogos piensan que el pañuelo pudo ser utilizado como mentonera, es decir, atado alrededor del rostro para mantener cerrada la boca (y permitir que el cabello cayese a los lados del rostro, dejando una marca). [7]

Una nueva interpretación sindonológica afirma, por el contrario, que el *sudarion* es la pieza que recibe hoy el nombre de Tela de Oviedo (como ya veremos); y que estaría extendida sobre el rostro, y no atada en torno a él.

Si Jesús hubiera sido enterrado según la costumbre hebrea, tanto la barba como el cabello deberían haber sido totalmente afeitados. Además, el cuerpo de Cristo, al dejar huellas de sangre no debió haber sido lavado. Y este punto también estaría en contra de los preceptos de la *Mishnah*.

Surge aquí un problema interesante.

Confrontemos a Mateo (27:57), Marcos (15:42), Lucas (23:54) y Juan (19:38). Los evangelios sinópticos afirman que el cuerpo de Cristo fue colocado en el sepulcro el viernes por la noche, y que todas las operaciones funerarias de los salmos deberían haberse desarrollado una vez pasado el sábado, que era día de descanso. El evangelio de Juan dice, por el contrario, que el cuerpo fue tratado inmediatamente con aloe y mirra; en tal caso, y pese a la proximidad del sábado, se le pudieron hacer incluso siete lavados rituales.

Por tanto, si el cadáver no fue lavado ni se cortaron los cabellos, se explicarían ciertas características de la representación sindónica. Pero, en tal caso, no se debería buscar (como afirman varios sindonólogos) huellas de aloe y de mirra en la tela, ni parecería lógico pensar que se hubieran puesto sobre los párpados las famosas moneditas, de las que algunos han visto huellas, y de las que hablaremos más adelante. Está claro que si, por el contrario se mantiene la presencia de las monedas y de los aromas, no debería haber trazas de sangre ni de cabellos largos.

Normalmente, se debería haber revestido el cuerpo con tela blanca, mientras que en la Síndone aparece un hombre desnudo. [8]

La coherencia anatomopatológica de las señales de la pasión presentes en la imagen

Opiniones diversas

Durante años, en el inicio de la sindonología moderna, muchas de las pruebas a favor de de la autenticidad de la Síndone fueron de tipo «médico». Se afirmaba que la precisión, la exactitud anatómica y el realismo de la impronta sólo se podrían conseguir con un cadáver que hubiese padecido exactamente la pasión de Cristo. [9]

Entre los médicos, el más famoso fue el francés Barbet, que empezó a estudiar el lienzo en los años treinta. Hay que citar, además, a Hermann Mödder, Giovanni Giudica-Cordiglia, David Willis y otros patólogos de nuestros días como Robert Buclin, miembro de STURP, Joseph Gambescia, y (más escépticos) Frederick Zugibe y Michael Baden. [10]

Anthony Sava, perteneciente al consejo ejecutivo del STURP, obtuvo resultados bien distintos de los de Barbet, al experimentar sobre cadáveres. Barbet le aconsejó que no los publicara; así que Sava concluye diciendo que «la piedad personal de Barbet obscurecía los límites existentes entre la subjetividad y los datos médicos científicos». [11]

Otros médicos que llegaron a la conclusión de que la Síndone era una falsificación fueron sistemáticamente ignorados; por ejemplo, el médico turco Eskenazi, que presentó una comunicación en tal sentido en el congreso sindonológico de Roma de 1950.

Signos de flagelación

Sobre el dorso de la imagen sindónica se ven cerca de ciento veinte señales redondeadas y acopladas, que habrían sido dejadas por el *fragrum* (el látigo) romano. Estas señales son demasiado regulares y claras para ser verdaderamente reales. Se imponen, por tanto, otras consideraciones.

El límite de los golpes permitidos por la ley mosaica (Deuteronomio, 25:3) era de cuarenta; por lo general se infligían treinta y nueve para asegurar la supervivencia del condenado. La flagelación era un castigo doloroso que podía lacerar la piel a niveles profundos; sin embargo, ni siquiera en tan sólo una de aquellas señales se pueden advertir trazas de sangre.

Además, las señales están «en relieve» (más obscuras en el positivo de la Síndone), lo que pone una interrogante sobre si representan·laceraciones o, por el contrario, son hinchazones de la piel. Falta la prueba, interpretada por los sindonólogos, de que las marcas de un *fragrum* sobre la piel de un cuerpo humano puedan quedar impresas con tanta precisión sobre una tela.

Usando la lógica sindonológica de Baima Bollone, « *no está del todo demostrada la idoneidad de que las equimosis dejen trazas sobre la Síndone.* [12]

A pesar de estas dudas, ha habido quien ha establecido en el examen de tales señales que los verdugos eran dos, y que Cristo estaba atado a un cepo, teniendo las manos levantadas sobre la cabeza. Hay otros que afirman distintas hipótesis.

Para confirmar la subjetividad que está presente en las interpretaciones de estas huellas, es necesario hacer notar que los diferentes sindonólogos llegan a conclusiones asimismo diferentes, incluso a la hora de calcular el número de azotes. Vignon, Noguier, Judica-Cordiglia y Ricci incluso han reconstruido, cada uno a su manera, la forma del látigo utilizado.

Corona de espinas

Los rastros de sangre visibles sobre la frente y la nuca de la Síndone serían debidos a las heridas causadas por la corona de espinas. Este suplicio solamente se cita en los Evangelios. No se conoce, en toda la historia de la humanidad, otra referencia de este tipo.

En realidad, estas marcas son de un color rojo tan vivo que obliga a excluir que sean rastros de sangre, incluso a un simple examen visual. De hecho, la sangre se torna mucho más obscura al cabo de poco tiempo.

La forma del «colorido» es netamente artística y del todo antinatural; si fueran auténticas, es fácil comprender que la sangre habría impregnado los cabellos, en vez de resbalar limpiamente sobre ellos.

Baima Bollone, replica a quienes hacen ver la irrealidad de estos rastros, diciendo que: «... se trata de una objeción que podría tener sentido siempre que se supiera de qué sustancia estuvieran empapados los cabellos.» [13]

El sindonólogo Sebastiano Rodante habría encontrado una correspondencia precisa entre los mapas de las venas y de las arterias de la cabeza, y la posición de las huellas sobre la Síndone. Incluso habría llegado a diferenciar (por la forma en que fluye y se coagula) entre las huellas de sangre arterial y sangre venosa. La diferencia entre la circulación venosa y arterial fue manifestada históricamente en el Seiscientos: por consiguiente —se dice— un falsificador medieval no habría podido reproducirla. Y vale la pena recordar que se trata de poco más que de explicaciones dadas «a posteriori», tras estudiar la Síndone y mostrar como prueba un atlas de anatomía humana, pero sin ninguna comprobación experimental. [14]

Heridas de las manos

Aun cuando pueda parecer extraño, todavía sigue siendo objeto de discusión entre los estudiosos e, incluso, entre los sindonólogos, la técnica precisa de la crucifixión. Sólo se dispone de dos incomprensibles «graffiti» romanos, y la descripción sin detallar de varios autores clásicos, como Flavio Josefo. Sólo existe un ejemplo de recuperación de un cadáver que tenga trazas de haber sido crucificado (Jehohanan, Jerusalén, 1986), pero nada se puede decir sobre las manos. [15]

Con respecto a la imagen de la Síndone, prácticamente todos los sindonólogos están de acuerdo sobre un punto: la herida del clavo está en la muñeca y no en la palma de la mano, ya que en esta parte el clavo no podría mantener el peso del cuerpo. El clavo debe pasar a través del llamado «espacio de Destot», cerca de la muñeca, en donde los cartílagos son mucho más resistentes. Se afirma que un falsificador medieval habría seguido la representación clásica, con los agujeros en las palmas.

Deben hacerse algunos comentarios al respecto. Las pruebas hechas por Zugibe con clavos en las palmas, se hallan en contradicción con las hechas por otros, que sostienen que la mano no se hería. Existen razones para pensar que el peso del cuerpo se apoyaba en un soporte, y que los brazos estaban atados y no sólo clavados. En suma, la cuestión se halla muy controvertida.

Dígase también que, en realidad, sólo se ve una mano, y que de esa única mano lo que se ve es el agujero de salida, sobre el dorso. Desde ahí, suponiendo la mano alzada, desciende en dirección al codo un breve rastro de «sangre». Esto pudo dar la impresión de que el agujero se hubiera corrido hacia la muñeca.

En fin, las manos son, quizás, la parte más deforme y destrozada de la anatomía de la Síndone; como cualquiera puede ver, están tan alargadas que, en realidad, no es posible afirmar con certeza si se trata de la muñeca o de la palma.

No se ve el dedo pulgar. Nadie sabe bien por qué, pero existe una conjetura no probada con ejemplos, según la cual, un clavo introducido en el espacio de Destot produce una comprensión del nervio mediano y el plegamiento del pulgar.

En conclusión, no parece ilógico afirmar que, contrariamente a cuanto sostienen los sindonólogos, la señal del clavo se encuentre en la palma, y no en la muñeca. Esto, naturalmente, avalaría la hipótesis de que se trata de una representación artística.

Posiciones y heridas de los pies

La parte de los pies está tan desdibujada que vista frontalmente a penas es discernible; desde la parte posterior, en cambio, se ve la impronta del pie derecho. La posición es completamente antinatural. Si la planta del pie se hallaba en contacto con la tela, entonces la rodilla debería estar mucho más levantada. Si, por el contrario, la tela estaba levantada para ponerse en contacto con la planta, entonces se debe suponer la existencia de una almohada bajo ella, o quizás hubiera un pedazo de tela doblada (que después sería retirado) bajo los pies, para tenerlos en posición.

Herida del costado

Sobre el costado de la imagen de la Síndone aparece una mancha de sangre: la del golpe de la lanza. En la parte trasera de la imagen hay otros rastros de «sangre», que sólo serían lógicos si el cuerpo hubiera adoptado una posición horizontal (tras la deposición). En ese caso no está claro como pudo fluir la sangre, dado que un cadáver no sangra. Una respuesta sindonológica es que la sangre estuviera cayendo del cuerpo muerto por tratarse de un caso de hemotórax, o tal vez se tratase de un vertido de la sangre contenida en la cavidad pleural, producida por los traumas físicos de la Pasión. La separación intrapleural de la sangre en su parte corpuscular y en el suero haría referencia a las palabras del Evangelio de San Juan (19:34: «..., pero uno de los soldados le golpeó el costado con la lanza; y de la herida salió sangre y agua.») Los sindonólogos, de hecho, establecen diferencias entre manchas de sangre y halos de suero. [16]

Si se considera que Cristo recibió el lanzazo estando todavía en la cruz, hay que suponer que este «vertido cadavérico» fue sumamente prolongado; duró todo el tiempo en que el Salvador continuó clavado en la cruz, durante el transporte, e incluso después, ya envuelto en la Síndone.

Sin embargo, algunos sindonólogos, le primero es Barbet, establecen la hipótesis de que los trazos fueron dejados por una pieza de ropa, empapada en sangre, que Cristo ya llevaba en la cruz.

Toda la cuestión de las huellas de «sangre» es, pese a todo, poco creíble.

El fluído sanguíneo debiera haber bañado la sábana, escindéndose en marcas informes las cuales, al secarse. se habrían destacado de la sábana; la sangre coagulada no habría dejado trazas de ese tipo (como lo confirman los cadáveres de los muertos desangrados y envueltos en telas, que se encuentran en los tanatorios).

Se debería creer, por tanto, que todas estas huellas de sangre se han conservado perfectamente a pesar de los manejos que el cadáver tuvo necesariamente que soportar, durante el descendimiento de la cruz y el traslado al sepulcro.

En conclusión, las trazas de «sangre» sólo tienen forma coherente si se trata de representaciones artísticas y didascálicas, y no de algo real.

Anomalías anatómicas

La imagen representada en la Síndone muestra distintas anomalías anatómicas; por ejemplo, el antebrazo derecho es más largo que el izquierdo; los cabellos están rígidos y levantados de una forma absolutamente imposible para un cuerpo extendido; los trazos del rostro son asimétricos; la imagen dorsal es plana, sin relieves en la parte alta del dorso ni en los glúteos. Hay un espacio blanco entre la imagen dorsal y la frontal o bien entre las dos «cabezas, en donde, por el contrario, debería aparecer la marca de la cúspide de la cabeza; los dedos son larguísimos y las manos están deformes.

Entre las explicaciones de los sindonólogos, está la de que quizás Jesús padeciese el síndrome de Marfan (brazos largos, dedos delgados, figura alta y delgada, etcétera). [17]

Las asimetrías del rostro se han interpretado como tumefacciones producidas por los golpes (se aprecia la nariz rota, y la mejilla golpeada por una vara de cinco

Negativo de una fotografía del rostro
de la Síndone.

centímetros de diámetro); la imagen antinatural que presentan los cabellos y también el espacio en blanco entre las dos improntas de la cabeza, podrían explicarse por la existencia de una gruesa mentonera que rodeara el rostro, como suele hacerse cuando se padece dolor de muelas. Almohadas situadas en distintos puntos, diversos movimientos y pliegues de la sábana, en el momento de cubrir el cuerpo, podrían aclarar las otras anomalías.

En realidad, la misma posición del cuerpo parece poco creíble. Por motivos de oportunidad y de pudor, la figura tiene el pubis cubierto por las manos superpuestas. Pero no es posible mantener las manos en esa postura, a menos que se realice un esfuerzo muscular continuo. Si se relaja la tensión muscular, esos artificios no serían válidos pues los brazos caerían a los lados del cuerpo, e incluso si los codos estuvieran apoyados en el plano en el que se encuentra el cuerpo extendido, las manos vendrían a encontrarse sobre la parte alta del estómago. La posición de la figura de la Síndone se podría explicar si las manos estuvieran de alguna manera unidas entre sí, pero no existe traza alguna de semejante vínculo. Los sindonólogos explican este hecho diciendo que el cuerpo, ya en su fase de rigidez cadavérica, se forzó para que adoptase semejante posición. [18] La rigidez cadavérica es un complejo conjunto de fenómenos. El dato seguro al respecto es que siempre que se fuerzan los músculos contraídos de un cadáver, se vuelven a relajar. Tanto si la rigidez ya se había instaurado como si no, los brazos no hubieran podido mantenerse en el sepulcro en aquella posición, tras el traslado, a menos que estuvieran atadas las muñecas.

Características de la imagen

Negatividad

Las primeras fotografías de la Síndone fueron hechas el 25 y el 28 de mayo de 1898, por el abogado (y fotógrafo aficionado) Secondo Pia. La imagen obtenida sobre la placa, en negativo, parecía «el postivo» de un rostro. Este dato fue suficiente para dar origen a una nueva pseudociencia, la sindonología, que trata de demostrar «científicamente» la autenticidad de la tela.

En realidad, si se piensa que se ha querido representar sobre la tela la impronta del cuerpo, es lógico que las partes que se hallan más en relieve resulten obscuras, y las que se encuentran hundidas aparezcan más claras. Es lo opuesto de lo que aparece sobre un cuerpo tridimensional, donde las partes relevantes son más claras que las que están hundidas; y, por tanto, el negativo de tal impronta aparecerá más «real» que la propia impronta. El tan esgrimido «efecto negativo» (en realidad, «pseudonegativo») también se aprecia en la barba, la zona superciliar y los cabellos que aparecen claros debido a una consecuencia lógica, imprevista por el propio autor de la fotografía, del procedimiento usado para el revelado. Aunque se admitiese que la Síndone es la impronta dejada por un verdadero cuerpo, el razonamiento es el mismo.

Por tanto no tiene sentido la afirmación de que un falsificador medieval pudiera haber tenido conocimiento del procedimiento fotográfico, y pintara una impresión «en negativo», esperando que después de muchos siglos, se recuperaran nuevamente los tonos y se descubriese el «verdadero» rostro de Cristo. Si la Síndone debe simular una impronta, este es el único resultado que cabe esperarse.

Superficialidad-adireccionalidad-tridimensionalidad

Por «superficialidad de la impronta» se entiende que ella está limitada a las fibras de lino más externas, sin penetrar en el espesor de la tela, como hubiera sucedido, por el contrario, si se hubiese utilizado un color líquido, una témpera, etc. Las manchas de sangre no son superficiales, sino que penetran en profundidad y pasan hasta la parte posterior.

La «no-pictoricidad» se refiere a la ausencia evidente de pigmentos aplicados a la tela (por ejemplo, un color en polvo empastado con un adherente); y la «adireccionalidad» indica que no parece que existan señales preferenciales de dirección de las pinceladas.

Estas características han sido siempre muy resaltadas por los sustentadores de su autenticidad, para demostrar que la Síndone no pudo ser una obra pictórica. En realidad, lo que eso quiere decir solamente es que no se trata de una pintura realizada con técnicas y colores tradicionales (tempera, óleo, etc.).

Con respecto a la superficialidad de la imagen hay que hacer notar que la Síndone está cubierta en su lado posterior por una tela protectora cosida, que no ha sido nunca soltada para realizar sobre ella un examen detenido, sino simplemente levantada en algunos puntos para poder introducir por ellos espejos y aparatos de fibra óptica, lo que no permitió más que una observación parcial y precaria de esa parte posterior. Esto hace todavía más inciertas esas afirmaciones pues, como ya se ha dicho, la imagen es tan tenue que resulta sólo perceptible a una distancia de casi tres metros.

De todos modos, en el año 2001, [19] se fotografió la parte posterior de la tela con un escanner, confirmándose así la superficialidad de la imagen, y la presencia sobre la parte trasera de las manchas de sangre. Resultan interesantes los comentarios de Baima Bollone acerca de la primera caracterrística, al descubrirse hoy que las conclusiones de entonces (presentadas siempre como certezas absolutas) no eran, en realidad, mas que «resultados muy parciales».

Por lo que respecta a las manchas, resultarían poco visibles en la parte trasera —siempre según la opinión de Baima Bollone—, confirmando la diferencia entre manchas de sangre verdaderamente procedentes de una herida, y manchas «pintadas», aplicadas con el pincel, las cuales trasudarían.

No parece que las fuentes oficiales citen una diferencia de intensidad entre las manchas de «sangre» frontales y las traseras. También resulta del todo discutible que la mancha producida por una verdadera herida no impregne la tela (¿pero sangra un cadáver?), y, por el contrario, lo haga una mancha aplicada con el pincel. Evidentemente, todo dependería del grado de dilución y de la cantidad de color (o de sangre verdadera) que aplicara un hipotético falsificador.

La falta de direccionalidad podría encontrarse incluso en un pintor hábil. Por ejemplo, el «esfumado» de Leonardo no muestra señales de pinceladas, ni aunque se examine a rayos X. Sin embargo, es necesario hacer resaltar un detalle muy importante: en realidad el «esfumado» de la imagen de la Síndone se debe a un efecto de «trama» sobre los puntos oscuros intercalados en zonas próximas al color de «fondo», como sucede con las fotos de trama de los periódicos.

La «tridimensionalidad» de la imagen fue descubierta cuando en 1976 John Jackson y Eric Jumper, profesores de las escuelas militares de aeronáutica de los Estados Unidos, superpusieron una fotografía hecha por Enrie en 1933 a un analizador de imagen. Se asignaba a una superficie recreada por el computador un relieve tanto mayor cuanto más intensa fuera la coloración sobre la tela, obteniendo como resultado la imagen de una especie de bajorrelieve; que, a pesar de sus múltiples distorsiones, poseía un cierto realismo.

No obstante, este resultado, como lo demostraron las reproducciones de Pesce Delfino y Nickell, de las que hablaremos más adelante, sería el resultado automático de la ejecución de la impronta, a partir de un bajorrelieve, calentado o frotado con un color en seco. Pero entonces nadie pensó en esta explicación, y continuó repitiéndose que se trataba de un resultado inexplicable e imposible de realizar por cualquier artista.

Hipótesis no artísticas de la formación de la imagen

Formación por contacto con un cuerpo

Por tanto, parecería que la «negatividad» no fuera otra cosa mas que la consecuencia de una impronta por contacto. Un cuerpo (cubierto de color, sangre, aloe y mirra, o lo que se quiera) dará, sin embargo, necesariamente una impronta sin gradación de tonos, pero no difuminada, como sucede en el caso de la Síndone. Todas las tentativas en este sentido producen un «efecto de marca».

Pero la hipótesis del contacto queda negada, sobre todo por consideraciones geométricas. Si examinamos la imagen de la Síndone, de la que se afirma que es muy realista, resulta fácil comprender que, por razones geométricas y debidas a la consistencia de la tela, un verdadero cuerpo humano no hubiera podido dejar jamás una impronta con aquellas características geométricas. Intentos parecidos ya fueron puestos en práctica en el pasado (Vignon y otros) y siempre con resultados negativos, si bien ya olvidados.

Incluso recientemente [20] se han presentado los resultados de algunos experimentos tomando las improntas de cuerpos humanos, con objeto de confirmar que estas improntas se hallan efectivamente deformadas por completo, y resultan muy distintas a la imagen de la Síndone. Un sujeto alto y delgado fue impregnado con un color constituido por polvo de ocre rojo diluido en un medio viscoso. Después se cubrió el cuerpo con una tela blanca. En un primer experimento sólo se cubrió el cuerpo apoyándolo de un forma delicada, y dejando que se adaptara sobre el cuerpo únicamente por el propio peso. Se consiguió de este modo una impronta que mostraba sólo una pequeña parte de los relieves mayores del cuerpo (piernas, brazos, pecho y rostro). Después se utilizó una tela más sutil y húmeda, de forma que se pudiera adherir más al cuerpo. Los resultados fueron similares a los del primer intento. Si las áreas coloreadas son mayores, la impronta comienza a evidenciar deformaciones geométricas. En el tercer intento, obtenido siempre tras una nueva aplicación de colorante, la tela estuvo apretada contra el cuerpo con delicadeza, utilizando una especie de gran «almohadilla». La impronta es más «plena», pero sigue estando deformada. Todas las improntas, evidentemente, fueron intentos para demostrar un aspecto general, teniendo en cuenta las consideraciones geométricas, de la impronta dejada por un modelo absolutamente rotundo. La conclusión de estos experimentos es que resulta prácticamente imposible obtener un rostro no deformado (hasta el punto de ser casi irreconocible); y que el cuerpo nunca dará un resultado semejante al que se ve en la Síndone de Turín, a menos que haya existido una intervención consciente de un artificio que «guiara» la formación de la impronta.

Vaporigrafía

En 1902 Vignon desarrolló la llamada teoría «vaporigráfica» de generación de la imagen. Vapores de amoníaco, originados por la urea emitida por el cadáver, habrían impregnado una mezcla de aloe y aceites aplicada sobre la tela. Los experimentos prácticos basados en tal teoría resultaron un fracaso. A causa de la predecible difusión de los vapores, sólo se obtuvieron imágenes muy desvaídas y burdas, privadas de todo detalle. Aunque la hipótesis se encontraba expresada en textos antiguos, pronto fue abandonada.

Hipótesis supranormales

Dado que la hipótesis vaporigráfica y la de contacto no parecían capaces de explicar la formación de la imagen (ni tampoco se encontraron huellas de substancias que las apoyaran), se fueron estableciendo, en el transcurso del tiempo, otras hipótesis «milagrosas». La imagen habría sido creada por emisiones de energía (rayos luminosos, calor, rayos láser, protones, neutrones, etc.) emitidos por el cuerpo de Cristo, en el momento de la resurrección.

Sin embargo, si estas emisiones siguieran las leyes de la física, se habría obtenido una imagen distorsionada, dado que las radiaciones —si se tuvieran en cuenta— emanarían en todas las direcciones. Se tendría que imaginar una emisión de radiaciones que tuviera una dirección ortogónica a la tela, como las emisiones de rayos láser.

El punto crucial de la teoría es que si se postula esta emisión de energía, de cualquier tipo que sea, por parte de un cuerpo humano, ya se está invocando un milagro y, por tanto, toda otra discusión resultaría innecesaria.

Hipótesis artísticas de formación de la imagen

Estas hipótesis admitirían que la Síndone sea una obra debida al hombre; única teoría que puede justificar todas las características de la imagen. La intención del falsificador habría sido, evidentemente, la de simular la impronta dejada por un cuerpo sobre una tela, con un efecto automático de «negativo» fotográfico.

El procedimiento artístico debiera tener en cuenta, sin embargo, las características mencionadas de superficialidad, adireccionalidad, apictoricidad y tridimensionalidad. Esto excluye todas las técnicas que utilizan pigmentos pictóricos diluídos en un disolvente, por su ausencia en la imagen del cuerpo (y, por el contrario, por una evidente presencia en «la coloración de la sangre»).

Así pues, todos los expertos, ya sustenten la teoría de la autenticidad o sean escépticos, están de acuerdo en el hecho de que la figura sindónica se debe a un amarillamiento de la celulosa que procede de una deshidratación. Ésta se pudo producir por el calor (una contracción, como cuando se deja mucho tiempo una plancha sobre una tela); o quizás pudo tratarse de un amarillamiento debido a productos químicos que fueron aplicados a la tela. Muchísimas substancias se vuelven ácidas debido a un contacto prolongado, y producen este efecto.

Formaciones de bajorrelieve

Para darse cuenta del hecho de que la imagen sindónica no presenta las deformaciones geométricas que se obtienen de un modelo completamente redondo, se puede imaginar el hecho de que se parta de un bajorrelieve. Sólo éste puede ofrecer una impronta similar a la de la Síndone en lo que concierne a la negatividad, la geometría, la uniformidad de la intensidad, la falta de realismo, el hecho de que se vean partes con las que el lienzo no estuvo en contacto, etc.

Es importante hacer notar que aunque los sindonólogos «experimentales» quisieron obtener en sus pruebas imágenes adecuadas, tuvieron que remitirse a rostros muy aplastados.
Se pueden hacer posteriores subhipótesis. La más sencilla es la formación de la imagen «por contacto». En este caso se produce la inversión tonal automática y la falta de direccionalidad de la imagen. Sin embargo, no se han encontrado huellas de pintura con disolvente; y una técnica así no da tonos difuminados.

Un interesante método fue descrito en 1982 por Vittorio Pesce Delfino, antropólogo de la universidad de Bari, en su libro *É l'uomo creò la Sindone*. [21] Este método se basa en el empleo de un bajorrelieve metálico calentado, sobre el que se apoya brevemente la tela. De este modo se obtiene una contracción del tejido, no diferente de la que se produce sobre una camisa, si se utiliza una plancha imprudentemente o demasiado caliente.

Pesce Delfino partió de analizar la intensidad de la imagen del rostro sindónico, asignando a cada punto un cierto relieve proporcional a tal intensidad. Después, consiguió el correspondiente modelo real de un escultor hábil, obteniendo, finalmente, un bajorrelieve de bronce muy plano. Calentado a 220 grados, tal bajorrelieve deja sobre una tela de lino una impronta que es pseudonegativa, adireccional, difuminada, y que contiene elementos tridimensionales e indelebles, exac-

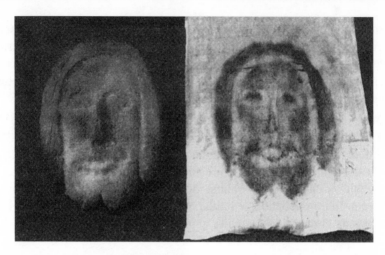

Bajorrelieve de escayola realizado por Garlaschelli y la correspondiente impronta
obtenida sobre una tela con el método «Nickell».

tamente como sucede con la Sindone. El negativo y los trabajos con ordenador
para reconstruir la tridimensionalidad, dieron resultados virtualmente indistingui-
bles de los obtenidos con la verdadera Sindone.

El método de Pesce Delfino tiene algunos puntos débiles, en lo concerniente a
la verosimilitud histórica del procedimiento puesto que el bajorrelieve necesario
para la operación tendría que ser todavía más plano que los producidos por los es-
cultores de la época, y muy «irreal».

Incluso la ejecución de la contracción resulta muy artificial. El método no logra, según parece, producir el efecto «trama», sobre las pequeñas zonas obscuras
que corresponden a las partes más sobresalientes de los hilos, dado que el calor
arruga toda la tela, que se contrae de modo uniforme.

Finalmente, el método produce una imagen idéntica a la Síndone, tal como
ahora la vemos. La imagen actual, sin embargo, es debilísima y poco contrastada.
Las primeras descripciones de la Síndone y las copias realizadas a lo largo de varios siglos parecen implicar que la imagen fue más intensa y visible, como habría
sido evidente incluso en las intenciones del artífice, dado que la Síndone debería
ser expuesta a la veneración de los fieles y , por tantos, ser bien «legible».

En 1983 la editorial Prometheus sacaba el libro de Joe Nickell, *Inquest on the
Shroud of Turin* [22] escrito con el asesoramiento de un grupo de expertos. Nickell
pertenece al CSICOP, la asociación americana homóloga de CICAP.

En la descripción se encuentra la descripción de otro método. Nickell utiliza un
bajorrelieve sobre el que apoya una tela humedecida para que se adhiera mejor.
Cuando la tela está seca le adhiere una almohadilla de tela con ocre en polvo, o con
otro color seco. De ese modo obtiene una imagen que es negativa, difuminada,
adireccional, trridimensional, superficial, con efecto de trama (y sólo se colorean

los relieves de la textura). Este método, al que se denomina técnicamente *frottage* ya se utilizaba en la Edad Media para reproducir lápidas, inscripciones y bajorrelieves. Sin embargo, la imagen de la Síndone, como ya sabemos, no está producida por la presencia de pigmentos, sino por la contracción de las fibras de lino. Por tanto, el método del *frottage* reclama ulteriores hipótesis. El color en polvo podría haber sido aplicado «en seco» a la tela, una vez que se hubiera adherido al bajorrelieve; y eso hubiera generado una imagen suficientemente visible. Con el tiempo, el pigmento habría saltado, al no estar empastado con un pegamento. Las sustancias químicamente no inertes, como trazas de ácidos, presentes en el pigmento, serían las verdaderas responsables de la coloración amarilla que, en realidad, es una degradación de la celulosa. Nickell intentó desarrollar esta hipótesis produciendo óxidos de hierro según ciertas fórmulas medievales; por ejemplo, mediante la calcinación del verde de vitriolo (sulfato ferroso). El líquido destilado contiene ácido sulfúrico, y el residuo de la calcinación es óxido de hierro (usado como pigmento, con el nombre de *caput mortum*), que contiene rastros de ácido. Un pigmento similar habría provocado, a causa de la acidez que contiene, el mismo tipo de degradación.

En apoyo de esta hipótesis vino el trabajo de Walter McCrone. McCrone no había tenido posibilidad de acceder a la tela, pero se le enviaron treinta y dos tiras adhesivas con muestras de material de la superficie de la Síndone. McCrone, conocido experto en análisis microscópicos, advirtió inmediatamente la presencia de huellas de pigmentos colorantes, como el ocre rojo, que se encontraba solamente en las muestras que correspondían a la zona de la figura. McCrone estableció la hipótesis de la utilización, para la formación de la imagen, de una técnica similar a la de la acuarela. En las manchas de «sangre» descubrió incluso rastros de proteínas, a las que consideró como el aglutinante de una témpera. Seguidamente descubrió trazas puras de otros pigmentos pictóricos, que parecían denunciar la permanencia de la tela en un estudio de pintores.

Después de que dos de los trabajos presentados por McCrone al STURP terminaran por ser rechazados, él se decidió a publicar el resultado de sus indagaciones en la revista «The Microscope», y en otras diferentes asociaciones. [23]

El descubrimiento de McCrone suscitó vivas reacciones por parte de los sindonólogos que atribuyeron la presencia de óxido de hierro a la contaminación artística, a la herrumbre o al hierro de la sangre, insistiendo en el hecho de que la cantidad de material que se había aportado era demasiado pequeña para detectar el origen de la imagen. Esto parece un malentendido: la imagen, en efecto, se genera por la degradación con contracción de las fibras del lino; pero el hecho significativo es que las microscópicas trazas residuales del ocre se encuentran principalmente en la zona de la imagen. McCrone fue marginado a todos los efectos de la actividad del STURP, y debió devolver todas las muestras sobre las que había trabajado.

Análisis de las manchas de «sangre»

Los susodichos «hilos» de sangre —en la cabeza, en las manos, en los pies, en el costado—, son inverosímiles por su morfología; y además su color es —después de setecientos, o dos mil años— todavía muy rojo. Pero la verdadera sangre se vuelve pronto obscura, hasta hacerse casi negra.

Las manchas de «sangre» son visibles incluso por la parte opuesta de la tela, y vistas al microscopio muestran claramente que los hilos de lino se hallan empastados y recubiertos de algo.

La cuestión de si hay o no presencia de verdadera sangre es, en todo caso, poco relevante para los fines de autenticidad. Un falsificador hubiera podido utilizar sangre, y posteriormente, la tela pudo ser retocada con color. Y esto habría podido suceder incluso si la Síndone fuese auténtica. Sólo si se pudiera demostrar que no existía ninguna traza de verdadera sangre sino tan sólo de color, eso sería un fuerte indicio de falsedad.

El primer análisis, el realizado por la llamada comisión Pellegrino, en 1973, fue realizado en un laboratorio de análisis forense del profesor Giorgio Frache, de Módena, sobre diez hilos de muestra de varias manchas de «sangre». Tanto el test de la benzidina como otros más específicos resultaron negativos.

Los exámenes microscópicos llevados a cabo por Guido Filogamo y Alberto Zina no mostraron trazas de glóbulos rojos o de otros corpúsculos típicos de la sangre.

Anotemos que la cantidad de materia sobre los hilos en la zona de las manchas es tan grande que difícilmente tales análisis hubieran podido equivocarse.

Tanto Frache como Filogamo vieron, por el contrario, gránulos de una materia colorante que no se disolvía en glicerina, agua oxigenada o ácido acético, y sobre cuya naturaleza no se pronunciaron. También los análisis por cromatografía sobre estrato sutil, llevados a cabo por Frache resultaron negativos. Otro miembro de la comisión, Silvio Curto, encontró rastros de un colorante rojo.

Más tarde, en 1978-80, McCrone encontró en sus pruebas trazas inequívocas de cinabrio (sulfuro de mercurio: un pigmento rojo muy difundido en el Medievo) y de alizarina (pigmento rojo-rosa vegetal), y la presencia de un aglomerante para las partículas de pigmento, que podría ser colágeno (gelatina) o blanco de huevo. En la práctica se trataría de colores de témpera.

Por el contrario, Heller y Adler, del STURP, dijeron haber reconocido la presencia de sangre, porque evidenciaron reacciones típicas de las porfirinas. Fueron los únicos que realizaron análisis sobre «sangre» de la Síndone, pero ninguno de tales análisis era específico para la sangre. El test de la porfirina daría positivo también sobre restos de origen vegetal. Heller y Adler admitieron también haber encontrado una partícula de cinabrio.

Baima Bollone analizó algunos hilos de muestra en 1978; y en 1981 declaró haber encontrado en ellos, por medio de métodos de inmunofluorescencia, la presencia de sangre humana del grupo AB. Recientemente, el profesor Canale, de Génova, ha identificado DNA masculino y también femenino (si bien éste último, según sostiene Bollone, pertenece a las monjas que remendaron la Síndone). Admitió correctamente que podría tratarse de simples contaminaciones, y que se debería repetir el test sobre manchas «hemáticas».

El problema de las monedas sobre los ojos

En 1980 el padre jesuita Francis Filas, de Chicago, comunicó que sobre un ojo de la Síndone era visible la impronta de una rara moneda de la época de Tiberio, puesta sobre el cadáver, según una posible costumbre funeraria. [24] Incluso se podrían ver algunas letras de la leyenda de la moneda (IOUCAI, parte de la leyenda TIBERIOU KAISAROS, Tiberio César, con un C en vez de la K). Los análisis fueron continuados por A. Whanger, con la técnica de la superposición en luz polarizada de las imágenes de confrontación; y, según dijo, se encontraron setenta y tres «puntos de congruencia» entre la moneda y su impronta. [25]

El descubrimiento de Filas suscitó, inicialmente, muchísima hostilidad incluso en el ambiente de los sindonólogos del STURP.

La monedita, llamada *dilepton lituus,* tiene un diámetro de 16 milímetros, y las letras tienen una altura de menos de dos milímetros. En el dibujo se aprecia un relieve de una especie de espiral, quizás un bastón astrológico, parecido a la empuñadura del bastón pastoral de un obispo. Sobre la moneda, esta espiral es parecida a un punto interrogativo visto al espejo. Una tela que estuviera extendida sobre la moneda debería mostrar una impronta con una forma de signo interrogativo normal. Por el contrario, sobre la tela se hace visible una especie de signo de interrogación «especular».

El embarazo de los sindonólogos quedó superado cuando se descubrió que existía otro tipo de *lituus*, todavía más raro, que mostraba una espiral en forma de signo interrogativo no especular, igual al que mostraba correctamente la impronta. [26]

Se han presentado siempre fotografías de las moned   itas al lado de su presunta impronta sobre la tela, para mostrar cómo se parecen en sí. Se puede hacer coincidir la señal sobre la tela con el relieve de la moneda, calcándolo sobre un pedazo de papel traslúcido. De forma se puede verificar que las curvas no coinciden entre sí. Los trazos sobre la tela, por tanto, son probablemente una señal entre tantas otras, que, con muchas fantasía, tiene una forma de espiral, más o menos parecida a la de la *lituus.*

Tras el análisis de confrontación con luz polarizada efectuado por Whanger, se pueden hacer las siguientes observaciones:

Figura 1. Impronta del bastón y de las letras (primera versión).

a) Se calla el intrincado problema de los dipos de *lituus*.

b) Dos imágenes un tanto parecidas tendrán, seguramente, muchos puntos de congruencia.

c) La técnica es nueva y fue desarrollada justo para este examen de la Síndone, por tanto no se trata de un método seguro y generalmente aceptado.

d) El mismo autor admite que: «Muchas personas se han mostrado sorprendidas por la cantidad de puntos de congruencia encontrados en estas confrontaciones, hasta el punto de llegar a pensar que existiese algún tipo de truco, o algún fenómeno psicofisiológico para llegar a ver lo que veíamos. Se podría establecer la hipótesis de un efecto Rohrschach que indujera al observador a utilizar su fantasía y viera así una figura completa, aunque sólo se mostraran partes.»

e) Se hace observar que en las técnicas dactiloscópicas bastan catorce puntos de congruencia entre dos improntas digitales para estar seguros de su identidad. Por tanto, setenta y dos puntos, en las monedas, parecen muchísimos. En realidad se juega con el equívoco: en las improntas digitales no se trata de puntos de congruencia (pequeñas zonas de las dos imágenes que son coincidentes) sino de *características similares:* ansas, bifurcaciones, número de crestas papilares entre dos puntos, etc. Como es fácil comprender, la cosa es muy distinta.

Tratamos de validar la credibilidad de Whanger en base a otros de sus descubrimientos. Se habrían visto sobre la Síndone las improntas de pétalos de flores. Se trataría de veintiocho especies distintas, todas identificadas, incluso aquellas que habrían dejado sobre la Síndone los pólenes de los que hablaremos más adelante. Si alguien piensa que se trabajó con demasiada fantasía, véase lo que se logró «ver» sobre la tela, estudiando con su técnica las viejas fotografías de Enrie: «... un clavo de la crucifixión, una lanza romana, una esponja en una caña, una corona de espinas, dos flagelos, un martillo grueso, un par de pinzas, y dos filaterias judiciales consagradas».[27] Finalmente, Whanger, partiendo de una imagen tridimensional ha puesto en evidencia la estructura ósea subyacente a la superficie del rostro, y ha llegado a contar cerca de veinte dientes, lo que demuestra que «la imagen de la Síndone es, en parte, una autorradiografía».

Si la fotografía de los dos bastones es poco convincente, lo es todavía menos lo que parecen ser las presuntas letras. Pero para explicar cómo nunca llegaron a

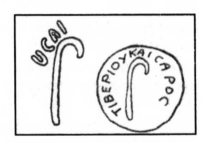

Figura 2. Impronta del bastón y de las letras
(segunda versión).

coincidir el relieve existente sobre la moneda y la presunta impronta, se ha afirmado que los conos de las monedas antiguas se sustituían a menudo, y por tanto nunca son iguales del todo. Además, si se hubiera depositado sangre sobre la moneda (ésta es la hipótesis de formación de la impronta) estaría o por la parte interna o por la externa del relieve en forma de bastón, algo que contribuiría a alterar finalmente las dimensiones. [28]

Si observamos las huellas sobre la tela vemos otras cosas: la señal que debería ser la empuñadura del bastón prosigue hasta salir de la presunta orla de la moneda. La explicación sindonológica [29] quiere que tal signo sea la impronta de las pinzas con las que el acuñador aferraba el collarín de tres o cuatro monedas, apenas fundido, para hacerlo destacar con un golpe de escalpelo.

Se ha encontrado también un *lituus* con una señal de la pinza. Pero la impronta es cóncava, y no parece que de ese modo pudiera dejar sobre la tela dos sutiles tiras paralelas. Para los sindonólogos la «solución» final fue... alargar el diámetro de la moneda respecto a cuanto se había establecido ¡en años anteriores¡

De tal modo, el signo se convierte en parte de la empuñadura del bastón. [30]

Hay todavía otras incongruencias en lo que respecta a la unión entre la impronta del bastón y las letras. En la figura 1 están representadas (según Baima Bollone) [31] las improntas sobre la tela. El signo interrogativo es especular, como se dice que debe ser, pero las letras no lo son.

Si todavía quedaran dudas sobre lo que ven los más notables sindonólogos, he aquí una ulterior «impugnación sindonológica» a las observaciones de no coincidencia moneda-imagen: la letra C de la palabra CAI habría sido cambiada por los críticos por la curvatura del bastón, que de tal modo parecería más pequeño.

En la figura 2 se ve el dibujo en el que las letras figuran ahora en una posición completamente distinta respecto a donde siempre se afirmó verlas. [32]

Otras monedas

En 1996, Baima Bollone, en compañía de Balosino, un profesor de informática de Turín, anunció que también sobre el ojo, más bien en el arco supraciliar, izquierdo de la Síndone existían trazas de una segunda monedita que hasta entonces nadie había visto. [33]

Los dos hicieron una serie de trabajos con el ordenador, presentados más tarde con términos técnicos misteriosos, y afirmaron que la moneda habría sido acuñada por Pilatos, en el 29 o 30 d.C.

La tesis, evidentemente, era que ningún falsificador medieval hubiera sido lo suficientemente astuto como para poner sobre los ojos de la imagen una moneda de la época histórica correcta y, por consiguiente, la Síndone tenía que ser auténtica.

He aquí lo que ha declarado a la prensa Luigi Gonella, [34] un experto del que no se puede sospechar que tenga prejuicios. Gonella, profesor de instrumentación física en el Politécnico de Turín, fue consultor científico del cardenal Ballestrero durante el periodo de los exámenes de la Síndone para la datación del carbono 14: «Se trata de un asunto sacado a la luz hace unos veinte años por un teólogo de Chicago, el padre Filas, que hizo lo imposible para ver esa moneda sobre el ojo derecho. Hoy se habla del izquierdo, pero el asunto es el mismo. La imagen de la Síndone es tal que cualquier detalle por pequeño que sea, excluidas las manchas de sangre, es de medio centímetro. Como los labios. Parece , por tanto, muy, muy incongruente que existan detalles del orden de décimas de milímetro, como las letras de la moneda. Más ya se ha dicho: a fuerza de agrandar, se termina por ver incluso lo que no existe. Por tanto son ustedes, los considerados como sindonólogos los que han de enfrentarse al C_{14}. En el campo científico, físico, químico, no hay nadie que albergue la menor duda. Y menos yo. El sudario se remonta al Medievo».

En el curso de la transmisión de televisión *Mixer*, escogida por Baima Bollone y Balossino para su anuncio, los dos afirmaron también que habían puesto todo el material gráfico utilizado por ellos a disposición de quien estuviese interesado en verificarlo. Algunos físicos de la universidad de Pavia invitaron a Balossino a que hiciera un seminario en Pavia para ilustrar todos los análisis llevados a cabo. Desde julio de 1996 hasta hoy, y a pesar de varias solicitudes, no se ha visto ni el material ni se ha llevado a cabo el seminario. La invitación sigue todavía en pie.

Otras improntas y escritos sobre la Síndone

Pero ya se habían visto otras improntas, imágenes y escritos, aunque menos verosímiles, sobre la Síndone. [35]

Con frecuencia, estas lecturas se han efectuado sobre los negativos fotográficos de la Síndone, y no sobre el tejido. Incluso Baima Bollone se muestra muy cauto sobre ellas, casi escéptico. Veamos cómo resume algunas observaciones de distintos autores: « Todo el argumento de los escritos sobre la Síndone necesita ser considerado con extrema atención, sin olvidar que las distintas lecturas se excluyen recíprocamente. Ugolotti lee NEAZARENU sobre el arco supraciliar izquierdo, en donde Marastoni identifica el nombre del emperador romano Tiberio, mientras que Messina y Orecchia evidencian un trazo de escritura en caracteres hebraicos cuadrados. Todo esto indica la dificultad y aleatoriedad de estas lecturas... La observación de Scheuerman vuelve a proponer el problema de la agregación casual sobre el tejido de la Síndone de rastros que pueden producir signos fotográficos susceptibles de distintas interpretaciones y lecturas.» [36]

El problema de los pólenes

Entre los descubrimientos más famosos hechos sobre muestras. se encuentra el del suizo Max Frei-Sulzer, que analizó los pólenes presentes en la Síndone, e intentó identificar las especies de plantas de las que provenían, para saber de ese modo cuáles habían sido los lugares en los que había estado la Síndone en el curso de su historia.

Frei era botánico y oficialmente también criminólogo, dado que había dirigido un laboratorio de policía científica en Zurich. Llamado por la comisión del cardenal Pellegrino en 1973 como experto fotógrafo, logró permiso para recoger, con la aplicación de cintas adhesivas comunes, muestras del polvillo presente en la tela. Esta recogida no entraba oficialmente en los programas de indagación de la comisión, ni tampoco las relaciones posteriormente publicadas. En 1978, el suizo estudió nuevas muestras.

Frei afirmó haber identificado los pólenes de diez especies distintas; muchas, a su entender, específicas de Palestina o de Anatolia, lo que habría confirmado la teoría según la cual la Síndone había sido conservada en Edesa y Constantinopla en siglos anteriores a su llegada a Europa.

Frei llegó incluso a realizar trabajos de campo en Medio Oriente, recogiendo pólenes en la zona de Jerusalén.

Tal vez se ha llegado a escribir que Frei había encontrado incluso pólenes de plantas que crecían en Palestina hace dos mil años y que ahora se encuentran extinguidas, proporcionando de este modo una posibilidad de datación de la tela. En realidad él mismo desmintió estas «noticias de periódico sensacionalista, pero infundadas». La única localización geográfica de los lugares de permanencia de la Síndone parece haber tenido escasa importancia, porque, después de todo, la reliquia habría podido ser fabricada en Oriente, o sobre un tejido de procedencia oriental.

El verdadero problema se halla en saber cómo llegó Frei a sus resultados. Todos los expertos de pólenes están de acuerdo en el hecho de que el reconocer las diferencias existente entre una especie vegetal que crezca en una zona y la misma planta que haya crecido en otra es algo muy difícil. Se requieren muchos gránulos para distinguir las variaciones individuales, y siempre existe el peligro evidente de la contaminación. Sin embargo, el número de pólenes estudiado por Frei, e incluso el que estudiaron otos investigadores, es muy bajo. En las publicaciones hechas por Frei no se ve descrito en detalle el procedimiento adoptado («... Se ha mostrado sumamente avaro de datos sobre la realización de sus trabajos, limitándose a anticipar solamente las adquisiciones principales.») [37]

Joe Nickell se muestra muy crítico con los trabajos de Frei; [38] pone en duda el rigor y, por si esto fuera poco, añade la sospecha de un fraude más o menos intencionado.

La investigación sobre los pólenes no se ha considerado como una prueba ni siquiera a juicio de Riggi, miembro italiano del STURP, ni tampoco, en 1988, por el profesor Silvano Scannerini, director del departamento de Biología vegetal de la universidad de Turín. En una reciente publicación de marca sindonológica, [39] Scannerini expone con precisión la dificultad y los límites de esto tipo de investigación. Como conclusión a sus notas, escribe: «La pregunta surge inmediatamente... si el diagnóstico de Frei es fruto de un exceso de fe en la posibilidad de hacer distinciones tan precisas entre los gránulos de polen.»

La complejidad del problema, sin embargo, nunca ha llegado a los medios, que presentan el asunto de los pólenes como una prueba concreta. En lo que se refiere a la capacidad del «gran criminólogo» suizo, Joe Nickell recuerda que poco antes de su muerte Frei, ahora en su función de grafólogo, había declarado auténticos los «diarios de Hitler», que poco después se revelaron como una clamorosa falsificación.

La radiodatación

Fundamentos del método

La datación con radiocarbono es un método analítico comúnmente usado que permite estimar de modo definitivo la antigüedad de muestras que contengan carbono de origen vegetal. Desde hace decenios es de extraordinaria utilidad en ciencias como la arqueología o la paleoantropología.

El método fue desarrollado por W. F. Libby, físico nuclear, que por este motivo recibió el premio Nobel de química en 1960. En sus fundamentos, el método de la radiodatación no resulta difícil de comprender. El átomo de carbono posee distintos isótopos. De ellos, el preponderante, 98,9 %, estable, es decir, no radiactivo, es el isótopo de peso atómico 12 (C_{12}). Otro isótopo estable es el carbono 13 (C_{13}), 1,1 %. El isótopo 14 (C_{14}) es, por el contrario, inestable y está sujeto a decadencias radiactivas (por lo que se habla de radioisótopo, en nuestro caso «radiocarbono») transformándose por emisión beta en un átomo de nitrógeno.

Debido a los neutrones componentes de los rayos cósmicos, del C_{14} se forma continuamente en la alta atmósfera, uniéndose al oxígeno para producir anhídrido carbónico, y su porcentaje es pequeño desde hace miles de años, y —en una primera aproximación— es constante.

La radiactividad del C_{14} ($1,18 \times 10\text{-}10$ % en átomos, respecto a los dos isótopos estables) se manifiesta con una media de 13,26 decadencias radiactivas por minuto (dpm) por gramo de carbono, o también 0,22 decadencias por segundo y por gramo.

Si se establece la hipótesis de que el tenor de C_{14} se mantiene estable en el anhídrido carbónico de la atmósfera, se puede considerar también que esté presente en la misma relación isotópica en todos los organismos vivientes; éstos, de hecho, absorben en vida todo el carbono que hay en sus tejidos, del anhídrido carbónico atmosférico; las plantas verdes lo hacen directamente por medio de la fotosíntesis clorofílica, e indirectamente todos los otros organismos que, en definitiva, se nutren de plantas.

A la muerte del organismo cesa el intercambio con el anihídrido carbónico de la atmósfera y el consiguiente abastecimiento de C_{14}; y por consiguiente, el tenor de este isótopo comienza a disminuir, decayendo según una ley exponencial bien conocida. Por tanto, basta dosificar exactamente, midiendo la emisión de partículas beta, el porcentaje de isótopos radiactivos en el contenido de carbono del objeto para estimar su edad; cuanto más antiguo sea el objeto, menor será el porcentaje de radioisótopo.

La formación del C_{14} en la alta atmósfera está producida por los rayos cósmicos, los cuales, a su vez, presentan variaciones a largo plazo dependiendo del campo geomagnético, del viento solar y de otros factores. A pesar de eso, el problema, al menos para casi los últimos ocho mil años, ha quedado resuelto gracias a la ciencia de la dendrocronología. Esta técnica utiliza el examen de los anillos de crecimiento de las plantas para datar con precisión fragmentos de árboles. Rigurosos tratados estadísticos han proporcionado una curva de calibre, que establece la correspondencia entre la auténtica edad de un círculo y su edad al radiocarbono.

Existen dos métodos principales para medir la cantidad de radiocarbono de una muestra. El más antiguo necesitaba de varios gramos de material porque efectuaba un verdadeo contaje, durante largos periodos de tiempo y en detectores especiales, de las decadencias del C_{14}.

Un método más reciente, por el contrario, se basa en la espectrometría de masa, técnica que permite separar de forma efectiva y medir la cantidad de los diversos isótopos de un elemento. Esta técnica sólo necesita unas decenas de miligramos de sustancia.

La extracción

Después de muchas polémicas, en 1987 se decidió que tres laboratorios efectuarían el análisis (Tucson, Oxford y Zurich). Se estableció que las operaciones serían coordinadas por Michael Tite, del British Museum de Londres, representante notable de una prestigiosa institución famosa en todo el mundo.

El consejero y representante del cardenal Ballestrero fue el profesor Luigi Gonella, físico del Politécnico de Turín, que ya tenía este encargo desde 1978.

El 21 de abril de 1988, Ballestrero, Tite, Gonella y varios representantes de los laboratorios, unas treinta personas en total, se reunieron en la capilla de la Síndone para la auténtica y verdadera extracción.

Mientras una telecámara filmaba todas las operaciones, Riggi, único sindonólogo italiano del grupo, cortó una tira del tejido con un peso (por lo que parece) de 478 milígramos. Descartados algunos hilos sueltos de los laterales, el total se quedó en unos 300 milígramos. Cerca de la mitad de tal cantidad no fue utilizada, para que quedara disponible para otros análisis. El resto se dividió en tres partes, de forma que cada laboratorio recibiera unos 50 milígramos de tela. Una muestra, y otras dos de control, quedaron almacenadas en otros tantos contenedores cilíndricos de grueso acero inoxidable. Los «controles» eran fragmentos de los cuales se conocía la edad: uno del siglo I aproximadamente, y otro del 1100, también aproximadamente. Esto permitiría garantizar un tipo de control ciego. Sin embargo, el tejido de la Síndone era fácilmente reconocible, lo que hacía todas estas precauciones del todo inútiles. De todos modos, se anotó la edad de las muestras.

Ballestrero y Tite se apartaron y —única operación que no sería filmada— sellaron las muestras.

Los resultados de los tres laboratorios, recibidos por el cardenal Ballestrero el 28 de septiembre, fueron hechos públicos por el arzobispo en una conferencia de prensa, que tuvo lugar en Turín, el 13 de octubre de 1988.

El test de datación circunscribió la edad de la tela al periodo centrado sobre 1325, y comprendido entre 1260 y 1390, con una seguridad del 95 % de que la auténtica edad estaba comprendida en este intervalo cronológico.

Por tanto, la edad real de la tela de lino coincide con la «histórica»; la imagen, aparecida a mitad del siglo XIV, fue fabricada en aquellos años, y no trece siglos antes. Y el resultado concordó con cuanto aparecía en el memorial del obispo Pedro d'Arcis, quien afirmaba que su predecesor, el obispo Enrique de Poitiers, había considerado falso el artificio.

En el comunicado oficial, el cardenal Ballestrero se mostró dispuesto a aceptar los resultados del test: «Pienso que no es el caso de poner en duda los resultados. Y todavía menos de revisar los resultados de los científicos, si su respuesta no cuadra con las razones del corazón.»

Por primera vez, los máximos expertos mundiales de la radiodatación, de instituciones científicas oficiales, habían examinado la Síndone, y la habían condenado como un artificio medieval.

La sindonología quedaba, pues, desenmascarada de su pretendida cualidad científica. Pero esto, por definición, no podía ser aceptado por sus seguidores, que pusieron en pie más de una línea defensiva, encontrando pronto distintos pretesxtos para establecer objecciones.

Descrédito al método de análisis

Una crítica de carácter general fue que la radiodatación era sólo un resultado contrario a la Síndone, frente a toda una serie de datos que, por su parte, atestiguaban la autenticidad. Naturalmente, los datos favorables eran los que la misma sindonología había proporcionado, y de los cuales ya se ha mostrado su fragilidad en los párrafos precedentes. Que una sola prueba científica pueda invalidar cien argumentos capciosos no es un razonamiento que merezca ser tenido en consideración.

Las primeras reacciones habidas tras el test del radiocarbono ponían en duda la validez científica del propio método. Se citaban algunos casos de datación claramente equivocados y datos aparentemente estudiados con detalle, sobre innumerables análisis fallidos. Se ponía el ejemplo de algunas conchas de caracol todavía vivos a los que se había dado una antiguedad de 26.000 años; en otros errores de datación se hacía referencia a cuernos, huesos, etc.

Sin entrar en particularidades técnicas, baste mencionar que sobre estos «errores», el sindonólogo Baima Bollone, director del Centro Internazionales di Sindonología di Torino, comenta que «estos resultados son explicables y, por tanto, no deben ser criminalizados».

Descrédito a los procedimientos

Tal vez con respecto a las otras acusaciones se trate de objecciones fundadas. Por ejemplo, es cierto que los test no se hicieron realmente en condiciones «de ciego». Pero otras acusaciones, bastante más graves, han llegado a poner en duda incluso la buena fe de los responsables de la operación; ya fuera la de los laboratorios, que se habrían puesto de acuerdo para dar resultados homogéneos, ya fuera de aquellos que llevaron a cabo materialmente la extracción de las muestras. Es incontestable que existen incongruencias entre los pesos de las muestras de la tela, manifestadas por quienes llevaron a cabo las tomas. Según los sindonólogos, se debería deducir que se habría tratado de un tejido con peso unitaro distinto del de la Síndone. Teniendo en cuenta que toda la operación de la extracción fue filmada y realizada ante los ojos de treinta personas, sólo quedan dos opciones, bajo un punto de vista teórico: o bien el tejido fue sustituído por otro, durante los escasos segundos entre el momento del corte y el del pesaje de las muestras; o bien, el cardenal Ballestrero y Tite habrían cambiado las muestras, de común acuerdo, mientras se apartaban para el sellado. Si, como parece, se trata de «personas que están muy por encima de toda sospecha», parece ser que la hipótesis actualmente preferida por los sindonólogos es la de que se haya extraído equivocadamente un pedazo de «remiendo invisible» medieval.

Pero si tenemos en cuenta que el corte fue realizado por personas que conocían la Síndone, hilo a hilo, incluso esta sospecha parece poco plausible. Y más aún cuando todos los otros remiendos (en las zonas de las quemaduras y otras) resultan perfectamente distinguibles y sobresalen de la tela principal de la Síndone.

De todos modos se pueden formular muchas críticas por el hecho de que tan sólo se hiciera pública una pequeña parte de los hallazgos, y de que falte un estudio verbal detallado de toda la operación.

Presuntas contaminaciones

Otra línea de ataque invocaba la presencia en el tejido de elementos contaminantes que contuvieran carbono más reciente (manipulaciones, contacto con humo, sudor o lágrimas de los fieles, microorganismos, pólenes, mohos, etc.) que lo hubieran aparentemente «rejuvenecido». Sin embargo, resulta evidente que los laboratorios han sometido las pruebas a una limpieza intensa, siguiendo los mejores métodos existentes. Con los métodos más enérgicos incluso se llega a «desollar» las fibras de celulosa, razón por la cual se descarta cualquier posible suciedad. Además, las muestras sometidas a diferentes grados de limpieza han dado resultados comparables entre sí.

Se siguieron, pues, en el procedimiento una serie de procesos inatacables. Incluso si toda la contaminación contuviese carbono «moderno», para rejuvenecer la tela y situarla en el 1300, se hubieran necesitado cerca de cuatro gramos de suciedades y de materiales extraños, por cada seis gramos de tela de lino. Si se piensa qué significaría una cantidad así de suciedad, no puede por menos de dejarnos perplejos la afirmación de Baima Bollone, cuando dice: «... para rejuvenecer hasta el Medievo un tejido bimilenario basta con una contaminación del 26-33 % con carbono reciente; y puede preguntarse si no se trataría, en realidad, de valores cercanos a este tipo.» [40]

Para concluir, será fácil apreciar también cómo estas hipótesis de los sindonólogos (método analítico infiable, sustitución de las muestras, cálculos equivocados, contaminaciones) se excluyen mutuamente.

Presunta resurreción «neutrónica»

Una hipótesis introducida *ad hoc* para explicar el exceso de C_{14} en la tela, fue la de que una parte de este isótopo se formó por reacción nuclear cuando, en el momento de la resurreción de Cristo, la pequeña cantidad de nitrógeno (un 5 %) contenido en el lino quedó inundada por una onda de neutrones. Lo que no llega a explicarse, sin embargo, es como nunca antes, entre todos los datos a los que podía llegarse, no se mencionara ese punto, junto a aquellos que parecían históricamente más aceptables.

El hecho de que el nitrógeno irradiado con neutrones se transforma en C_{14} es, evidentemente, un hecho bien conocido de los físicos nucleares. El problema es claramente otro: cómo llegaron a producirse esos neutrones. Un notable sindólogo exigió un experimento similar, que fue llevado a cabo en la universidad de Pavia. Los fragmentos de tela fueron radiodatados: como se esperaba, éstos contenían mucho más C_{14} que al principio. Incluso demasiado, porque ahora había más del máximo posible. Los científicos que habían hecho el análisis comunicaron , muy enfadados, que habían tenido que sustituit toda una parte del aparato para corregir la contaminación introducidad con aquella muestra, y sugirieron que se interrumpiesen aquellos experimentos sindonológicos.

Nuevas hipótesis para explicar el rejuvenecimiento de la tela

En 1995 se hace famoso de golpe Dmitri Kouznetsov, un químico ruso que habría demostrado, con métodos sofisticados, que la Síndone podría haber sido rejuvenecida 1.300 años, en el incendio que sufrió en Chambery, en 1532.

Parece ser que Kouznetsov sólo ha publicado en toda su carrera seis trabajos, y todos ellos referidos a análisis normales de la celulosa, mediante técnicas de electroforesis capilar combinada con espectrometría de masa.

Hablando de la Síndone de Turín, Kouznetsov establece la hipótesis de que, durante el incendio sufrido por la tela en 1532, en Chambery, la acción combinada del agua vertida sobre la Síndone, y los iones de plata procedentes de los broches y otros ornamentos de la caja de madera que contenía la tela, más otros agentes que actuaron de catalizadores, pudieron haber hecho que el anhídrido carbónico atmosférico se «fijase» en las moléculas de la celulosa del lino, aportando de este modo carbono «moderno» (de 1532).

Para demostrar esta hipótesis, [41] Kouznetsov tomó un pedazo de tela de lino que tenía cerca de dos mil años, la metió en una especie de horno, humedeció con agua trazas de plata, calentándolo después todo a 200° durante dos horas. Los sucesivos análisis de la celulosa mostraron que el 20 % de las moléculas de glucosa (unidad constitutiva de las fibras de celulosa) había sido «carbosilado»; es decir, que habría fijado una molécula de anhídrido carbónico.

Pero veámoslo mejor. Sobre cada molécula de glucosa, que contiene seis átomos de carbono, sólo se podría fijar, como mucho, un átomo. Si como afirma Kouznetsov, sólo el 20 % del total de las moléculas de glucosa se ha carbosiladado, la fracción de carbono moderno que se hubiera fijado no sería más de una séptima parte del 20 %, es decir, cerca de un 2,9 %.

Pero, como ya se ha dicho, para rejuvenecer una tela de 1.300 años debería haber, por el contrario, cuatro átomos de carbono moderno para cada uno de los seis átomos de carbono del año 33 d. C., o sea, más del 30 %. Con los valores propuestos por Kouznetsov se podría llegar a rejuvenecer, como mucho, una tela de cerca de cien años, y eso siempre que el anhídrido carbónico se fijase realmente en la celulosa.

De todos modos, Kouznetsov avanza una segunda hipótesis para invalidar las mediciones hechas con el método del radiocarbono sobre fibras de celulosa. Afirma que en las plantas utilizadas para fines textiles, el 60-70 % de los isótopos pesados, a los que pertenece el C_{14}, se concentran en las fibras de celulosa. El proceso de hilado (que en la práctica sirve para separar la fibra del resto de la planta) enriquecería muchísimo los hilos con C_{14}. Si esta hipótesis fuera cierta, toda la hilatura habría sido datada hasta el momento con un error de cerca de ochocientos años, lo que parece algo bastante inverosímil. En apoyo de esta hipótesis del biofraccionamiento preferencial en las fibras, Kouznetsov aporta como única referencia bibliográfica un trabajo suyo y de un colega. Dado que los fenómenos de biofraccionamiento han sido estudiados con gran interés durante muchos años, parece extraño que un hecho así haya sido ignorado por la comunidad científica.

Finalmente, y ésta es la tercera hipótesis, el químico ruso afirma que las curvas establecidas para compensar las variaciones del C_{14}, en el tiempo del que hemos hablado, se encuentran completamente equivocadas.

El famoso trabajo de Kouznetsov, además, se puede rebatir incluso en otros puntos. En el mismo número de la revista «Archaeological Chemistry» en que fue publicado, aparece una réplica [42] de tres científicos de Tucson (uno de los tres centros en que fue datada la Síndone, en 1988). Los tres han intentado repetir el experimento de Kouznetsov, calentando un fragmento de tela, procedente del mismo objeto usado por el autor ruso, diez veces más tiempo y a una presión doscientas veces mayor. Sin embargo, el análisis, extremadamente preciso, no ha mostrado signos de fijación de CO_2 sobre la celulosa.

Pueden formularse otras críticas. Kouznetsov tuvo que que confiar en especialistas de radiocarbono para sus análisis finales. Estos se realizaron en espectrómetro de masa de la academia de la Ciencia Rusa, en Protvino, de la cual no se conoce en la comunidad científica internacional *ninguna otra radiodatación*. La praxis necesaria es, por el contrario, la de publicar los informes sobre las prestaciones de los instrumentos utilizados, proporcionar datos de análisis seguidos de forma estándar, muestras de referencia internacional, etc.

Pero todavía surgen cosas más extrañas. Kouznetsov, por ejemplo, afirma que la actividad del C_{14}, tras el tratamiento térmico aumenta de 0,22 dps/g a 0,33 dps/g (decadencias por segundo y por gramo). Ahora bien, la actividad de una muestra moderna es de 0,225 dps/g, y si existe un cambio completo con la atmósfera actual se puede llegar a 0,33 dps/g, lo que dará un valor absurdo del 150 % de carbono moderno.

Los científicos de Tucson notaron otras inconsistencias y errores en las fórmulas aplicadas, en las figuras y en los métodos de Kouznetsov, y concluyeron con estas palabras: «Hemos demostrado que incluso si la sustitución de carbono propuesta por los autores durante el tratamiento térmico fuese cierta, no se produciría un cambio significativo en la edad medida del lino. Debemos concluir que el ataque de Kouznetsov y colaboradores a las medidas de radiodatación de la Síndone de Turín, y a las radiodataciones de los tejidos de lino en general es inconsistente y está equivocado. Concluimos diciendo que también otros aspectos de este experimento resultan inverificables e irreproducibles.»

El hecho de que Kouznetsov tenga que recurrir a tres hipótesis distintas y contemporáneas para rejuvenecer la tela en la cantidad de años deseada, así como la fallida reproducción [43] de sus trabajos, incluso por parte de los mismos sindonólogos, parece haber enfriado un poco el entusiasmo de sus ataques. [44]

Más tarde se descubrió, como si todo lo anterior no fuera suficiente, que Kouznetsov había sido anteriormente un anti evolucionista, pero que después había caído en desgracia por haber inventado literalmente los detalles de un trabajo científico publicado. [45]

Sus famosos trabajos sobre la Síndone se hayan actualmente bajo estricto examen, para comprobar la congruencia de las referencias y de los detalles que él citó. Los primeros resultados no parece que favorezcan mucho al autor ruso. [46]

El sudario de Oviedo

El sudario de Oviedo sería, según los sindonólogos, coetáneo de la Síndone, y habría estado solamente en contacto con el rostro de Cristo. Dado que el Sudario tiene una historia documentada en España a partir del siglo VII , la datación de la Síndone debería estar equivocada.

Este Sudario (84 × 53 centímetros) no muestra una figura , sino las manchas informes de una supuesta sangre. Sería el *soudarion* del Evangelio de Juan, encontrado en la tumba vacía y que había seervido para cubrir la cabeza de Jesús.

En las informes manchas del Sudario ha sido reconocida la impronta de un rostro, con las mismas medidas y características del de la Síndone. Baima Bollone, inútil es decirlo, ha reconocido sangre del grupo AB, el mismo que el encontrado sobre la Síndone; además «el resultado del DNA de las dos telas presenta perfiles genéticos similares».

Whanger ha analizado los puntos de congruencia y, obviamente, ha encontrado ciento treinta. Incluso ha visto también la corona de espinas que cubría la cabeza cuando fue cubierta con el sudario. Además, [47] «un estudio de comparación computerizada ha sido realizado por Nello Balossino, del departamento de Informática de la universidad de Turín: las huellas presentes sobre los dos tejidos coinciden perfectamente».

Todo se corresponde; por tanto: «Esta es una evidencia conclusiva de que la Síndone de Turin debe pertenecer al primer siglo.»

Cierta incertidumbre nace en el profano cuando se lee [48] que Adler (el químico americano sustentador de la autenticidad) revela semejanzas en las manchas de la nuca de la Síndone y del Sudario de Oviedo, no en las del rostro.

Con seguridad ha constituido una cierta sorpresa para los sindonólogos el hecho de que hayan aceptado los resultados de la datación con el radiocarbono del Sudario de Oviedo, que han mostrado que pertenece a una fecha en torno al año 680. [49] Una vez más, la verdadera edad del objeto coincide perfectamente con su edad histórica. El citado Adler, si hemos de dar crédito a un comunicado de la agencia Reuter [50] de 1997, no lo lamenta. Teniendo en cuenta que la Síndone y el Sudario deben ser contemporáneos, eso querría decir que la Síndone también es del siglo VII.

Cosa que es siempre mejor que no del año 1350.

Criaturas misteriosas

El monstruo del lago Ness

«La raza humana no puede soportar demasiada realidad.»

T. S. ELIOT

Corría el año 565 d. C. cuando san Columbano, el poeta irlandés que llevó a Escocia la religión cristiana, arribó al lago Ness. Como a su llegada se había encontrado en la playa con algunos nativos que hablaban de un hombre que «había sido mordido con maldad» por un monstruo marino mientras estaba nadando, mandó a uno de sus compañeros a la otra orilla para que cogiera una barca que allí estaba fondeada. El enviado de san Columbano se armó de valor y partió; pero apenas había llegado a la mitad del trayecto cuando un monstruo, molesto por el nadador, se lanzó contra él «con un gran rugido y la boca desmesuradamente abierta». El santo, ante semjante aparición, hizo la señal de la cruz y ordenó a la criatura que se alejase de él. El monstruo escapó aterrorizado «más velozmente que si hubiese sido arrastrado por cuerdas».

Y con esta anécdota, mencionada por un escribano de nombre Adamnan en una biografía de san Columbano, escrita un siglo después de su muerte, [1] se habla por vez primera de una misteriosa criatura oculta en las aguas del *Loch Ness*, [2] en Escocia.

El lago Ness, que tiene una forma larga y estrecha es, por su volumen, el más grande de los lagos de agua dulce de la Gran Bretaña, y el tercero de tamaño en Europa. Tiene una longitud de 38 kilómetros y una anchura de cerca de 1,6 kilómetros, y llega a alcanzar una profundiad de 180 metros.

En el transcurso de los siglos se estableció la leyenda de que en el lago vivía un *kelpie* , es decir, un espíritu maligno de las aguas con forma de caballo (leyenda que también circula referente a los demás lagos escoceses). Además, un viajero del siglo XVII habla de una isla flotante que aparecía y desaparecía. Desde entonces han surgido otros relatos escritos que hablan de avistamientos de animales extraños en el lago Ness, pero hay que esperar hasta el 2 de mayo de 1933 para que nazca oficialmente el «monstruo del lago Ness».

Aquel dia, Alex Campbell, un corresponsal local del «Courier» de Inverness, reportó el testimonio del avistamiento del animal por parte de los propietarios de un albergue cercano al lago, en Drumnadrochit. Los esposo MacKay habían referido haber visto «un enorme animal que se desplazaba con movimiento ondulatorio, y que después se sumergió en el lago». Con la publicación de la historia surgió un flujo de informaciones de desconocidos avistamientos anteriores, tanto antiguos como modernos. Durante meses, el tema llenó las páginas de los periódicos, y la fama del monstruo se extendió más allá de los confines del condado de Inverness. Ello provocó toda una oleada de cazadores del monstruo que, poco a poco, llegaron a la zona del lago Ness.

El 13 de noviembre de 1933, Hugh Gray, un empleado de la British Aluminium Company, realiza, a una distancia de 60 metros, la primera fotografía de un gran objeto que aflora en la superficie. Su publicación hace subir la fiebre del monstruo hasta niveles cada vez más altos. La foto, sin embargo, es muy confusa, y los escépticos sugirieron que podría tratarse de un tronco de árbol o de una masa de vegetación, en vías de descomposición.

El 21 de diciembre, el «Daily Mail» sale con un titular en grandes caracteres: *El monstruo de Loch Ness no es una leyenda sino una realidad.* En el artículo se puede leer que Marmaduke A. Wetherall, notable experto en caza mayor, miembro de la Royal Geographical Society y de la Royal Zoological Society, ha logrado hacer una reproducción del monstruo. Los expertos del British Museum de Londres, sin embargo, confiesan más tarde que han llegado a reconocer que todo el montaje se había hecho con la estructura disecada de un hipopótamo. Wetherall se convierte en el hazmerreir de la prensa, y son muchos los que empiezan a pensar que es necesario un tratamiento más prudente de todo el asunto.

El interés por el monstruo se entibia un poco, hasta que nuevamente explota el 21 de abril de 1934, cuando el «Daily Mail» publica una fotografía en la que se distinguen claramente la cabeza y el cuello de una extraña criatura que emerge del agua. La fotografía había sido hecha por el teniente coronel Robert Kenneth Wilson, un ginecólogo de Londres, y su negativo no muestra ninguna traza de posibles manipulaciones. La comunidad zoológica queda desconcertada por aquella que se convertiría en la imagen más famosa del monstruo, conocida ya como la «fotografía del médico».

En el verano del año 34, la publicación de *The Loch Ness Monster and Others*, una recopilación de crónicas, dibujos y fotografías, a cargo de un oficial retirado de la marina, Rupert Gould, estimula la primera serie de expediciones de búsqueda, financiada por sir Edward Mountain, el magnate de los seguros. Mountain contrata a veinte hombres, tras haberlos escogido en la lista de los desempleados locales, y los posiciona, con máquinas fotográficas y prismáticos, en distintos puntos estratégicos, en torno al lago. Se produce algún avistamiento, pero el auténtico acontecimiento es una filmación hecha por el capitán James Frazer, de Inverness. Sin embargo, tras haber visto el film, los zoólogos de la Linnaean Society, están de acuerdo en afirmar que el animal que aparece allí es una foca o una gran nutria.

Con esta enésima desilusión se apaga en todo el mundo la manía por el monstruo, ya que han surgido preocupaciones más importantes con los más terroríficos monstruos alemanes. Y el interés no volverá hasta abril de 1957, cuando se publica el libro *More Than a Legend* de Constance Whyte. Se trata de una colección de todas las pruebas que sostienen la autenticidad del monstruo que, gracias al éxito que llega a obtener el libro, provoca un imprevisto resurgir del interés por el monstruo del lago Ness. De este modo vuelve a aumentar el número de visitantes a los altiplanos escoceses. Uno de estos, el ingeniero aeronaval Tim Dinsdale, queda tan impresionado por todo el asunto, que decide de inmediato abandonar su carrera de ingeniero, y dedicarse por completo al enigma.

En 1960, Dinsdale rueda unos quince metros de una buena película que muestra un objeto lejano en movimiento: la película fue exhibida en el curso del programa *Panorama* de la BBC e impresionó notablemente a los espectadores, dejando incluso perplejos a los escépticos.

En 1962, David James constituye oficialmente el «Bureau for Investigating the Loch Ness Monster Phenomenon», abreviado Loch Ness Investigation (LNI), una sociedad que tendrá por objetivo establecer distintos puntos de observación permanente en torno al lago. De ella forman parte también Constance Whyte y sir Peter Scott (hijo del famoso explorador antártico Robert Scott). Sin embargo, el trabajo de la sociedad no logra producir nada concreto, si se exceptúa una recopilación de las pruebas ya existentes.

En 1969, quizás inspirada por el célebre film de dibujos animados de los Beatles *Yellow Submarine,* la LNI organizó una expedición con un submarino amarillo a un lugar denominado *Viperfish.* Optimista objetivo de la misión: arponear al monstruo o, por lo menos, conseguir alguna muestra de su tejido epidérmico para proceder a su análisis. Tras encallar en su primera expedición, el submarino se mostró demasiado ruidoso, demasiado lento y demasiado embarazoso para poder ser útil, por lo que se abandonó el proyecto.

En 1972, un equipo de la Academy of Applied Science, dirigido por el doctor Robert H. Rines, ayudado por un estroboscopio subacuático y por un sonar, obtuvo imágenes fotográficas y de sonar de un animal grande y compacto. Un aumento realizado por un ordenador de la NASA de una de las fotos, mostró un apéndice similar a una aleta adosada a un cuerpo robusto y rugoso. Las pruebas fotográficas fueron corroboradas por las del sonar, que había revelado la presencia de grandes objetos móviles, constituyendo de ese modo el descubrimiento más importante de las investigaciones en el lago Ness hasta el momento. Tres años después, el equipo obtiene otras pruebas fotográficas de uno o más animales que viven en Loch Ness. En una de las fotos se aprecia lo que parece una cabeza cubierta por alguna protuberancia.

La noticia de estas nuevas fotos llega inmediatamente a la prensa y aparece en las primeras páginas de los periódicos. En 1976, un simposium organizado por la Royal Society de Edimburgo, y de algunas otras universidades escocesas que van a presentar las fotos, debe ser cancelado por culpa de una publicidad demasiado exagerada. Esto induce a que se hagan suposiciones de todo tipo sobre la autenticidad de las mismas pruebas. A pesar de todo, Rine, de la Academy of Applied Science y sir Peter Scott, del Bureau for Investigating the Loch Ness Monster Phenomenon, tienen una conferencia con la prensa en la que anuncian haber dado un nombre al monstruo: *Nessiteras Rhombopteryx*, que viene a significar, más o menos, «la maravilla de Ness, con aleta de forma triangular».

Tras un examen de la foto, los científicos concluyeron que no demostraba la existencia de ningún monstruo. Lo que se veía podían ser simplemente burbujas de aire, y la «cabeza» del monstruo, un caballo muerto o el tronco de un árbol.

Entre una de cal y otra de arena, continuó el interés por la búsqueda en el lago, hasta que en 1987 se organizó una expedición imponente, conocida como la operación Deepscan. Se trataba de la búsqueda más completa, con sonar de tipo medio, que se había llevado a cabo en el lago. Dos docenas de barcas, equipadas con sonar, una al lado de la otra, a todo lo largo del lago, iban a rastear toda la superficie del lago, metro a metro. Las mediciones duraron tres días, pero sólo en una ocasión se registró el movimiento de algo a gran profundidad; sin embargo, no fue posible identificar su naturaleza.

Hoy, cuando millones de personas han oido hablar del monstruo del lago Ness, más de cuatro mil aseguran haberlo visto y un centenar han intentado darle caza, el misterio prosigue. «Si bien muchos de los cuatro mil extraños "avistamientos" pueden ser explicados de alguna de las maneras mencionadas anteriormente, es virtualmente imposible rechazarlas todas del mismo modo.» [3]

Esta es, pues, la escueta exposición de los hechos acaecidos durante los últimos sesenta años. Lo del monstruo del lago Ness es un «misterio», que se aparta un poco de los que hemos venido examinando hasta ahora, por la relativa facilidad con la que se puede determinar la realidad de la cuestión. Hadas, fantasmas o platillos volantes, en teoría, no son fácilmente localizables, y, por tanto, no es posible establecer por anticipado planos de observación; pero en el caso del monstruo del lago Ness, el área que hay que controlar, aunque sea grande, resulta siempre geográficamente limitada. La cosa que más sorprende en este misterio, por tanto, es el hecho de que durante 1.400 años, si partimos de la presunta observación de san Columbano, o aunque sólo sea desde 1923, cuando fue posible observar todo el lago —cuyas orillas se habían talado cerca de los caminos que lo bordeaban—, nunca se logró obtener una sola prueba convincente, que superara cualquier tipo de duda, sobre la existencia de una, o más, gigantescas criaturas de las aguas del lago.

Han sugerido algunos que las aguas, obscuras y profundas, hacen muy difícil, incluso para alguien que estuviera vigilando constantemente, observar bien cualquier tipo de movimiento. Y, después, las posibilidades de estar en el sitio adecuado en el momento adecuado, para observar a ese monstruo elusivo en su ambiente, son extremadamente escasas.

Pero quizás, antes de intentar explicar *ad hoc* porque no se acierta a ver al monstruo, sea mejor que intentemos comprender si las pruebas que se han recogido en el transcurso del tiempo permiten afirmar con certeza que realmente existe tal monstruo en el lago.

San Columbano y el monstruo

La anécdota de san Columbano, según los expertos, representa el primer y más importante relato que documenta la presencia de una criatura monstruosa en las aguas del lago. Se trata simplemente de una anécdota que se refiere a la vida de un santo, escrita un siglo después de su muerte. Por tanto, no habría por qué tomarla en consideración. Pese a esto, si examinamos las fuentes originales es posible descubrir cómo los expertos del monstruo han logrado exagerar incluso este episodio.

Si se consulta el texto original de la *Vita Sancti Columbae* en la que se cuenta el episodio se descubre, de hecho, que el autor no se refiere al lago Ness, sino al río Ness. Un río largo y poco profundo, separado del lago Ness por otro lago, el Dochfour. La escasa profundidad del agua del río Ness, que no impide la navegación, hace improbable la idea de la presencia de un monstruo.

Si alguna vez hubiera habido alguna cosa en el lago, las personas que durante siglos vivieron en el castillo de Urquhart, una fortaleza construida en un saliente de la orilla que da directamente sobre el lago, y desde la cual se disfruta de una vista completa del lago Ness, debieran haber visto algo, antes o después. Por el contrario, no existe la menor señal referente al asunto que haya sido dejada por estos observadores privilegiados.

Todo lo cual nos lleva a los avistamientos de 1933.

El inicio de la historia

Alex Campbell, el hombre que escribe el artículo sobre el avistamiento del monstruo para un periódico local, desencadenó con su artículo un interés que rápidamente se extendió más allá de los confines del condado de Inverness. En su artículo, Campbell relataba cómo John MacKay y su mujer habían visto «un enorme animal que se desplazaba con movimiento ondulatorio y que después se sumergía en el lago». El detalle de que la pareja tuviese un hotelito que, en los meses siguientes, fue tomado al asalto por los curiosos llegados para ver el lago, insinúa una legítima sospecha sobre la autenticidad de su avistamiento. [4]

Independientemente de consideraciones de este tipo, las cosas no sucedieron como Campbell las había contado en su artículo. La señora MacKay pronto explicó que su marido no había visto nada porque estaba conduciendo, mientras que ella sólo se había sentido atraída por una cierta agitación que había en el agua, y que le pareció provocada por «dos nutrias que se peleaban». [5]

Por tanto, es Campbell, que también era el guardapesca del lago, el que tiene el mérito de haber propalado por primera vez la idea de la existencia de un monstruo. Desde niño había crecido con la convicción de que una criatura semejante podía vivir en el fondo de Loch Ness. Por otra parte, explicaba, ¿por qué le habían advertido siempre sus padres que no jugara demasiado cerca del lago? El hecho de que fueran muchos los que hubieran perecido ahogados en sus gélidas y profundas aguas no parece que hubiera sido considerado por Campbell motivo suficiente para las advertencias de sus padres.

Campbell ya había escrito sobre el monstruo y había contado más veces que lo había visto, pero sus relatos se habían limitado, las más de las veces, al círculo de sus conciudadanos. Por el contrario, ahora y en el transcurso de los años Campbell se convertiría en toda una celebridad entre los «cazadores» del monstruo; en realidad, nadie lo había visto tantas veces como él (¡al menos dieciocho veces!) ni había estado tan cerca del monstruo.

En cierta ocasión, mientras se encontraba en el lago a bordo de una embarcación, el monstruo se había acercado y había llevado el barco sobre su espalda durante un buen trecho. Desgraciadamente, Campbell siempre se encontraba solo en estas ocasiones en que se producían estos encuentros «en la tercera fase», y jamás pudo proporcionar una sola fotografía u otra prueba que pudiese confirmar sus historias.

La broma del hipopótamo

En diciembre de 1933, el «Daily Mail» anunció que había contratado a un experto en caza mayor y a su ayudante para que capturasen al monstruo. Al cabo de varios días, la pareja descubrió sus huellas sobre la playa, y el «Mail» salió con los titulares a toda página.

Cuando al mes siguiente los expertos del British Museum explicaron que las huellas habían sido obtenidas con la pata enfundada de un hipopótamo, el clamor que se había suscitado en torno al monstruo se debilitó. El papel de la broma de M. A. Wetherall, el experto en caza mayor, no quedó, sin embargo, bien aclarado en los diversos libros que se han ocupado del monstruo.

Wetherall había tratado de convercer al «Mail» de que se encargaría de cazar al monstruo, y el hecho de que el British Museum lo hubiese desenmascarado no debió hacerle demasiada gracia. Pero no quedó nunca bien aclarado si el hombre había tomado parte en la burla o si, por el contrario, ésta había sido llevada a cabo a sus espaldas. Pero la consecuencia importante de todo este episodio es que sólo se tomó buena nota del mismo sesenta y dos años más tarde. Regresaremos, más adelante, a estas revelaciones.

En el intervalo, en la zona del lago, entre curiosos, turistas, cazadores de monstruos y vendedores de *souvenirs* se había instaurado una atmósfera casi carnavalesca, y las voces de los escépticos se hacían cada vez más fuertes. El director del acuario del Zoo de Londres, E. C. Boulenger, por ejemplo, escribió:

> El caso del monstruo del lago Ness merecería nuestra consideración aunque sólo fuera porque constituye una ejemplo extraordinario de alucinación de masas. Desde hace innumerables siglos se centra una profusión de leyendas misteriosas y arcanas en esta gran vía de agua interior (...) Cualquier persona con un mínimo de conocimiento de la impresionabilidad humana no debería encontrar la menor dificultad en comprender las razones de que este animal, que en un tiempo fue visto solamente por muy pocas personas, se haya mostrado en poco tiempo a un número cada vez mayor. [6]

La desilusión por los fallidos sucesos pronto aumentó con la expedición organizada por el rico sir Edward Mountain. Los hombres que había contratado para vigilar el lago le trajeron, efectivamente, fotografías de avistamientos extraños, pero quizás le dieron demasiadas fotos. De hecho, Mountain había escogido a sus hombres entre los desempleados locales, y había prometido una recompensa por cada avistamiento (recompensa que era más elevada por cada foto). Después de haber tenido algunas dudas sobre el asunto, echó una buena reprimenda a sus contratados, y los avistamientos disminuyeron de forma drástica. Por lo que concierne a la filmación de Fraser, los zoólogos que llegaron a verla no descubrieron nada de extraño en ella, reconociendo en la criatura filmada las características somáticas de una foca o de una gran nutria.

La fimación de Dinsdale

Siguió, por tanto, a todo esto un periodo de desinterés sobre el caso Loch Ness, que sólo se cortó a finales de la década de los cincuenta, tras la publicación del libro de la Whyte y la transmisión televisiva del film de Tim Dinsdale.

Dinsdale había quedado fascinado con la historia del monstruo, después de haber leído un artículo de prensa. Se había aposentado en las riberas del lago y durante una semana estuvo observando el lago con la esperanza de filmar al monstruo. La mañana de su llegada al lugar vio algo que se movía en la superficie del agua, cogió la cámara y empezó a filmar.

El film, considerado por los expertos como el único referido al monstruo, no es particularmente espectacular. En él se ve una mancha obscura no bien definida que se mueve en el lago, a una distancia de casi kilómetro y medio del operador. En 1966, los expertos fotógrafos de la RAF analizaron el film y concluyeron que mostraba «probablemente un objeto animado». Sobre esto no había ninguna duda, pero la frase fue suficiente para exaltar a los partidarios del monstruo.

Ronald Binns, que ha escrito el libro *The Loch Ness Mystery Solved,* una indagación completa y documentada sobre el monstruo del lago Ness, ha llevado a cabo un análisis convincente de la filmación de Dinsdale, concluyendo que la forma filmada por el operador es, casi con certeza, una lancha de motor. La gran distancia y la velocidad a la que se mueve el objeto, apuntan en esa dirección. El particular estado psicológico en que se encontraba Dinsdale, podría haber sido la causa de la interpretación equivoca. Además, Binns pone el acento en un detalle particularmente revelador. Mientras el presunto monstruo se está moviendo en el lago, por el camino que va por la costa, distante poco menos de cien metros del punto en el que se encuentra el «monstruo», pasa lo que probablemente era un camioneta o una caravana. Lo interesante es que, si bien tradicionalmente se había dicho que el monstruo reaccionaba escapando ante cualquier ruido, el misterioso objeto filmado por Dinsdale continúa su camino sin la menor muestra de alteración por el ruido causado por un motor que pasa a unas decenas de metros de donde se encuentra. También el comportamiento del conductor del vehículo se muestra muy interesante. De hecho continúa de forma tranquila por la carretera. Cualquiera que hubiera pasado en aquel momento, a la velocidad a que iba y por una carretera desierta, no habría podido por menos de ver un enorme monstruo que se desplazaba a unos centenares de metros de distancia. El hecho de que el vehículo no se parase sugiere que el conductor vio probablemente algo perfectamente normal, como una lancha de motor. [7]

Dinsdale es también conocido por haber sido el primero que estableció, en su libro *The Leviathans* (1966), la idea de que John Cobb, campeón de lancha motora, hubiera muerto en 1952 debido a los movimientos del monstruo, asustado por el ruido del motor de la lancha. Cobb se encontraba en el lago para batir el record mundial de velocidad, pero su lancha, el *Crusader,* se desintegró al chocar contra una masa de agua. Alguien afirmó que había visto la estela del monstruo alejarse en ese preciso momento.

Es absolutamente cierto que la motora de Cobb se desintegró tras haber chocado contra una ola, pero ésta había sido provocada por una de las motoras piloto que la precedían, y no por el monstruo en su huída. A la velocidad que viajaba, el choque de la motora con una pequeña ola hubiera sido una catástorfe. De este episodio existe una filmación, y la presencia de las olas residuales procedentes de las lanchas piloto ha sido confirmada por testigos presenciales del accidente.

Las fotografías de la *Academy of Applied Science*

En 1970 entra en escena el «doctor Robert H. Rines, presidente de la Academy of Applied Science». La razón de que se hayan puesto comillas a la frase anterior radica en el hecho de que el título del doctor Rines lo había adquirido en una universidad de Taiwan, pero después de su licenciatura se había convertido en abogado, y desde entonces su principal ocupación se encontraba en el campo de las patentes. La Academy of Applied Arts, además, no tenía contacto con ninguna universidad, y sus miembros más importantes no eran científicos sino abogados y hombres de negocios. La credibilidad científica de este grupo, por consiguiente, estaba por demostrar. Pese a todo, el altisonante nombre de la asociación resultaba suficientemente impresionante en las páginas de los periódicos que se ocuparon de su iniciativa.

Basándose tan sólo en unas medidas realizadas con un sonar, Rines sostiene una conferencia de prensa para revelar que el monstruo era albino, medía unos once metros y probablemente era ciego.

A continuación apareció la foto de la «aleta» del monstruo, de la cual Rines exageró su publicidad hasta el punto que la Royal Society de Edimburgo, dando marcha atrás, canceló la reunión que habría debido mantenerse para discutir sobre las mismas fotos. La credibilidad de Rines se cortó posteriormente, cuando una investigación realizada por el «Sunday Times» reveló que el abogado había intentado por todos los medios conseguir un beneficio económico con las fotos. Primero había intentado venderlas por unos 100.000 dólares a la revista «National Geographic», que las había rechazado. Después había probado, también sin éxito, con «Time». Finalmente había logrado encajárselas a los peródicos ingleses más sensacionalistas.

Las fotos, sin embargo, y a pesar de que fueron presentadas por Rines como «el hecho más importante acaecido en este siglo», son una desilusión. Pese a que las imágenes que las mismas cámaras habían captado de salmones y ánguilas estuvieran bien definidas y centradas, las del presunto monstruo mostraban solamente vagos contornos sin detalle.

El informe hecho por los zoólogos del British Museum sobre estas fotos es el siguiente:

> Las fotografías no constituyen una prueba aceptable de la existencia de un gran animal vivo. Todas las fotografías muestran objetos diferentes, y no hay razón para asociarlas a fotografías anteriores. La confusión de las imágenes es tal que sería igualmente plausible una vasta gama de interpretaciones especulativas. [8]

El naturalista David Attenborough sugirió que la «aleta» habría podido simplemente pertenecer a un pez normal fotografiado desde un ángulo raro.

Las pruebas fotográficas

Este tipo de documentación relativa al monstruo del lago Ness tiene dos características peculiares: la escasez numérica y la gran diversidad entre una y otra imagen. Hay una enorme disparidad entre el número de avistamientos y el de las fotos tomadas en esas ocasiones. Muchas de las fotos que retratarían al monstruo habrían sido tomadas, según afirman los testigos, por casualidad, mientras se estaba encuadrando alguna otra cosa. La fortuna de estos individuos contrasta notablemente con la de aquellos otros que, a lo largo de una intensa observación del lago, entre 1962 y 1972, no consiguieron obtener más que resultados estériles.

Las pruebas fotográficas, por otro lado, se corresponden bien con los testimonios oculares, en el sentido de que reflejan las contradiciones y las ambigüedades. Según los crédulos, eso es debido a que el monstruo exhibe una gran variedad de formas y comportamientos. Una explicación más evidente aseguraría, por el contrario, que se habrían fotografiado una serie de fenomenos diversos. Una vez que se someten las fotografías del monstruo a un atento examen crítico, resulta sorprendente lo pronto que dejan de representar pruebas a favor del monstruo.

Ronald Binns, en su libro *The Loch Ness Mistery Solved,* realizó un detallado examen de todas las fotografías más importantes. Así, por ejemplo, la primera fotografía hecha, la que mostraba de forma muy confusa algo que se deslizaba sobre la superficie del lago, no presenta ningún punto de referencia, como pudiera ser la costa o el horizonte. Otras características la convierten en una prueba insatisfactoria e incloncluyente.

La «foto del médico», aquella tan famosa que mostraba el cuello y la cabeza del monstruo, con las características que tiene no puede ser otra cosa que una broma; y el objeto fotográfico debe ser de dimensiones muy pequeñas (observando tan sólo una reproducción del negativo original, y no una de sus numerosísimas reproducciones, se puede comprender cuán pequeño es el «monstruo»). [9] Es curioso, subraya Binns, que nadie se haya acordado de que la fotografía fue tomada el 1.º de abril.

Otra célebre fotografía es aquella en la que se ven surgir del agua tres «jorobas». Un monstruo con estas características estaría en contradicción con todos los demás avistamientos; pero lo que resulta más importante es que en la foto tomada no existe el menor movimiento del agua. No sólo están inmóviles las jorobas, sino que tampoco se encuentran éstas alineadas entre sí; además están muy cerca de la orilla, en donde hay menos agua.

Finalmente, Binns logró fotografíar unas rocas que sobresalen del lago, de una manera que resultan muy parecidas a las presuntas jorobas del monstruo.

Una de las fotos más nítidas, y en color, es claramente una broma. Muestra el cuello y la cabeza del monstruo en la que se distinguen nítidamente un ojo y la boca abierta. La foto es notoriamente falsa, no sólo por el aspecto ficticio del

La famosa «fotografía del médico».

monstruo y por el hecho de que se halla absolutamente inmóvil en el agua (no están de ningún modo presentes las normales ondas circulares que deberían existir, si en ese momento emergiese un objeto a la superficie). La foto es falsa porque la hizo un conocido ilusionista inglés, Anthony «Doc» Shiels, muy aficionado a este tipo de bromas.

Otras fotos resultaron ser grandes ramas flotantes, barcas tomadas desde lejos, crestas de olas... Particularmente interesantes en el libro de Binns son las fotografías de nutrias, corzos y cormoranes que están nadando en el lago. Si no se sabe que se trata de estos inocuos animales, resulta muy fácil cambiarlos por nuevas imágenes del monstruo.

La «fotografía del médico» desvelada

El primero de abril de 1994, el CICAP lanzaba la «Broma de oro», un irónico premio dedicado al improbable mundo de lo paranormal. Entre los diferentes premiados de aquel año que recibieron a través de «teleportación» una cucharita de oro doblada, hubo un único vencedor de la «Broma desvelada» (una cucharita derecha).

El vencedor fue Christian Spurling, hijastro de Marmaduke Wetherall, el experto de caza mayor al que, sesenta años antes, le habían descubierto las marcas falsificadas de hipopótamo. Antes de morir, en noviembre de 1993, Spurling reveló a dos periodistas ingleses del «Sunday Telegraph», que la famosa «fotografía del médico», hecha el primero de abril de 1934 era una broma. Wetherall, que había tenido que soportar las burlas de los periódicos, después de que las huellas encontradas (y falsificadas) por él, fueran descubiertas por el British Museum, había decidido vengarse ofreciendo a la opinión pública y a los periódicos la foto, auténtica y verdadera, del «monstruo». Una vez adquirido el material necesario, Chris-

Cuello de «Nessie» obtenido modelando plastilina pintada de gris

Submarino de juguete

La «fotografía del médico» desvelada.

tian encargó modelar la criatura: una «construcción» de plástico apoyada sobre una base flotante, constituida por un submarino de juguete. Fotografiado el monstruo, la imagen se envió en exclusiva al «Daily Mail», atribuyéndola solamente a Robert Wilson, cómplice de la burla.

Seguidamente y sobre la que se convertiría en la imagen más famosa del monstruo del lago Ness, Wilson concedió una sola y única entrevista; y cuando se le preguntó si estaba convencido de que la fotografía retrataba efectivamente al monstruo, respondió de forma evasiva.

La revelación confirmó lo que los escépticos siempre habían sugerido: que se trataba de una broma realizada mediante un prototipo.

¿Un monstruo en el lago?

Llegados a este punto hemos de darnos perfecta cuenta de lo poco creíbles que son las pruebas fotográficas o las filmaciones hechas del monstruo. Sin embargo, y a pesar de todo ello, resulta importante tratar de valorar las probabilidades de que una criatura gigantesca pudiera vivir realmente en el lago Ness.

Ante todo, ¿de qué criatura estamos hablando? Las hipótesis sobre la naturaleza del monstruo son probablemente tantas cuantos son los presuntos testimonios. Se va desde el tritón gigante, descrito por Rupert Gould, al plesiosaurio, un dinosaurio extinguido hace setenta millones de años. Otros, por el contrario, están convencidos de que se trata de un tipo diferente de animal gigantesco: un anfibio, o una salamandra desproporcionada, una foca gigante, una anguila gigante o, incluso, un gusano colosal. [10]

Sin embargo, no puede tratarse de un mamífero, porque éstos son particularmente activos y se habrían visto más veces; por consiguiente, se les habría podido identificar de forma más amplia. Además, los mamíferos tienen que salir a la superficie para poder respirar, y no hay que olvidar que los avistamientos en superficie han sido muy escasos.

No obstante, la hipótesis más extendida desde siempre es, sin la menor duda, la del plesiosaurio, un dinosaurio marino que se nutriría de peces. El problema, sin embargo, surge inmediatamente cuando se considera que no existen restos de plesiosaurio que sean más recientes que los que se remontan al periodo mesozoico.

Dejemos a un lado, de momento, todas las consideraciones relativas al hecho de que un ser de grandes dimensiones no podría vivir probablemente en las gélidas aguas del lago, y supongamos que un dinosaurio de este tipo se hubiera quedado aislado en el lago Ness cuando, después de la última glaciación, el nivel de la tierra comenzó a emerger, separando las aguas del mar. ¿No podría ser éste un escenario realista?

Por otra parte, no hace muchos años se encontraron a lo largo de las costas de Madagascar ejemplares de celacanto, peces que se suponía habían desaparecido hace setenta millones de años.

Resulta evidente que para que un plesiosaurio llegara vivo hasta nuestros días, no podría haber realizado solo su largo viaje en el tiempo.

Como mínimo tendrían que haber sido dos, en un principio. Después, las crías tendrían que haber seguido reproduciéndose hasta llegar al monstruo (o monstruos) actual del lago Ness. Se presenta aquí, sin embargo, otro problema; si esta teoría fuese verdadera, el fondo del lago debería estar cubierto por esqueletos de dinosaurios, mientras que todos los exámenes llevados a cabo han demostrado que el fondo del lago es plano, sin que existan en él cavernas en las que los plesiosaurios pudieran esconderse o crear un cementerio.

El problema, no obstante, es que ningún científico se permitiría negar la supervivencia de una determinada especie basándose exclusivamente en prejuicios; sobre todo, porque animales contemporáneos de los dinosaurios, como los cocodrilos, las tortugas o los escualos, siguen existiendo en nuestros días. En el caso del celacanto, los científicos se convencieron de que había sobrevivido durante setenta millones de años por el hecho de que, tras encontrar al primer ejemplar descompuesto en 1938, fue capturado pocos años después, en 1952, un ejemplar vivo, con lo que se dio por concluído el misterio. Se da el caso de que si bien entre la observación de un celacanto y su posterior captura transcurrió un tiempo muy breve, con el monstruo del lago Ness la cosa es muy distinta, pues tenemos aquí que esa hipotética especie animal gigante ha eludido no sólo una simple captura sino que ni siquiera disponemos de un documento fotográfico, y todo ello tratándose de una extensión de agua relativamente pequeña.

Celo misionero

Cuando se establecen estas consideraciones, aquellos que apoyan la hipótesis del monstruo se encongen de hombros y continúan por su camino. La mayor parte de los que se ocupan del monstruo del lago Ness y se han hecho una razón de vida con el tema, no son más que personas entusiastas pero desconocedoras incluso de las nociones más elementales de zoología, historia natural, psicología o hasta de la historia y ecología del propio lago. Los cazadores del monstruo son individuos que «saben» y que, por tanto, no escucharán nada que contradiga su fe inquebrantable.

Para ellos ver es inevitablemente creer; no se admiten interpretaciones equivocadas, alucinaciones u otros errores de reconocimiento. Está claro que cuando una cuestión asume connotaciones de carácter religioso, como en este caso, no tiene sentido discutir sus posibilidades científicas o históricas. Ronald Binns subraya el hecho de que entre los crédulos que todavía hoy siguen frecuentando el lago se respira una atmósfera plenamente religiosa. Un «avistamiento» representa algo que está muy cerca de un milagro, una especie de «revelación» que ejerce una influencia extrañamente espiritual sobre el observador. El mismo efecto que se aprecia en muchos avistadores de OVNIS.

Hacer una visita a la exposición permanente sobre el monstruo del lago Ness, que se halla en Drumnadrochit, equivale a entrar en un templo, lleno de objetos sagrados y de reliquias. El folleto de la exposición está escrito con el mismo celo misionero que podemos encontrar en cualquier secta religiosa:

¿QUÉ COSA PUEDES HACER?

Cuéntale a la gente lo que has visto en la exposición, háblale a los demás de las pruebas, utiliza esta guía para ayudarte a explicar a la gente por qué el lago no puede ser drenado, por qué los submarinos no han tenido éxito y por qué muchos periódicos emplean un tratamiento superficial cuando hablan de los avistamientos. Explícales cómo las burlas habidas en el curso de los años no han logrado atacar para nada la credibilidad de los avistamientos, ni siquiera los antiguos comentarios hechos por los monjes.

Una seria opinón pública, unida a una investigación del lago más detallada revelará, antes o después, el interés de los organismos científicos y se verá entonces cómo se realizan expediciones a gran escala.

Cuando llegue el momento, el mundo entero descubrirá inesperadamente que existen nuevas especies mucho más excitantes para ser estudiadas, filmadas y preservadas. Ya se trate de un superviviente de la era de los dinosaurios o de una especie completamente nueva, todos reconocerán un día a ese animal indicándolo con el nombre del MONSTRUO DEL LAGO NESS, LA OCTAVA MARAVILLA DEL MUNDO. [11]

Cómo examinar lo increíble

«No tenemos necesidad de voluntad para creer, sino de deseo de descubrir.»

BERTRAND RUSELL

A punto ya de terminar este viaje a través de algunos de los misterios (y no misterios) más famosos de la historia, hemos aprendido a ser probablemente más cautos en el futuro, cuando oigamos hablar de enigmas extraños. Antes de aceptarlos como auténticos querremos verificar que un misterio lo es verdaderamente, y que no sea tan sólo una invención, como en el caso del triángulo de las Bermudas o de la maldición de Tutankhamon.

Pero ¿cómo comportarse cuando uno se encuentra frente a algo que aparentemente parece extraordinario? ¿Cómo hacer, en suma, para validar lo increíble? Vamos a dedicar las próximas páginas a estas preguntas. Examinaremos algunos instrumentos que nos podrán resultar útiles cuando, en un futuro, nos encontremos frente a un aparente misterio que queramos investigar.

Definir el problema

Ciertamente, el primer paso debe ser el de formular con claridad el problema, utilizando los términos más sencillos y específicos posibles. Por ejemplo, la afirmación «Existen los fantasmas» no es verificable porque resulta vaga y nada específica. Por el contrario, la afirmación: «Los espíritus desencarnados de los difuntos existen y son visibles al ojo humano», resulta una afirmación mejor que la precedente.

«La astrología funciona», es otra afirmación vaga e inespecífica. Mejor será la siguiente: «Los astrólogos pueden identificar correctamente los rasgos de la personalidad de alguien, mediante el estudio de las posiciones de los planetas en el momento de su nacimiento».

Cierto es también que estas afirmaciones todavía podrían ser más específicas y menos ambiguas. Porque ¿qué cosa se entiende precisamente por «espiritu»?

¿Qué cosa quiere decir exactamente «identificar los rasgos de la personalidad de alguien»? Pero en el campo de lo increíble la mayor parte de las afirmaciones no son más específicas que éstas. Por eso es necesario tener siempre presente que antes de poder iniciar el examen de un determinado fenómeno es necesario que sea definido del modo más claro y específico posible.

Examinar las pruebas

El paso siguiente es el de preguntarse: ¿por qué motivo debemos aceptar una determinada afirmación? En otras palabras, ¿cuáles son las pruebas empíricas o los argumentos lógicos en favor de tal afirmación? Para responder a estas preguntas sería conveniente examinar ya sea la cantidad o la cualidad de las motivaciones que deben inducir a creer que la afirmación es verdadera.

Una evaluación completa de tales motivaciones debería comprender:

1) La determinación de la naturaleza exacta y de los límites de las pruebas empíricas. No limitarse a definir solamente cuáles son las pruebas, sino definir también las dudas relativas a ellas. A veces, una valoración preliminar de este tipo es suficiente para clarificar que las dudas son tales porque podría no haber nada de misterioso.

2) La exclusión de las pruebas a favor de todo lo que no puede ser considerado como prueba. Por ejemplo, muchos sostienen que algo extraño ha sucedido porque «se lo siente», o porque «tengo la certeza»; pero las sensaciones personales no son pruebas objetivas y, por tanto, hay que descartarlas. En el terreno científico la palabra de un premio Nobel vale tanto como la de la primera persona que pasa por la calle. Los nuevos descubrimientos científicos no se basan en la credibilidad del testimonio, sino en la validez de las pruebas. [1] No es con la valoración subjetiva con lo que se progresa en el conocimiento sino con las comprobaciones objetivas, repetidas en el tiempo y por otras personas que se pongan en las mismas condiciones experimentales. Cuando los científicos se equivocan es precisamente porque en sus comprobaciones se han insinuado sus limitaciones sujetivas. Por el contrario, cuando la ciencia progresa es solamente porque estas limitaciones se han visto superadas.

3) La valoración del hecho de que la hipótesis en cuestión ha tenido en cuenta todas las pruebas; si ciertos factores importantes han quedado excluidos de la explicación hipotética, entonces tal hipótesis estará ciertamente equivocada. En suma, una buena hipótesis deberá ser capaz de explicar todos los hechos ligados al problema que está siendo examinado.

Considerar las hipótesis alternativas

No basta con valorar la hipótesis en cuestión y las pruebas a su favor, si se quiere descubrir la verdad. Es indispensable tomar en consideración todas las posibles explicaciones alternativas.

Tomemos la hipótesis según la cual existe verdaderamente Papá Noel. ¿Cuáles son las pruebas en favor de tal hipótesis? Millones de niños de todo el mundo creen en él y pueden mostrar muchísimos regalos recibidos todos los 25 de diciembre; todos los meses de diciembre se habla de Papá Noel, y algunos sostienen haberlo visto. Se podría seguir hasta el infinito encontrando elementos a favor de nuestra hipótesis. Sin embargo, una vez que se considere la hipótesis alternativa —es decir, que Papá Noel es tan sólo una criatura imaginaria—, nos vemos obligados a reconsiderar nuestra creencia. La hipótesis de la criatura imaginaria, de hecho, no se halla en conflicto con todas las leyes conocidas de la física, como, por el contrario, sucede con la hipótesis según la cual un hombre solo, en el transcurso de una noche, logra dar la vuelta al mundo viajando sobre un trineo tirado por renos, para entrar después en todas las casas y depositar finalmente sus juguetes a millones, o miles de millones, de personas.

A menudo, en particular cuando vivimos una experiencia extraña en nuestra propia piel, no logramos imaginar una explicación natural, y nos lanzamos a considerar como más probable una explicación paranormal o sobrenatural para ese determinado fenómeno. Sin embargo, el simple hecho de no ponerse a pensar en una explicación natural, no quiere decir que no exista dicha explicación. La hipótesis paranormal puede ser realmente más fascinante, puede producir mayor placer, puede hacernos sentir seres especiales, pero puede ser tan sólo una ilusión. Tener una mente abierta significa estar disponibles a considerar todas las posibilidades, incluso aquellas que menos placer nos causen.

Valorar todas las hipótesis

Una vez que nos hayamos enfrentado a todas las posibles hipótesis para explicar un determinado fenómeno, es necesario que se atribuya a cada una de ellas su justo peso, para poder comprender cuales carecen de credibilidad y cuales son, por el contrario, fiables. No es suficiente acumular pruebas para cada una de las hipótesis, es necesario evaluarlas según una serie de criterios específicos: la verificabilidad, la utilidad, la finalidad, la sencillez y la coherencia.

1) *La verificabilidad*. Consiste en preguntarse sobre la hipótesis: ¿puede ser verificada? ¿Existe algún modo de determinar si la hipótesis es verdadera o falsa? Muchas hipótesis relacionadas con fenómenos extraordinarios no son fácilmente verificables. Esto no significa que sean falsas, sino que son totalmente inútiles.

Tan sólo son afirmaciones que no sabremos nunca si son verdaderas o no. Si alguien dice que el dolor de muelas está provocado por un duendecillo invisible e intangible que vive en nuestra boca, no existe ninguna manera de descubrir si esta hipótesis es verdadera o no. Puede ser una hipótesis divertida e interesante pero, como no es verificable, carece de todo valor.

2) *La utilidad.* ¿Permite la hipótesis efectuar previsiones observables y sorprendentes, tales que permitan explicar nuevos fenómenos? En igualdad de condiciones, la hipótesis que permite hacer previsiones precisas es, probablemente, más veraz que otras que no permiten hacer previsiones, (esto no significa, naturalmente, que una hipótesis que no haga previsiones sea falsa).

3) *La finalidad.* ¿Cuántos fenómenos diferentes son capaces de explicar la hipótesis? En igualdad de condiciones, si la hipótesis puede explicar más fenómenos, es más probable que sea correcta.

4) *La sencillez.* ¿Representa la hipótesis la explicación más sencilla del fenómeno? Por lo general, la hipótesis más sencilla capaz de explicar un determinado fenómeno es, muy probablemente, la más justa. Por «sencilla» se entiende aquella que hace el menor número de suposiciones. Intentamos poner en marcha el automóvil y éste no se enciende. Una hipótesis para explicar este fenómeno puede ser que la batería se encuentre descargada. Otra es que se esconda en el motor un *poltergeist* malévolo. La hipótesis de la batería es la más sencilla (además de ser verificable, útil y capaz de explicar otros fenómenos), ya que no requiere la suposición de una entidad misteriosa. La hipótesis del *poltergeist,* por el contrario, postula la existencia de una entidad misteriosa, y supone que tal entidad disponga de determinada capacidad y tendencia. El criterio de la simplicidad, por tanto, demuestra que la hipótesis de la batería tiene la mayor probabilidad de ser la justa.

5) *La coherencia.* ¿Es coherente la hipótesis con todos los conocimientos acumulados hasta el momento? En igualdad de condiciones, la hipótesis que no contradiga ninguno de los conocimientos habidos hasta el momento es probablemente la justa. La hipótesis que, por el contrario, se burla de todo lo que se sabe con certeza, es probablemente falsa. Digamos, por ejemplo, que una persona sostiene que puede hacer volar objetos, pero que para conseguirlo es necesario que nos mantengamos a cierta distancia y que la estancia en que se verifica el fenómeno se encuentre en penumbra. Una hipótesis sostiene que esa persona disponga de una facultad paranormal misteriosa que le permite vencer la fuerza de la gravedad. Otra hipótesis, por el contrario, sostiene que la citada persona se sirve de hilos invisibles que podrían ser descubiertos si uno estuviese más cerca, o si la estancia se hallase mejor iluminada. La primera de las hipótesis va contra todos nuestros conocimientos (no se ha visto jamás que la facultad mental pueda vencer la fuerza de la gravedad); la segunda, por el contrario, es coherente con todo cuanto sabemos y, sobre todo, resulta fácilmente verificable; por tanto es, con toda probabilidad, la más justa. La hipótesis paranormal sólo puede ser aceptada si quien la sostiene es capaz de proporcionar pruebas muy convincentes de su realidad.

Valoración de la radiestesia

La radiestesia es esa misteriosa capacidad que dicen poseer ciertas personas, que les permite encontrar agua bajo tierra por medio de una varilla o de un péndulo. [2] Algunos radiestésicos sostienen que incluso pueden indicar la profundidad a que se encuentra el agua. Los rabdomantes ofrecen distitnas explicaciones para su facultad: una atracción magnética o eléctrica entre el radiestésico y el agua, amplificada por la varilla; una fuerza misteriosa irradiada por el agua y captada por el radiestésico; una misteriosa facultad paranormal del radiestésico, y otras cosas de este jaez.

Apliquemos ahora a la radiestesia los criterios de valoración de las hipótesis que hemos discutido en estas páginas.

Empezamos por formular el problema de la manera más clara: «Mediante el uso de una varilla o de un péndulo ciertas personas pueden determinar la existencia de agua subterránea con un porcentaje de éxito muy notable, sin tener que servirse de otros indicios presentes en el ambiente.»

¿Cuáles son las pruebas a favor de esta hipótesis? Ante todo, hay testimonios personales, informes de testigos, casos referidos en libros a favor de la radiestesia... Pero se trata de pruebas anecdóticas que presentan todos los defectos típicos de las experiencias personales (recuerdos alterados, omisiones de detalles, mayor relevancia de los éxitos y menor de los fracasos...).

Mejores pruebas son los experimentos prácticos: observar a un radiestesista en acción. Sin embargo, a menudo falta en este tipo de pruebas una base de referencia con la cual se pueda confrontar la prueba del zahorí; por ejemplo, sería útil saber si en las mismas condiciones podría tener algún éxito cualquier persona (de hecho, el agua se encuentra, por lo general, bajo tierra; según nuestra hipótesis, el radiestesista o zahorí debería ser capaz de encontrar agua con un porcentaje de éxitos superior a lo normal). Otra base de referencia sería la de enfrentar las prestaciones del zahorí con las de un experto geólogo, capaz de reconocer por los indicios del ambiente existente (vegetación, color del suelo, presencia de agua en la superficie...) la existencia o no de agua (según nuestra hipótesis, de hecho, el radiestesista debería ser capaz de encontrar agua sin servirse de indicios presentes en el ambiente). Tener presente que todos aquellos experimentos que no permitan excluir que los éxitos del zahorí son debidos al azar o la experiencia de los indicios superficiales, no se consideren pruebas válidas a favor de la radiestesia.

La principal hipótesis alternativa para explicar la radiestesia podría ser formulada del siguiente modo: «Los éxitos de los zahoríes al descubrir agua bajo tierra son debidos al azar, o a la utilización consciente o involuntaria de indicios presentes en el ambiente.»

¿Cuáles son las pruebas a favor de esta hipótesis? Ante todo, una serie de experimentos controlados en los que las prestaciones del zahorí fueron enfrentadas a referencias estandarizadas. En este tipo de pruebas se vio que los radiestesistas no eran capaces de encontrar agua con un porcentaje de éxitos superior a los producidos por la casualidad.

Por lo que concierne a la verificabilidad, ambas hipótesis pueden ser comprobadas. La hipótesis de la radiestesia, además, no permite hacer previsiones verificables, mientras que la hipótesis del azar o de la casualidad permite, por el contrario, explicar una gran cantidad de otros fenómenos. En cuanto a la sencillez, la hipótesis de la radiestesia, a diferencia de la del azar, presupone la presencia de una facultad o una sensibilidad misteriosa del radiestesista que nunca ha sido comprobada. Por lo que concierne a la coherencia, la hipótesis de la radiestesia no es coherente con las pruebas empíricas; la hipótesis del azar, por el contrario, es consistente con las mejores pruebas disponibles.

De todo esto se deduce que la hipótesis de la radiestesia es probablemente falsa, mientras que la alternativa, la del azar o de la casualidad, resulta muy probablemente la más justa.

Conclusiones

Estamos a punto de concluir nuestro viaje. Hemos encontrado muchos misterios que han mostrado tener distintas explicaciones; algunos eran fruto de la invención (triángulo de las Bermudas, maldición de Tutankhamon), otros producto de leyendas (Atlántida, cripta de las Barbados), otros de bromas (cercos de los sembrados), otros de imaginaciones (maldición del *Titanic*, profecías de Nostradamus), otros más eran debidos probablemente a fenómenos naturales pero poco conocidos (poderes de las pirámides) y alguno a una sorprendente capacidad humana (Houdini).

En las últimas páginas de este libro he intentado presentar algunos instrumentos lógicos de base, indispensables para entender la diferencia entre razonamientos «buenos» y «malos».

¿Recuerda el lector de qué hablábamos al inicio de este libro? ¿El principio que sostenía que no tiene importancia lo que se pueda creer, ya sea verdadero o falso, sino que sólo cuenta lo que hace estar bien? Edmund Way Teale, en su libro *Circles of the Seasons* (1950) escribió: «Es moralmente tan malo no comprobar si una cosa es verdadera o falsa, porque uno se siente bien, como no preocuparse de cómo se ha de conseguir el dinero, con tal de conseguirlo.»

Cierto. No produce placer alguno descubrir la corrupción que existe en la vida pública, o que a menudo el partido que gobierna sólo se preocupe por sus propios intereses, en vez de tutelar los de la comunidad. Pero, ¿es por ello mejor permanecer en la ignorancia? Como se puede ver, se trata, una vez más, de escoger entre continuar viviendo en una ilusión gratificante y que proporciona una cierta seguridad, hasta donde se quiera, pero irremediablemente falsa; o bien comprender cómo funcionan realmente las cosas. Se perderá quizás certeza, pero será una experiencia que nos hará madurar y que permitirá crecer y mejorar, no sólo a nosotros sino también a la sociedad.

Por tanto, el mejor vaticinio es que podamos servirnos siempre que podamos de estos instrumentos, porque la calidad de nuestra vida se halla determinada por la calidad de nuestras decisiones; y la calidad de las decisiones depende de la calidad de nuestros razonamientos. [3]

Sin embargo...

Sin embargo, y pese a todos los esfuerzos que hacemos, pese a todas las investigaciones y verificaciones que llevamos a cabo, siempre habrá zonas de sombra, de hechos mal aclarados, de elecciones mal explicadas... siempre habrá, en suma, misterios en la historia. La tecnología podrá avanzar —y ciertamente avanzará— mucho; hoy, la datación con radiocarbono, los exámenes con DNA y otras tecnologías científicas permiten tener respuestas precisas a muchas preguntas; pero, al mismo tiempo, surgen nuevos interrogantes y, por tanto, nuevos misterios. Siempre estaremos condenados, por el mero hecho de que no podremos saber nunca cuáles serán verdaderamente las cosas que habrán de llamar la atención en el futuro. Nunca sabremos si debido a que un alquimista o un pintor medieval mezcló ciertas sustancias, después nacería, por ejemplo, la «reliquia» de San Genaro. No sabremos nunca si fue Howard Carter quien inventó la leyenda de la maldición de Tutankhamon, para quitarse de encima a los pesados de turno. Nadie podrá decir qué es lo que pasaba por la cabeza de Nostradamus cuando escribió sus cuartetas; si en verdad creía predecir el futuro, o si era consciente de escribir versos sin sentido, en los que cada uno podría ver lo que quisiera. «El pasado es como un país extranjero», escribió L .P. Hartley, «en donde se hacen las cosas de modo diferente a como las imaginamos».

Incluso aquello que sucede hoy se convertirá un día en pasado y muchas de las cosas que hoy nos parecen normales o que no suscitan un interés particular se convertirán en misterios inexplicables. Naturalmente es imposible predecir hoy cuáles serán los misterios del mañana. Lo que sí es cierto es que la pasión por el misterio nunca llegará a morir y que, como decía Oscar Wilde, la gente continuará creyendo más en lo inverosímil que en lo probable. En suma, será más fácil convencer a alguien de la existencia de los fantasmas que de la posibilidad de sobrevivir a la caída de un avión desde 10.000 metros de altura; y, sin embargo, eso fue lo que le sucedió en 1972 a Vesna Vulovic, azafata de un DC-9, que se salvó gracias a su buena estrella; y también porque la física explica que, debido a la fricción del aire, la velocidad de caída no crece en proporción a la altitud.

Todo esto, sin embargo, significa que nunca faltará la materia prima para las indagaciones de los futuros investigadores de misterios...

Apéndices

El CICAP, o los del otro lado

«No debemos creer a los muchos que quieren reservar la educación para los hombres libres, sino que más bien hemos de creer a los filósofos, que dicen que tan sólo los hombres educados son libres.»

EPICTETO

Quienquiera profundizar en los argumentos tratados en este libro encontrará un punto útil de referencia en el CICAP (Comité italiano para el control de las afirmaciones sobre lo paranormal), y en su revista bimestral «Scienza & Paranormale».

Desde 1989, el CICAP lleva a cabo una obra de información y de educación sobre estos temas, a fin de favorecer la difusión de una cultura y de una mentalidad abierta y crítica del método racional y científico en el análisis y en la solución de los problemas. Entre otras personalidades, en el CICAP trabajan dos premios Nobel, Rita Levi Montalcini y Carlo Rubbia, y numerosos representantes del mundo de la ciencia y de la cultura, como Piero Angela, Umberto Eco, Silvio Garattini, Margherita Hack, Tullio Regge, Giuliano Toraldo di Francia y Aldo Visalberghi.

Quien piense que la ciencia es una cosa seria y que vale la pena hacer un *check up* de todas las afirmaciones sobre lo paranormal tratando de contrastar, hasta donde sea posible, la difusión de creencias irracionales e historias pseudocientíficas profundamente ineducativas, podrá encontrar en el Comité personas que piensan como él y con las qque podrá colaborar. El CICAP solicita la atención y el particular empeño hacia sus objetivos de todos aquellos que, como los educadores, estimulan e influencian en la vida cultural del país.

Quien desee sostener la actividad del CICAP puede subscribirse a la revista bimestral «Scienza & Paranormale», la única revista que hay en Italia que se ocupa de lo paranormal y de lo pseudocientífico, con el constante objetivo de separar los hechos de las ilusiones.

El CICAP dirige también auténticas «escuelas para los indagadores de lo misterioso». Se trata de cursos para la formación de estudiosos e investigadores críticos de fenómenos msiteriosos y aparentemente paranormales, cuya participación se halla abierta a todos los interesados.

Para información sobre cómo colaborar con el CICAP, cómo participar en los cursos o para recibir una copia gratuita de «Scienza & Paranormale», se puede escribir a: CICAP, Apartado postal 1117, 35100 Padua, Tel./fax. 0426-22013. E-mail: info@cicap.org. Se puede encontrar mayor información en la página Internet del Comité: http://www.cicap.org. En el CICAP también se puede conseguir un catálogo de libros en italiano que examinan de forma crítica los fenómenos paranormales.

En 1997 se creó en Italia la primera casa editorial que tiene como objetivo la promoción y difusión de la cultura científica y racional; se llama Avverbi: Piazza in Piscinula 1, 00153 Roma, Tel. 06/5836733; e-mail: avverbi@flashnet.it; http://www.avverbi.it. Además de editar libros de autores italianos, Avverbi publica traduciones de los principales libros críticos publicados en el extranjero y, en particular, los de la casa editorial Prometheus Books.

En los Estados Unidos se encuentra CSICOP (Comittee for the Scientific Investigation of Claims of the Paranormal), 3965 Rensch Road, Amherst, NY 14228-2743. USA; http://www.csicop.org. Fundado en 1975, es el comité en el que se ha inspirado el CICAP, y en el que ha visto y ve entre sus miembros grandes científicos como el premio Nobel H. C.Francis Crick y Murray Gell Mann, el biólogo Stephen Jay Gould, el astrónomo Carl Sagan, el psicólogo B. F. Skinner y el bioquímico y escritor Isaac Asimov. Publica la revista bimestral «Skeptical Inquirer». Cerca de la misma dirección tiene sus sede la editorial Prometheus Books, en donde es posible encontrar una copia gratuita del catálogo de los libros disponibles.

En los Estados Unidos se encuentra también la James Randi Educational Foundation: 201 S.E. 12th St. (E. Davie Blvd.), Ft. Lauderdale, Florida 33316-1815,USA; tel. +1 954 467 1112; e-mail: radi a.randi.org.; http://www. randi.org. Es una organización para la investigación científica de los fenómenos presuntamente paranormales, constituida en 1996, y presidida por el famosos investigador de lo paranormal James Randi. La JREF publica la revista trimestral «Swift».

Notas

En busca de misterios

1. Kusche, L. D., «Skeptical Inquirer», 1977, pp. 36 y ss.
2. Amigos del tipo a) no se preocupen; seguramente no han formulado las preguntas adecuadas, no porque no estuvieran debidamente preparados, sino porque nadie les ayudó nunca a ejercitar debidamente su curiosidad. Si continúan leyendo mi libro hasta el final, conseguirán la práctica suficiente para descubrir, en el futuro, si algo no encaja en la próxima historia misteriosa con la que se encuentren.
3. Kusche, L. D., *op. cit.* p. 39.
4. El CICAP es el Comité Italiano para el Control de las Afirmaciones sobre lo Paranormal, del cual es secretario el autor. Para mayor información véanse los apéndices.
5. De hecho, fue en esta fecha cuando se publicó su obra *Opticks*.
6. Casos de este género han sido investigados incluso por el autor, quien los relata en su obra *Investigatori dell'oculto* (publicada por Garlaschelli, L., Roma, 2001).

El triángulo de las Bermudas

1. Berlitz, C., *El triángulo de las Bermudas*, Plaza&Janés editores, Barcelona.
2. *Ibidem.*
3. Doplicher, M., *Come l'uomo scopre il suo mondo*. Milano 1973, p. 104.
4. Berlitz, C., *op. cit.* p. 68.
5. Berlitz, C., *op. cit.* p. 44.
6. «New York Times», 3 de febrero de 1953, p. 8.
7. El 8 de mayo de 1991, una expedición de buscadores de tesoros submarinos encontraron en las aguas de Fort Lauderdale, a 250 metros de profundidad, los restos de cinco aviones: cinco Avenger de la Marina americana; la carcasa del primer avión llevaba el número de identificación 28, el mismo del teniente Taylor de la Escuadrilla 19, mientras que sobre todos los demás aparecían las letras FT de Fort Lauderdale. Por tanto, ¿quedaba desmentida así la explicación de Kusche? ¿Había sido falsificado el informe de la Comisión? ¿Se habían precipitado efectivamente los aviones en el interior del Triángulo, a tan sólo pocas millas de la costa? La respuesta llegó después de que durante meses no cesaran los titulares de los periódicos sensacionalistas. Aquellos aparatos no eran los que se habían perdido en aquel fatal 5 de diciembre de 1945. Los números de identificación de los otros cuatro se mostraron diferentes de los originales, y tampoco el tipo de Avenger era el mismo. Los cinco aparatos encontrados debieron hun-

dirse individualmente en un margen de tiempo comprendido entre 1943 y 1945, antes de que se hubiera producido el desastre de la Escuadrilla 19. La razón por la que se encontraban todos en la misma zona submarina, una superficie de una 1,2 millas náuticas, se debía al hecho de que aquella zona servía de polígono de tiro para los ejercicios militares de caza. En aquel lugar, los restos de aviones militares que se hallaban en el fondo del mar superaban el centenar. A veces se trataba de aviones que no habían logrado aterrizar adecuadamente sobre los portaviones, en otras de aparatos que debido a que se les consideraba inútiles se les arrojaba al mar. Solamente cuando se aclaró la verdad, pudo calmarse el clamor de los medios de comunicación.

8. Kusche, L., *The Bermuda Triangle Mystery Solved*, Nueva York 1975, p. 290.

9. Randi, J., *Flim-Flam! Fandonie!*, Roma, 1999, p. 65.

10. Fogar, A., *L'ultima leggenda*, Milano 1977, texto de la contracubierta.

11. Fogar, A., *op. cit.* p. 174.

12. Ibidem, p. 208.

13. Ibidem, pp. 208 y ss.

14. Kusche, L. D., *op. cit.* p. 292.

15. En el verano de 1966 empezó a circular una hipótesis, adelantada por un buscador australiano, Richard Sylvester, según la cual la desaparición de buques y aviones en el Triángulo se debía a que en aquella zona se producirían «imprevistos vórtices de viento y de agua de tal magnitud que podrían hacer caer al mar y hundir en los abismos marinos a una escuadrilla de aviones». Una teoría más reciente es la de las bolsas de metano. En tal caso, sería posible que pudieran emerger formaciones gaseosas procedentes del fondo oceánico, que redujeran la densidad del agua del mar. Debido a esto los buques no podrían seguir flotando, sino que se hundirían. Parecidas hipótesis, sin demostración alguna, parten del presupuesto de que verdaderamente existe un «misterio» que tendrá que explicarse; un presupuesto completamente falso, como ya hemos visto. El triángulo de las Bermudas es, de hecho, un ejemplo perfecto de «misterio de tipo cero»; es decir, un no-misterio.

Los poderes de las pirámides

1. Cfr. Facchini, S., *I «poteri» delle piramidi*, en «Scienza&Paranormale» 28 (1999).

2. Simmons, D., *Experiments on the Alleged Sharpening of Razor Blades and the Preservation of Flowers by Pyramids*, en «New Horizons», 1/2, pp. 95 y ss.

3. Para más detalles véase: Moffett, R. K., *Secrets of the Pyramids Revealed*, Grosset&Dunlap, Nueva York, 1976.

4. CNR-IRSA, *Metodi analitici per le acque, II*, Instituto di Ricerca sulle Acque, Roma 1976.

5. Bianucci, G., Ribaldone Bianucci, E., *L'analisi chimica delle acque naturali e inquinate*, Hoepli, Milano 1974.

6. En octubre de 2001, un grupo de investigadores de la universidad de Bristol, en Inglaterra, dirigido por el profesor Stephen Bickley, publicó en la revista «Nature» los resultados de un estudio elaborado en trece momias procedentes de un periodo comprendido entre los años 1985 y 30 a. C., cuando la práctica de la momificación cae en desuso. La investigación, que utilizó por primera vez las modernas técnicas analíticas, ha permitido añadir a lo que ya se sabía un importante descubrimiento. De hecho, los científicos han encontrado vestigios de numerosos aceites endurecidos, que estaban en estado líquido durante el proceso de momificación, pero que posteriormente se habían polimerizado. Según los investigadores, estos aceites se venían

utilizando para proteger a la momia de la humedad de la tumba, convirtiéndola en una especie de capullo. Además de esto, se han encontrado también trazas de preciosas resinas vegetales . Aunque éstas tuvieran probablemente un significado espiritual o cultural, se ha comprobado que contenían agentes antibacterianos y que, por tanto, también servían de conservantes. La cera de abejas, muy rica en sustancias antibacterianas, también se encuentra a veces en lugar de las sustancias anteriores, si bien solamente en las momias más recientes. Las variaciones en los ingredientes utilizados en el proceso podría constituir un dato muy útil, porque revela importantes informaciones sobre la economía de los antiguos egipcios. Más o menos como sucede hoy, el grado de sofisticación de las prácticas funerarias dependía de la riqueza de la familia. Los cambios experimentados en el tiempo pueden constituir, asimismo, indicadores de las modificaciones experimentadas en las vías de comercio del mundo antiguo.

7. Los «rayos cósmicos no son misteriosas "energías new age", sino haces de partículas de alta energía que cruzan el espacio hasta llegar a las capas de la atmósfera, después de haber realizado complejas trayectorias en el campo magnético terrestre y, posteriormente, en el suelo. Sobre la Tierra caen diariamente 400 millones de miles y miles de millones de rayos cósmicos...»; dicho de otro modo, miles y miles por segundo sobre cada metro cuadrado. ¿Son peligrosos? No, por fortuna la atmósfera se defiende bien. Guiados por las líneas de fuerza de los campos magnéticos de la galaxia, los rayos cósmicos llegan a la Tierra en recorridos sinuosos como los recodos de un río, escindiéndose casi a la velocidad de la luz. Cuando entran en contacto con nuestra atmósfera, casi todos han estado viajando durante algunos millones de años. Y aquí termina su viaje, porque la alta densidad de las moléculas del aire los ralentiza y los deshace en partículas todavía menos penetrantes y menos energetizadas, si bien algunos de ellos se atreven a a atravesar el escudo y llegan a penetrar en el subsuelo, antes de detenerse definitivamente. ¿De dónde proceden? Nadie lo sabe. Se sospecha que son producidos por fenómenos violentos (campos magnéticos, explosiones estelares, caida de materia en los agujeros negros...), pero todavía no se ha logrado descubrir cuáles de ellos pueden poseer la energía necesaria para lanzar sus haces a semejante velocidad. Y tampoco sabe nadie en dónde se encuentran las regiones de producción de los rayos cósmicos. Pero el estudio de estos fenómenos no es tanto un desafío como una gran oportunidad. Porque son precisamente los rayos cósmicos los que ponen a disposición de los científicos las únicas muestras posibles de materia extrasolar (y quizás extragaláctica); y, por tanto, constituyen la única vía que tenemos para descubrir si el resto del Universo está hecho como el sistema solar; o, si por ejemplo, existen aquí y allá bolsas de antimateria; o si la proporción de los elementos químicos cambia de región en región.

8. Landsburg, A., Landsburg, S., *In Search of Ancient Mysteries*, Bantam Books, Nueva York, 1974, p.100.

9. Álvarez, W., Álvarez, L., Assaro, F., Michel, H., *Search for Hidden Chambers in the Pyramid*, en «Science», 167 (1970), pp. 832 y ss.

Cercos en el grano

1. Véase «Skeptical Inquirer», 1992, p. 140.

2. «Science et vie», 1990, p. 33.

3. «Western Daily Press», 26 de julio 1990.

4. «Oggi», 29-8-1990, p. 45.

5. Cit. en Dash, M., *Oltre i confini*, Corbaccio, 1999.

6. Delgado, P., Andrews, C., *L'enigma delle tracce circolari*, Milán, 1991, p. 211.

7. «Science et Vie», *op. cit.*

8. «Time», 23-9-1991, p. 68.

9. Schnabel, J., *Round in Circles: Physicists, Poltergeists, Pranksters and the Secret History of the Cropwatchers*, Londres, 1993.

10. «Visto», 11 de julio 1992, p. 77.

11. *Circle Hoax Contest*, en «Science», 257 (1992) p. 481.

12. Véase «Focus», julio 1999.

13. Levengood, W. C., *Anatomic Anomalies in Crop Formation Plants*, en «Physiologia Plantarum», 92 (1994), pp. 356 y ss; Levengood, W. C., Burke, J. A., *Semi-Molten Meteoric Iron Associated with a Crop Formation*, en «Journal of Scientific Exploration», 1995; Levengood, Burke, *Semi-Molten Meteoric Iron Associated with a Crop Formation*, en «Journal of Scientific Exploration», 9, p. 407.

14. En Italia fue presentado en un video que se hizo llegar al periódico «UFO Contact» (número 1, enero 1998) y que fue transmitido varias veces en televisión como si se tratase de un documento auténtico.

15. Teso, M., *Falso in filmato di Oliver's Castle*, en «Scienza & Paranormale»,19 (1988).

16. Levengood, W. C., *op. cit.* pp. 356 y ss.

17. Levengood, W. C., Burke J. A., *op. cit.*

18. Nickell, J., *Levengood's Crop-Circle Plant Research*, en «Skepticals Briefs», 1996.

19. Capone, F., *Tre verità sul mistero dei cerchi*, en «Focus», 106 (2001) pp. 47 y ss.

20. Véase también: Capone, F., Niente stranezze nel DNA dei cerchi, en «Focus», 108 (2001), p.112.

21. En 1974 fue lanzada desde el radiotelescopio de Arecibo, en Puerto Rico, una señal de radio, en código binario, que contenía informaciones sobre el hombre y sobre el sistema solar. El mensaje se dirigió hacia la nebulosa M13 (un conjunto de 300.000 estrellas, en la constelación de Hércules, a 25.000 años luz de la Tierra). La mañana del 20 de agosto de 2001, se encontró un gigantesco dibujo en un campo de trigo cercano al observatorio de Chilbolton, en Hampshire, Inglaterra, que imitaba el mensaje original, retocado aquí y allá para que tuviera la apariencia de constituir la «respuesta» de los extraterrestres. Se calculó, no obstante, que desde el envío del mensaje hasta la aparición del dibujo habían pasado tan sólo veintiseis años. La señal de radio, que viaja a la velocidad de la luz, había recorrido entonces sólo una milésima parte del camino previsto. En un radio de veintiséis años luz, partiendo de la Tierra, se encuentran ciento ochenta estrellas: «La posibilidad de que el rayo hubiera encontrado una que nos resulte todavía desconocida en este arco de tiempo es de 1 sobre 50.000», advierte un comunicado del SET (el proyecto para la búsqueda de inteligencias extraterrestres). Por tanto, el dibujo de Chilbolton, denominado de inmediato por los apasionados Arecibo reply (la respuesta a Arecibo) constituye indudablemente un notable trabajo de diseño; pero que se trate de un auténtico mensaje alienígena es algo que todavía está enteramente por demostrar. Véase también: Bignami, L., *E. T. risponde da Hercules 86*, en «Focus», 109 (2001) p. 104.

22. Pilkington, M., *Leaders in their field*, en «Fortean Times», 138 (2000) pp. 24-25.

La Atlántida: el continente desaparecido

1. Solón (640-560 a. C.) fue un gran legislador griego.

2. La edición actual más notable es la inglesa de Dover.

3. Gladstone fue también una especie de pseudocientífico; entre otras cosas escribió un libro sobre Homero en el que afirmaba que el poeta de la antigüedad no podía distinguir los colores, dado que no los mencionaba ni en la *Ilíada* ni en la *Odisea*.

4. Naturalmente, estas fantasías fueron desarrolladas en una época en la que todavía no se sabía que en Mercurio no existe atmósfera, y que la temperatura baja hasta los −170 ºC, haciendo completamente imposible cualquier forma de vida.

5. Cayce, E. E., *Edgar Cayce on Atlantis*, Hawthorn Books, Nueva York, 1968.

6. Del «News» del museo de Ciencias de Miami.

7. *Repubblica*, trad. por Woodhead, W. En Ramilton, Cairns, 1961, p. 629.

8. Timeo Cornrford, *Plato's Cosmology*, Humanities Press, Nueva York 1937, p.11.

La maldición de Tutankhamon

1. Berlitz, C., *Il libro dei fatti incredibili ma veri*, Milán 1989, pp. 191 ss.

2. Carter, H., *Tutankhamon*, Milano, 1981, p. 53.

3. Carter, H., *op. cit.*, p. 60.

4. Carter, H., *op. cit.*, p. 243.

5. Vandenberg, P., *La maidición de los faraones*, Plaza y Janés Editores, Barcelona, 1986.

6. Ibidem, p. 217.

7. Berlitz, C., Il libro dei fatti incredibili ma veri, cit., p. 192.

8. Vandenberg, P., *op. cit.* p. 27.

9. I problemi di Ulisse, en «Scienza & Mistero», 1979, p.69.

10. Berlitz, C., *op. cit.* p. 192.

11. Es interesante hacer notar que Vandenberg, en su obra *La maldición de los faraones* sostiene erróneamente que el que hizo la visita a Carnarvon y murió después de forma repentina, fue Jay Gould padre.

12. Ibidem, p. 192.

13. Vandenberg, P., *Tutankhamon, il faraone dimenticato*, Milán 1982, p. 169.

14. Carter, H., *op. cit.*, pp. 102 y ss.

15. «Skeptical Inquirer», 1980, p. 13.

16. «Skeptical Inquirer», 1982 p.12.

17. Entre todos los que se apuntaron al tren de la maldición se encuentra también el escritor suizo Erich Von Däniken, que logró cierta fama por sus teorías relativas a presuntos visitadores extraterrestres, en el pasado remoto de la Tierra. En uno de sus libros (Pathways to the Gods, 1984), Von Däniken llega a sugerir que la maldición pudo ser convenida por los extraterrestres para proteger la tumba.

18. *I problemi di Ulisse, op. cit.*, p. 68.

La cripta inquieta

1. Aspinall, A. E., *West Indian Tales of Old*, 1915 (reedición: Negro University Press, Nueva York 1969, p. 224).

2. Schomburck, R. H., *History of Barbados*, Longman, Brown, Green and Longmans, Londres 1848, pp. 220 y ss.

3. Doyle, A.C., *The Uncharted Coast*, en «Strand», 1919, pp. 543 y ss.

4. Godwin, J., *This Baffling World*, Hart Publishing, Nueva York, 1968, p. 26.

5. Gould, T. R. , *Oddities*, (reedición: 1966, New Hyde Park (N.Y.) University Books, p. 42.

6. Owen, Iris M., *The Moving Coffins of Barbados*, en «New Horizon», II/I (1973) pp. 40 y ss.

7. Gould, T. R., *op. cit.*, pp. 44 y ss.

8. Nickell, Joe, *Secrets of the Supernatural*, Prometheus Books, Buffalo 1988, p. 136.

9. Owen, Iris M., *op. cit.* p. 42.

10. *Ibidem*, pp. 42-43.

11. Gould, R., *op. cit.*

12. Lucas-Orderson, Resoconto, *The Lucas Manuscript Volumes*, en el «Journal of the Barbados Museum and Historical Society» 12/3 (1945), cap. VI.

13. Nickell, Joe, *op. cit.*, p. 137.

14. Lucas-Orderson, *op. cit.*, p. 58.

15. Alexander, J. E., *Transatlantic Sketches*, 1933, citado por: Gould, Oddities, p. 24.

16. Waite, A. E., *A New Encyclopedia of Freemasonery, vol. I*, Weathervane Books, Nueva York 1970, p. 367.

17. Nickell, J., *Uncovered - The Fabulous Silver Nubes of Swift and Filson*, en «Filson Club History Quarterly», octubre 1980, vol. 54, n.º 4, pp. 324-345.

18. Duncan Malcolm, C., *Duncan's Masonic Ritual and Monitor*, Ezra A. Cook, Chicago 1972, p. 252.

19. Anónimo, *Revised Knight Templarism Illustred*, Ezra A. Cook, vol. 64, n.º 22, Chicago 1975.

20. Macoy, R., *Illustrated History and Cyclopedia of Freemasonery*, Macoy, Nueva York, 1908, p. 530.

21. *Ibidem*, p. 472.

22. Nickell, J., *Secrets of the Supernaturel*, cit. p. 141.

22. Voorhis, H. V. B., *Sherlock Holmes was a Mason*, en «Royal Arch Mason», 1965, p. 248; Ryder, C. A., *A Study in Masonry*, en «The Sherlock Holmes Journal» 11/3 (1973) pp. 86-88.

24. Una opinión contraria, aunque menos convincente, se encuentra en Fanthorpe, L., Fanthorpe P., *Tales from the Crypt*, en «Fortean Times 133» pp. 40-44.

25. La historia fue investigada por Frank Podmore, famoso estudioso de temas paranormales, que pudo determinar que no existía ninguna referencia histórica al asunto contado por Owen en sus archivos de la isla de Oesel, ya fuera en su iglesia o en algún otro lugar; citado por Lang, A., en *«Death's Deeds»: A Bi-Located Story*, en «Folk-Lore», diciembre 1907, pp. 378-9.

La maldición del Titanic

1. Sobre los misterios que rodearon el hundimiento del Titanic, y, en particular, sobre todo cuanto hacía referencia a fenómenos paranormales ligados al desastre, el autor publicó, en 1998, el libro *La maledizione del Titanic* (Avverbi), al que remitimos para una visión más detallada.

2. Extensos fragmentos del libro de Robertson fueron traducidos y publicados por primera vez en Italia por Masssimo Polidoro, en su volumen *La maledizione del Titanic* (Avverbi, 1998)

3. «Journal of the American Society for Psychical Research», LIV/4 (1960).

4. El episodio se relata en *The Sinking of the Titanic*, de Jay Henry Mowbray, publicado en 1912, tan sólo unos pocos meses después del naufragio, y fue contado al autor del libro por el superviviente Frederc K. Seward que afirmaba haber estado sentado justo al lado de Stead cuando éste contó la historia. Según otras versiones posteriores de la anécdota, la momia de la que hablaba Stead se encontraba en el *Titanic* y constituyó «la verdadera causa» del naufragio. Sin embargo, del examen de la documentación de la nave y de los diagramas relativos a la disposición de la carga del buque no se deduce la presencia a bordo de ningún sarcófago. Esto no ha impedido a algunos entusiastas de las historias para que sostengan que la momia era propiedad de lord Canterville el cual, en el momento del naufragio, no tuvo reparos en tratar de sobornar a algunos marineros para que salvaran el sarcófago, llevándolo a algún bote salvavidas. Una vez llegada a América, la momia continuó haciendo daño. Vendida a un millonario canadiense sería enviada de nuevo a Inglaterra; pero el buque que la transportaba, el *Empress of Ireland*, terminaría chocando con otro barco noruego, provocando la muerte de 1.029 pasajeros. En fin, el último propietario de la momia habría decidido reenviarla a Egipto en el *Lusitania*, que, sin embargo, fue hundido por un torpedo alemán en 1915, llevándose al fondo del mar a 1.198 personas. Naturalmente, nadie ha logrado nunca encontrar la menor prueba que vincule se la fantástica historia de la momia con la realidad (véase también Stephens, J. R., *Curse of the Mummy*, en «Fortean Times» 136-2000, pp. 40-43).

5. Ann Faraday, *The Dream Game*, Harper & Row, Nueva York, 1976.

6. Sobre los sueños premonitorios y sobre todas aquellas experiencias de la vida diaria que pueden inducir a pensar que ha sucedido algo paranormal (presagios, telepatía, «déja vu», visiones, sesiones espiritistas...) el autor ha escrito un libro titulado *Il sesto senso*, (Piemme, 2000).

7. Gardiner, M., *The Reck of the Titanic Foretold?*, Prometheus Books, Buffalo, 1986.

8. Eaton, J. P., Haas, C. A., *Titanic: Destination Disaster*, W.W. Norton & Co., Nueva York, 1987.

9. Resultaría un tema muy largo, y sin duda alejado del cometido de este libro, discutir cómo y por qué la astrología no funciona. Para saber más sobre ello, podemos aconsejar la lectura de *L'astrologia*, de Paul Couderc (Garzani, 1977) y de los frecuentes artículos que sobre este tema aparecen en «Scienza & Paranormale» la revista del CICAP.

10. Para un tratado completo de los efectos lunares, presuntos y comprobados, véase: Fuso, S., *La Luna tra szienza e mito*, en «Scieza & Paranormale», n.° 10, año IV (primavera 1996).

11. «Skeptical Inquirer», 19/4 (1995).

12. Eaton, J. P., Haas, C. A., *Falling Star: Misadventures of White Star Ships*, W. W. Norton & Co., Nueva York, 1990.

13. Con respecto a la discrepancia entre las coordenadas transmitidas por el Titanic que se hundió en el lugar en el que, posteriormente en 1985, fueron encontrados sus restos, se ha podido determinar que el buque se hundió al sur de la posición transmitida por radio, y claramente al este. Evidentemente, los oficiales de ruta se excedieron, a la hora de estimar la velocidad del Titanic, en un par de nudos; el barco no navegaba a 22,5 nudos, como había supuesto el cuarto oficial, sino a 20,5 nudos.

Nostradamus y el secreto de la naturaleza

1. Boscolo, R., *Quartine e presagi di Nostradamus*, Turín 1972, p. 151.

2. Hogue, J., *Nostradamus y el milenio*, Círculo de Lectores, Barcelona, 1991..

3. Randi, J., *La maschera di Nostradamus*, Avverbi, 2001

4. Citado en: Randi, J., *op. cit.* p. 34.

5. Citado en: Randi, J., *op. cit.* p. 31.

6. Citado en: Randi, J., *op. cit.*

7. Véase también «Jeanne Dixon: la profetessa de la Casa Bianca», en Polidoro M., *L'illusione del paranormale*, Franco Muzzio, 1998.

8. Todos los años el CICAP guarda las previsiones que los astrólogos y videntes hacen al inicio del año y después, a finales de ese mismo año, los confronta con cuanto ha sucedido en realidad. El resultado, que se repite todas las veces, es que los astrólogos fallan en casi todas las previsiones y sólo adivinan aquellos hechos que pronostican de una forma bastante ambigua y generalizada. Pese a estos repetidos fallos siguen impertérritos en su trabajo de hacer vaticinios, y sus clientes continúan admirándolos con inmutable devoción.

9. Véase también «Le previsioni... dopo il fatto», en Polidoro M., *L'illusione del paranormale*, Franco Muzzio, 1998.

10. Véase también: «Le previsioni... dopo il fatto», en Polidoro M., *L'illusione del paranormale*, Franco Muzzio, 1998, pp. 142 y ss.

11. Boscolo, R., *Centurie e presagi di Nostradamus*, Meb, Turín 1972, p. 20.

12. Boscolo, R., *Nostradums, l'enigma risolto*, Mondadori, Milán 1988, p. 332.

13. Cheetham, E., *The Prophecies of Nostradamus*, Putnam's/Capricorn Books, Nueva York 1974.

14. Roberts, H., *op. cit.*

15. *Ibidem.*

16. Cheetham. E., *op. cit.*

17. Hogue, J., *Nostradamus y el milennio*, Círculo de Lectores, Barcelona, 1991.

18. Boscolo, R., *op. cit.*

19. Según algunos la astilla atravesó el yelmo, hirió a Enrique encima del ojo y penetró en el cráneo; según otros, entre los que se encuentra Francesco Bacone, la astilla penetró la base del yelmo y lo hirió en la garganta.

20. La traducción al italiano ha sido sugerida por Paolo Cortesi en la versión de las *Centurie* revisada por él para el editor Newton Compton (1995), y la versión española sigue los mismos pasos.

21. Agradezco a Paolo Cortesi por la colaboración en el desarrollo de esta parte; véase también: Cortesis, P., *¡Inimmaginabile!* en «Scienza & Paranormale», 40 (2001).

22. Guidi Guerrera, G., *Nostradamus predisse un «pericolo dal cielo»*, en «Il Resto del Carlino», 13 de septiembre 2001, p. 29.

23. Véase también Cortesi, P., *Gran deluge et feu du ciel*, en «Scienza & Paranormale», 18 (1998).

24. Cortesi, P., Nostradamus, *Le Profezie*, Newton Compton, 1997.

25. Durante los días siguientes a la tragedia de Nueva York circuló incluso otra profecía atribuída a Nostradamus, ésta: «En la ciudad de Dios habrá un gran trueno/dos hemanos se harán pedazos del Caos/mientras la fortaleza resiste/el gran líder sucumbirá/la tercera gran guerra comenzará cuando la gran ciudad arderá. Nostradamus, 1654.» Acertadísima, pero completamente falsa. Nostradamus murió en 1566 y, por tanto, en 1654 ya nada podía componer. Se trata de versos escritos por un estudiante canadiense, un tal Neil Marshall, que los ha utilizado en un ensayo en el que demuetra lo fácil que resulta escribir profecías genéricas que pueden

adaptarse a distintos sucesos. Aunque, en este caso, hayamos sido nosotros los que atribuimos un cierto significado a algunas de las palabras, adaptándolas a un determinado contexto.

26. Randi, J., *op. cit.*

27. «Skeptical Inquirer», 1982, pp. 21-22.

Los secretos de Houdini

1. El autor ha escrito una biografía de Houdini, la primera que se ha hecho en italiano, *Il grande Houdini* (Piemme, 2001). La mayor parte de las informaciones contenidas en este capítulo son fragmentos de esa obra. En cualquier caso, todos aquellos lectores que se muestren interesados en conocer mejor la vida del gran ilusionista y en descubrir muchos de sus secretos, pueden remitirise a esa obra.

2. Este episodio, uno de los que carecen de explicación documentada está relatado con detalle en «FocusExtra», 8 (2002).

3. El primero en perder la vida de este modo fue, probablemente, el ilusionista Ricardo, en abril de 1909. De este trágico final, Houdini conservó un recorte del periódico Daily Mail, que decía: «Landshut-Baviera: Un presunto "Rey de las esposas", de nombre Ricardo, que exhibía su espectáculo en los *music hall* locales, se ha zambullido en el río esta mañana lanzándose desde el puente Luitpold, fuertemente maniatado, con el propósito de liberarse de sus esposas mientras se encontraba bajo el agua. No obstante, su tentativa ha fracasado y el hombre ha perecido ahogado.» Houdini añadió a mano en el recorte: «El más pequeño error significa una muerte segura.» Y, a continuación, agregaba: «Quizás un día llegue también mi hora de este modo, pero como soy un fatalista la cosa me preocupa poco.»

4. Tratado por: Shapiro, A. L., *Quando la magia del mago fallí*, en «Personajes extranjeros famosos», vol. 5 de I quindici (1971).

5. El «Herald Tribune» del 14 de diciembre de 1954 daba la noticia de que un niño de seis años, en Fort Dodge, Iowa, había caído en el hielo. Un transeúnte, atraído por los gritos de los otros chicos que lo habían visto caer, vio la gorra roja del niño sobre el hielo. Cuando logró romper el hielo, se encontró que el niño todavía se encontraba en buenas condiciones de salud: había estado respirando el aire existente entre las capas de hielo.

6. «Detroit News», 27 de noviembre de 1906.

7. El libro completo se puede hojear gratuitamente en una página que el CICAP ha querido dedicar a Houdini: http./www.cicap.org./houdini.

8. Como sucedió con el niño caído en el hielo, que logró salvarse respirando el aire existente entre las capas, al igual que parecía haber hecho Houdini, la sepultura bajo el agua se manifestaría nuevamente útil para salvar algunas vidas. Walter I. Gresham (1961) cuenta que algunos años después del episodio del niño caído en el hielo, una pareja con dos niños, en Florida, cayó con su coche a un canal, tras el reventón de un neumático. Cuando llegó la policía, que logró recuperar el coche rápidamente, mediante una grúa, los ocupantes del vehículo siniestrado seguían con vida. Mientras el coche estuvo hundido, el padre había cerrado todas las ventanas, y había tranquilizado a la familia diciéndoles que si mantenían la calma quizás podrían salvarse. El agua entraba lentamente y el aire fue suficiente para que pudieran resistir hasta que llegaron socorros, gracias al aviso de otros automovilistas que habían presenciado el accidente. El padre contó, después, que se había acordado del relato de Houdini en la piscina del hotel Shelton.

9. El único que repitió la prueba, veinte años después, en 1955 fue James Randi. Se hizo construir un ataúd idéntico al de Houdini, y se sumergió en una piscina de Londres, para el programa de televisión «Today». Resistió una hora y tres minutos. Tres años después, en 1958, repi-

tió la proeza en la misma piscina del hotel Shelton, en el que Houdini había hecho su exhibición. Para conmemorar el suceso de manera adecuada, Randi logró la colaboración de dos de los ayudantes que, en 1925, habían colaborado con Houdini manteniendo la caja bajo el agua. En esta ocasión Randi batió el record de Houdini en 13 minutos, permaneciendo en la caja durante una hora y 44 minutos.

El enigma de la Síndone

1. Nos limitamos a dar indicaciones de algunos volúmenes de interés general, remitiendo a la bibliografía en ellos contenida, y citando sólo algunas referencias más específicas. Un texto de preparación crítica fundamental es: Nickell J., *Inquest on the Shroud of Turin*, Prometeus Books, Buffalo 1983-87. Famosísimo, siempre citado e igualmente escéptico es: Pesce Delfino, V., E l'uomo creò la Sindone, Dedalo, Bari 1982. Un texto técnico, muy bien documentado, que es necesario leer, es: Papini, C., *Sindone, Una sfida alla scienza e alla fede*, Claudiana, Torino 1998. Un sumario técnico de las pruebas llevadas a cabo por el Sturp, en una revista científica de consecución relativamene fácil, es: Schwalbe, R. A., Rogers, R. N., *Physics and Chemistry od the Shroud of Turin: A Summary of the 1978 Investigation*, en «Analytica Chemica Acta», 135 (1982), p. 24. Finalmente, un texto de características generales sobre toda la sindonologia, visto por uno de los que apoyan su autenticidad, muy rico en referencias, pero que frecuentemente pasa por alto todas las evidencias contrarias es el de Baima Bollone, P. L., *Sindone o no*, SEI, Turín 1990.

2. Baima Bollone, P. L., *Sindone o no*, cit.

3. Baima Bollone, P. L., *Sindone o no*, cit.

4. Wilcox, R. K., Shroud, McMillan, Nueva York 1977, pp. 60-62.

5. McDowell, J., Stewart, D., *Answers to Tough Questions Skeptics Ask About the Christian Faith, Here's Life*, S. Bernardino 1980, pp. 165-66.

6. Basset, P., *La pasion di N. S. Gesù Cristo secondo el chirurgo*, Torino 1954.

7. Robinson, J. A. T., *The Shroud of Turin and the Grave-Clothes of the Gospels*, en «Proceedings of the 1977 United States Conference of Research on the Shroud of Turin». Holy Shroud Guild, Nueva York, p. 27.

8. Centini, M., *Archeología della Resurrecione- Indagine stórica sulla Passione di Cristo*, Piemonte in bancarella, 1988 pp. 271 y ss.

9. Baima Bollone, P., L. *op. cit.* cap. 20.

10. Rhein, R., *The Shroud of Turin: Medical Examiners Disagree*, en «Medical World News», 21/26 (1980) pp. 40 y ss.

11. Sava, A., *The Holy Shroud on Trial, in Proceedings of the 1977 United States Conference of Research on the Shroud of Turin*, cit. pp. 51-54.

12. Centini, M., *op. cit.* p. 159.

13. Baima Bollone, P. L., «Il giornale dei misteri», 313 (1997), p. 36.

14. Rodante, S., *Sudario e anamnesi. Esame obbiettivo delle lesioni da corona di spine; incendio di Chambery e bassorilievo surriscaldato sconfessano il falsario medievale*, en Actas del III Congreso Nacional de Estudios sobre la Síndone, Trani 1986

15. Centini, M., *op. cit.*, pp. 197-240.

16. Baima Bollone, P. L., *op. cit.*, pp.312 y ss.

17. Nickell, J., *op. cit.* p. 69.

18. Baima Bollone, P. L., *Il Giornale dei Misteri*, 313. nov. 1997, p. 36.

19. «La Stampa», 4 de mayo de 2001.

20. Garlaschelli, I., *Indagaciones sobre la Síndone. Relación presentada al V Congreso Nacional del CICAP*, en Padua, 26 de octubre de 1997.

21. Pesce Delfino, V., *É l'uomo creò la Sindone*, Dedalo, Bari, 1982.

22. Nickell, J., *op. cit.* p. 69.

23. McCrone, W., Skirius, C., *Light Microscopical study of the Turin «Shrouds» (I)*, en «The Microscope», 28 (1980), p. 105-113; McCrone, W., *Microscopical study of the Turin «Shroud»*, en «Wiener Berichte über Naturwissenschaft in der Kunst», 4/5 (1987/88); McCrone, W., *The Shroud of Turin; Blood or Artist's Pigment?*, en «Accounts of Chemical Research», 23 (1990); McCrone, W., *Judgement Day for the Turin Shroud*, Microscope Publications, Chicago 1997.

24. Filas, F. L., *The Dating of the Shroud of Turin from Coins of Pontius Pilatus*, Youngtown 1980.

25. Whanger, A. D., Whanger, M., «Applied Optics», 24/6 (1985), p. 766.

26. Moroni, M., en AA. VV., *La Sindone questo mistero- Mostra Chiesetta di S. Martino-Masciago*, nov. 1991, a cargo del Centro Internazionale della Sindone de Turín, pp. 43-44.

27. En el texto accesible de Internet, en la dirección: Internet del CSST: *http://gilligan.mc.duke.edu/shroud*.

28. Moroni, M., *Atti Congressso Nazionales di Sindonología*, Cagliari 1990, p. 273.

29. Damon et al., A*rchaeological Chemistry*, ACS Symposium Series 625, ACS, 1966 cap. 19, pp. 47-49.

30. *Ibidem*, p. 44.

31. Baima Bollone, P. L. , *op. cit.* p. 227.

32. «Epoca», 19 de julio 1996.

33. «Chi», 9 de mayo 1996. V. también rf. 41.

34. «Epoca», 19 de julio 1996.

35. Baima Bollone, P. L., *op. cit.* cap. 16.

36. *Ibidem*, pp. 242-245.

37. Baima Bollone, P. L., *op. cit.* p. 217.

38. Nickell, J., *Pollens on the «Shroud»: A study in deception*, en «Skeptical Inquirer» 18 (1994).

39. Scannerini, S., *Mirra, aloe, pollini e altre tracce. Ricerca botanica sulla Sindone*, Editrice Elle Di Ci, Leumann, Turín 1997.

40. Baima Bollone, P. L., *op. cit.* p. 288.

41. Kouznetsov, D., et al., J. *Archaeological Science*, 23, 109 (1996); Kouznetsov, D., *et al.* Archaeological Chemistry, ACS Symposium Series 625, ACS 1966, cap. 18.

42. Damon et al., *op. cit.*

43. Hedges, R. E. M., *A note concerning the application of radiocarbon dating to the Shroud*, Approfondimento Sindone, I (1997), I-8.

44. Savarino, P., Barberis, B., *Sindone, radiodataziones e calcolo delle probabilitá*, Editrice Elle Di Ci. Leumann, Turín, 1997.

45. Larhammar, D., «Skeptical Inquirer», 19 (2) (1995).

46. Se encuentra en preparación un amplio dosier sobre este asunto que será publicado en las páginas de «Scienza & Paranormale», la revista del CIAP.

47. «Noi», 25 de enero 1995.

48. Adler, A., *Archaeological Chemistry*, ACS Symposium Series 625, ACS, 1966, cap, 17.

49. Comunicación al Congreso promovido por el Centro Internacional de Sindonología de Turín, el 12 de marzo 1994, publicada por la universidad Católica de Milán.

50. «Reuter», despacho del 10 de junio de 1997.

El monstruo del lago Ness

1. El capítulo dedicado a este episodio, presente en Vita Sancti Columbae de Adamnan, tiene el siguiente título fantástico: «Del modo de alejar un cierto monstruo marino, en virtud de la plegaria del hombre santo.»

2. Loch significa «lago», en escocés.

3. Smythe, C., *C'e qualcosa di strano nel lago*, en Canning, J., *I grandi misteri insoluti*, Milano 1987, p. 273.

4. El diario «La Repubblica», del 14 de marzo de 1994, indicaba que el peregrinaje para ver al monstruo y disfrutar, al mismo tiempo, haciendo turismo en el lago Ness, llevaba a aquellos parajes a unas cincuenta mil personas al año.

5. Gould, R., *The Loch Ness Monster and Others*, Londres 1934, p. 39.

6. «The Observer», 29 de octubre 1933.

7. Binns, R., *The Loch Ness Mystery Solved*, Buffalo 1984, pp. 107-125.

8. Citado en Binns, R., *op. cit.* p. 161.

9. La fotografía original de la «foto del médico» fue localizada por Stewart Campbell, y publicada en el «British Journal of Photography» (abril 1984); también se la puede ver en: Dash, M., 1997, *Lake Monster*, en «Fortean Times», 102 (1997), p. 28. Véase también: Campbell, S., *The Loch Ness Monster, the Evidence*, Prometheus Books, Buffalo, 1997.

10. Una de las hipótesis menos improbables, capaz de explicar al menos una parte de los avistamientos, podría ser la de un gran esturión. Estos peces ascienden por los rios y llegan a los lagos para acoplarse, pueden alcanzar seis metros de largo y vivir durante cien años.

11. Ibidem, pp. 218-219.

Cómo examinar lo increíble

1. Por ejemplo, quien revolucionó el conocimiento de la fisica del siglo XX, no fue un galardonado con el premio Nobel, sino un desconocido empleado de una oficina de patentes, cuyas argumentaciones se demostraron tan fuertes y convincentes que lo convirtieron en el científico más famosa del siglo XX, calificado incluso por la revista «Time» de diciembre de 2000 como «el hombre del siglo». Su nombre era Albert Einstein.

2. ¿Cómo hace mover la varilla el radiestesista? El movimiento se produce por un fenómeno conocido como «reacción ideomotora», es decir, la respuesta motora a una idea. Es un fenómeno psicológico en el que se produce una reacción muscular de la que no se da cuenta el sujeto; por eso se habla también de «movimientos musculares involuntarios». El fenómeno fue propuesto por primera vez por Michael Faraday, en 1853, como explicación natural a otro fenómeno considerado paranormal: el movimiento de las mesas en las sesiones espiritistas. Faraday, al enfrentarse al éxito que estaba teniendo el fenómeno, se propuso explicar cómo se podía mo-

ver una mesa cuando se sentaban en torno a ella varias personas honestas, que no trataban de engañar a nadie. Cabían dos hipótesis para explicar el fenómeno: o bien los responsables del mismo eran ciertas fuerzas misteriosas todavía desconocidas, o bien lo hacían los mismos participantes que, sin embargo, no se daban cuenta de ello. Construyó entonces una mesa con dos superficies divididas por una capa de bolitas. Cuando las personas tomaban asiento en torno a la mesa y apoyaban en ella las manos, descubrió que sólo se movía la parte superior, la que estaba en contacto con las manos, lo que demostraba que era la presión de los dedos lo que la movía. Si estuviera actuando una fuerza extraña a los presentes, la parte superior de la mesa hubiera permanecido quieta, mientras que sería la parte inferior la que se movería. Si se producía una reacción ideomotora, las personas, sin darse cuenta de ello, movían ligeramente la mesa. Además, cuando se les explicaba a los participantes del experimento que la mesa se movía debido a movimientos musculares involuntarios, entonces no sucedía nada. El hecho de que supieran cuál era la causa del fenómeno hacía desaparecer todo el misterio de la experiencia, y con eso quedaba eliminado el impulso inconsciente, fuente del movimiento. La teoría de Faraday sobre las reacciones ideomotoras explica también, sin que se tenga que recurrir a interpretaciones paranormales, o a sospechar necesariamente un fraude, otros fenómenos como la radiestesia, la escritura automática y la sesión espiritista del vaso.

3.   Viene a cuento incluir aquí una carta enviada por un lector de Génova al CICAP: «Desde niño he sentido siempre una cierta pasión por lo irracional y lo inexplicable. Los sueños que tiene todo niño con los ojos abiertos permanecen hasta la edad adulta. Por eso, y durante años, ustedes han sido una presencia controvertida, una turbulencia en mi campo visual. En un cierto sentido representaban a "los malos". Los que ponían fin a los sueños. Ciertamente sé que eran sueños (ya que ser soñador no me convierte en un estúpido), pero precisamente por serlo trataba de conservarlos. ¿Por qué matarlos? ¿Qué mal había hecho Nessie? ¿Por qué detestaban tanto a los OVNIS? ¿Qué daño podía causar algún fulano convencido de que hablaba con los espíritus? Naturalmente que existen los «daños de lo paranormal». Embaucadores, especuladores, manipuladores de mentes ignorantes e indefensas. Y también los soñadores nos sentimos indefensos con frecuencia. Estas personas contra las que ustedes luchan también destruyen los sueños. Peor, los corrompen, los contaminan, los aprovechan para sus fines. Me di cuenta, sin embargo, en las últimas semanas, al visitar por casualidad su página de Internet (www.cicap.org.) y empezar a frecuentarla con creciente curiosidad, que no me había dado cuenta de una cosa muy importante: de su pasión. Sí, ustedes destruyen las frágiles construcciones de lo irracional (o, más correctamente, de lo antirracional) que tenían la forma de Nostradamus, de santones con dólares en Suiza, de artistas de tercera categoría. De los embaucadores, de los impotentes, aunque sean ellos los más incapacitados. Los corruptores de lo real y del sueño, en igual medida; restan color a lo que se encuentra más allá de las puertas de plata. Cierto es que los ataques que ustedes hacen terminan hiriendo un poco a los que simplemente quieren creer, porque desgraciadamente es necesario soñar. Pero también es justo que se crea una vez que se ha comprendido aquello en que se cree. Y, después, ustedes pueden encender esa luz verdadera, rechazando las espirales de las sombras, y crea también nuevos intereses. Pero, sobre todo, compruebo que a todos ustedes les fascina este mundo No sois iluminados estériles y frustrados por todas esas maquinaciones irracionales hechas a vuestros Sistemas Cósmicos. Y esto es lo que he percibido leyendo directamente artículos y encuestas. El disgusto que sentís por los charlatanes y por los pobres idiotas, se ve acompañado por un gran y fascinante amor hacia los misterios. Un misterio es un desafío. Aunque no siempre se pueda esperar que se gane, en el fondo hay suficientes misterios para todos, para los Cazadores y para los Custodios.»

Bibliografía

AA.VV., *Almanacco universalle delle cose piè strane e misteriose*, Mondadori, Milán, 1990.

AA.VV., *The Second book of the Strange*, Prometheus, Búfalo, 1981.

AA.VV., *Atti del convegno nel VI centenario della prima notizia della liquefazione del sangue (1389-1989)*, ACM, Torre del Greco 1989.

AA.VV., *Scienza e mistero*, Sanzoni, Firenze, 1979.

Abell, G. O., Barry, S., *Science and the Paranormal*, Scribner's, Nueva York, 1981.

Albini, G., *Rendiconto della Reale Academia delle scienze fische e matematiche*, Nápoles, 1980.

Angela P., *Viaggio del mondo del paranormale*, Garzanti, Milano 1978 (rist. Mondadori, 2002).

Baker, R. A., *Missing Pieces:how to Investigate Ghosty, UFOs, Psychics y Other Mysteries*, Prometheus, Búfalo, 1992.

Baghiou, J., De Maria, M., *Come si avverarono e si avvereranno le grandi profezie*, De Vecchi, Milán, 1971.

Bender, H., La realtà nascosta, Ed. Mediterranée, Roma 1990.

Bentley, J., *Ossa senza pace*, Sugarco, Milán, 1985.

Berlitz, C., *El triángulo de las Bermudas*, Plaza & Janés Editores, Barcelona.
— *Il libro dei fatti incredibili ma veri*, Rizzoli, Milán, 1989.

Binns, R., *The Loch Ness Mystery Solved*, Prometheus, Búfalo, 1984.

Boscolo, R., (editor), *Centurie e presagi di Nostradamus*, MEB, Torino, 1972.
— *Nostradamus, l'enigma risolto*, Mondadori, Milán 1988.

Borton, M., *The Elusive Monster: An Analysis of the Evidence from Loch Ness*, Rupert Hart-Davis, Londres, 1961.

Campbell, S., *The Loch Ness Monster. The Evidence*, Prometheus, Búfalo, 1997.

Canning, J., *I grandi misteri insoluti*, Mondadori, Milán 1987.

Carter, H., *Tutankhamon*, Garzanti, Milán 1981.

Castelli, A., *L'enciclopedia dei misteri*, Mondadori, Milán, 1993.

Castleden, R., *Atlantide*, Piemme, Casale Monferrato, 1999.

Christhopher, M., *Houdini: TheUntold Story*, Thomas Y. Crowell, Nueva York, 1969.

Conan Doyle, A., *The Wanderings of a Spirituals*, Hodder y Stoughton, Londres, 1921.

Cortesi, P., (editor), *Nostradamus, le profezie*, Newton Campton, Roma, 1995.

Couderc, P., *L'astrologia*, Garzanti, Milán 1977.

Dash, M., *Al di là dei confini*, Corbaccio, Milán 1999.

Delgado, P., Colin, A., *L'enigma delle trace circolari*, Armenia, Milán, 1991.

Déttore, U., (editor), *L'uomo e l'ignoto*, 5 vol. Armenia, Milán, 1981.

Dickson Carr, J., *The Life of Sir Arthur Conan Doyle*, Vintage, Nueva York, 1975.

Dinsadale, T., *Loch Ness Monster*, Routledge y Kegan Paul, Londres, 1961.

Doplicher, M., *Come l'uomo scopre il suo mondo*, Ed. Giorni, Milán, 1973.

Dunand, F., Lichtenberg, R., *Las momias, un viaje a la eternidad*, Ediciones B, Barcelona, 1999.

Edigeo, *Encilopedia Zanichelli*, Zanichelli editor, Bolonia, 1995.

Fogar, A., *L'ultima leggenda*, Rizzoli, Milán, 1977.

Fontbrune, Jean-Charles de, *Nostradamus 2000-2025 ¿Guerra o paz?*, «Hermética»/Robinbook, Barcelona, 2002.

Gaddis, V., *Il triangolo maledetto e altri misteri del mare*, Armenia, Milán 1977.

Gardner, M., *Nel nome della scienza,* Transeuropa, Ancona, 1998.
— *The Magic Numbers of Dr. Matrix*, Prometheus, Búfalo, 1985.

Gould, R.T., *The Loch Ness Monster and Others*, Geoffrey Bels, Londres, 1934.

Gresham, W. L., *Houdini, the man who walked through walls*, Henry Holt y Co, Nueva York, 1959.

Harris, M., *Investigating the Unexplained*, Prometheus, Búfalo, 1986.
— *Strange to Relate*, Granada, Londres, 1979.

Hastings, R. J., *An Examination of the «Borley Report»*, «Proceedings of the SPR», vol. 55, part. 201, marzo 1969.

Hines, T., *Pseudoscience and the Paranormal*, Prometheus, Búfalo, 1988.

Hogue, J., *Nostradamus y el milenio*, Círculo de Lectores, Barcelona, 1991.

James, P., Thorpe, N., *Il libro degli antichi misteri*, Armenia, Milano, 2000.

Kellock, H., *Houdini: his life story*, Harcourt, Brace y Co., Nueva York, 1928.

Kurtz, P., (editor), *A Skeptic's Handbook of Parapsychology*, Promtheus, Búfalo, 1985.

Kusche, L. D., *The Bermuda Triangle Mystery Solved*, Warner, Nueva York, 1975.

Landsburg, A., *In Search of Strange Phenomena*, Bantan, Nueva York, 1977.
— *In Search of...*, Doubleday, Nueva York, 1978.

Laycock, G., *Strange Monsters & Strange Searches*, Xerox Education Publications, Middletown, (CT), 1978.

MacDougall Curtis, D., *Hoaxes*, Dover, Nueva York, 1958.

Meaden, G. T., (editor), *Circles from the Sky*, Souvenir Press, Londres, 1991.
— *The Circles Effect and Its Mystery*, Artetech, Bradford-on-Avon, 1989.

Moscarelle, E., *Proculus*, Pozzuoli, 1989.

Neher, A., *Psicologia della trascendenza*, MEB, Padua, 1991.

Nickell, J., *Inquest on the Shroud of Turin*, Prometheus, Búfalo, 1983.
— *Secrets of the Supernatural*, Prometheus, Búfalo, 1991.
— *Looking for a Miracle*, Prometheus, Búfalo, 1993.
— *Entities: Angels, Spirits, Demons and Other Alien Beings*, Prometheus, Búfalo, 1995.
— Fischer, J. F., *Mysterious Realms*, Prometheus, Búfalo, 1992.

Polidoro, M., *Viaggio tra gli spiriti*, Sugarco, Carnago, 1995.
— *L'illusionismo della A alla Z*, Sugarco, Carnago, 1995.
— *Misteri*, Eco, Varese, 1996.
— et al., *Non ci casco!*, Stampa Alternativa, Roma, 1996.
— *Diccionario del paranormale*, Esedra, Varese, 1997.
— *Sei un sensitivo?*, Avverbi, Roma, 1997.
— *La maledizione del Titanic*, Avverbi, Roma, 1998.

Polidoro, M., *L'illusione del paranormale* (enseguida retitulado: *Trucchi e segreti del paranormale*), Franco Muzzio, Padua, 1998.
— *Nel mondo degli spiriti*, CICAP, Padua, 1999.
— *Il sesto senso*, Piemme, Casale Monferrato, 2000.
— *Il grande Houdini*, Piemme, Casale Monferrato, 2001.
— *Final Séance: the Strange Friendship Between Houdini and Conan Doyle*, Prometheus, Búfalo, 2001.
— Garlaschelli, L., *I segreti dei fachiri*, Avverbi, Roma, 1998.
— *Investigatori dell'occulto*, Avverbi, Roma, 2001.

Price, H., *The Most Haunted House in England*, Longmans, Londres, 1940.

Randi, J., *Conjuring*, St. Martin's Press, Nueva York, 1992.
— *An Encyclopedia of Claims, Frauds, and Hoaxes of the Occult and Supernatural*, St. Martin's Press, Nueva York, 1995.
— *Flim-Flam!, Fandonie!*, Avverbi, Roma, 2001.
— *La maschera di Nostradamus*, Avverbi, Roma, 2001.
— Bert Randolph Sugar, *Houdini: His Life and Art*, Grosset y Dunlap, Nueva York, 1976.

Randles, J., *The Paranormal Year 1993 Edition*, Robert Hale, Londres, 1993.

Randles, J., Fuller, P., *Crop Circles: A Mystery Solved*, Robert Hale, Londres, 1990.

Reader's Digest (editor), *Into the Unknown, Reader's Digest*, Pleasantville, Nueva York, 1981.
— *Bizarre Phenomena*, Reader's Digest, Pleasantville, Nueva York, 1992.

Reid, H., *Alla ricerca degli immortali*, Newton y Compton, Roma, 2001.

Rodríguez A. L. A., *Piramidologia. La risonanza magnetica della piramide come ausilio alle terapie dell'uomo*. Zuccari, Trento, 1998.

Sagan, C., *Il mondo infestato dai demoni*, Daldini y Castoldi, Milán 1997.
— *Il romanzo della scienza*, Mondadori, Milán, 1982.

Schick, T. Jr., Vaughn, L., *How to Think About Weird Things*, Mayfeild Publishing Company, Mountain View (CA), 1995.

Schnabel, J., *Round in Circles: Physicists, Poltergeists, Pranksters and the Secret History of the Cropwatchers*, Hamish Hamilton, Londres, 1993.

Schul, B., Petit, E., *I poteri segreti delle piramidi*, Armedia, Milán, 1977.
— *I poteri delle piramidi:nuove scoperte sui loro misteriosi influssi*, Eco, Milán, 2001.

Silvan (Aldo Savoldello), *Arte Magica*, Rusconi, Milán, 1977.
— *Il mondo dell'occulto*, Sperling y Kupfer, Milán, 1994.

Silverman, K., *Houdini!! The Career of Ehrich Weiss*, Harper Collins, Nueva York, 1996.

Stashower, D., *Teller of Tales: The Life of Arthur Conan Doyle*, Henry Holt and Co., Nueva York, 1999.

Stein G. (editor), *The Encyclopedia of the Paranormal*, Prometheus, Búfalo, 1996.

Stiebing, W. H. Jr., *Antichi astronauti*, Avverbi, Roma, 1998.

Story, R. D., *The Space-Gods Revealed*, Barnes y Noble, Nueva York, 1976.

Straniero, M., *Idagine su San Gennaro*, Bompiani, Milán, 1991.

Tabori, P., *Harry Price: The Biography of a Ghost-Hunter*, Athenaeum, Londres, 1950.

Time-Life Books (editor), *Mysterious Creatures*, Time-Life, Richmond, 1988.
— *Mystic Places*, Time-Life, Richmond, 1988.
— *Visions and Prophecy*, Time-Life, Richmond, 1988.

Tuan, L., «Le piramidi come condensatori energetici», en: Cantù, G., *I misteri delle piramidi*, G. De Vecchi, Milán, 1998.

Vandenberg, P., *La maldición de los faraones*, Plaza y Janés Editores, Barcelona, 1986.
— *Tutankhamon il faraone dimenticato*, Sugarco, Milán, 1982.
Ward, P., *A Dictionary of Common Fallacies*, vol. I y II, Prometheus, Búfalo, 1989.
Welfare, S., Fayrley, J., Arthur C. *Clarke's A-Z of Mysteries*, Harper Collins, Londres, 1993.
— *Arthur C. Clarke's Mysteries*, Prometheus Books, Nueva York, 2000.
Wilson, C., *The Encyclopedia of Unsolved Mysteries*, Contemporary Books, Chicago, 1987.

Índice